CAMINHOS DA INOVAÇÃO

Reflexões de um especialista para inspirar líderes e empreendedores

VALTER PIERACCIANI
O mesmo autor de IMPÉRIO DA INOVAÇÃO

CAMINHOS DA INOVAÇÃO

Reflexões de um especialista para inspirar líderes e empreendedores

Copyright © 2023 — Valter Pieracciani

Os direitos desta edição pertencem à LVM Editora, sediada na
Rua Leopoldo Couto de Magalhães Júnior, 1098, Cj. 46 - Itaim Bibi
04.542-001 • São Paulo, SP, Brasil
Telefax: 55 (11) 3704-3782
contato@lvmeditora.com.br

Gerente Editorial | Chiara Ciodarot
Editor-Chefe | Marcos Torrigo
Editor-assistente | Diego Perandré
Revisão ortográfica e gramatical | Sibelle Pedral
Revisão | Adriano Barros
Preparação e texto | Marcio Scansani
Ilustrações | Hermes Ursini
Capa e diagramação | Décio Lopes

Impresso no Brasil, 2023

Dados Internacionais de Catalogação na Publicação (CIP)
Angélica Ilacqua CRB-8/7057

P671c	Pieracciani, Valter	
	Caminhos da Inovação: reflexões de um especialista para inspirar líderes e empreendedores / Valter Pieracciani; São Paulo: LVM Editora, 2023. 320 p.	
	Bibliografia ISBN 978-65-5052-089-2	
	1. Administração de empresas 2. Empreendedorismo 3. Inovações 4. Liderança I. Título	
23-2429		CDD 658.4012

Índices para catálogo sistemático:

1. Administração de empresas

Reservados todos os direitos desta obra.

Proibida a reprodução integral desta edição por qualquer meio ou forma, seja eletrônica ou mecânica, fotocópia, gravação ou qualquer outro meio sem a permissão expressa do editor. A reprodução parcial é permitida, desde que citada a fonte.

Esta editora se empenhou em contatar os responsáveis pelos direitos autorais de todas as imagens e de outros materiais utilizados neste livro. Se porventura for constatada a omissão involuntária na identificação de algum deles, dispomo-nos a efetuar, futuramente, as devidas correções.

Dedico este livro à minha amada esposa, Adriana

Agradecimentos

Muitas pessoas, ao longo de décadas de trabalho e convivência, contribuíram para a lapidação das ideias apresentadas neste livro. Na impossibilidade de agradecer individualmente a cada uma delas, deixo aqui o meu muito obrigado de coração.

Agradeço à minha família e ao incrível Time da Pieracciani, sempre ao meu lado, me apoiando e estimulando.

Minha gratidão vai também aos dirigentes de cada uma das publicações citadas, que me desafiaram a aprender a escrever com ritmo e regularidade.

E à cara Sibelle Pedral, que me fez ver que era possível.

Muito obrigado.

Sumário

Por que este livro 13

PARTE I: CALEIDOSCÓPIO DA INOVAÇÃO

1. Qual é o seu perfil na hora de inovar? 19
2. A inspiração da inovação frugal 22
3. Alberto Santos Dumont, o Leonardo da Vinci brasileiro ... 25
4. Zuckerbergs e Musks 27
5. Lições da organização mais inovadora de todos os tempos ... 29
6. Campeões de Inovação Ambiental (E-Inovação) 32
7. Copiar também é inovar 35
8. Inovações tecnológicas efetivas 41
9. Quem inova vale mais 43

PARTE II: A INOVAÇÃO E A GESTÃO

1. Não existe inovação sem as emoções da mudança 47
2. O desafio da Gestão-Arte 49
3. Como será a sua mudança vista do céu? 52
4. Briga de turma, agora! 54
5. Novos tempos exigem novas abordagens 57
6. A importante lição da "affordabilidade" 60
7. Bola pra frente! 63
8. Como ter sucesso no setor automotivo mesmo na crise 66
9. Equilíbrio é essencial para a cadeia automotiva 69
10. É preciso estruturar processos para gerar resultados 72

11. Os jovens não se contentam apenas com estabilidade (e não há nada de errado nisso) 75
12. Confiança e colaboração valem mais do que tecnologia.................... 78
13. O que eu aprendi com a minha startup (em 1992) 81
14. Os desafios da colaboração entre corporações e startups 84
15. Competências da indústria podem gerar novos negócios 87
16. Lições para acelerar... 90
17. Uma cultura favorável à inovação em sua empresa 93
18. O que transforma um time em um Time................................... 95
19. A ecossistematização das empresas 97
20. Vítima ou líder das transformações?..................................... 100
21. A primeira estratégia: Avance Rápido para a Próxima Trincheira 102
22. A segunda estratégia: Concentre-se nas tarefas críticas.................. 104
23. A terceira estratégia: Potencialize a comunicação........................ 106
24. Startups, lagartixas e líderes... 108
25. A habilidade de surfar o dia a dia dos negócios 111
26. Tudo pronto para uma nova revolução industrial......................... 113

PARTE III: LIDERANÇA INOVADORA

1. 13 características que os líderes inovadores têm em comum 117
2. É na crise que o verdadeiro líder aparece 120
3. Você, líder de Inovação 123
4. Transcender e liderar a revolução 125
5. Liderar pelo amor 128
6. Onipresentes e perdidos.. 131

PARTE IV: OS GOVERNOS E A INOVAÇÃO

1. Entenda os centros de inovação Brasil.................................. 135
2. Dois anos depois, Inovar-Auto permanece em "panic mode"........... 138
3. O triunvirato da indústria e da competitividade......................... 141

4. A pilotagem do "drone Inovar-Auto" 144
5. Preparem-se para mais uma década perdida 147
6. Lições de um Inovar-Auto que poderia ter dado certo 150
7. Você e suas escolhas, o Rota 2030 e o futuro de sua empresa 153
8. 2030: operar como plataformas 156
9. Tempo de despertar 159
10. Lei do Bem viva 161
11. Crer para ver 164

PARTE V: UMA EDUCAÇÃO PARA INOVAR

1. O que há de comum entre uma criança e um líder inovador? 169
2. O que diferencia os inovadores são suas atitudes 171
3. A mágica de transformar sonhos em realidades 174
4. A escola inovadora do futuro precisa começar já 177
5. O automóvel e a mistura de antropologia e engenharia 180
6. Educação para vencer, não para servir 183

PARTE VI: A INOVAÇÃO E AS EMOÇÕES

1. Veículos passam por ressignificação 187
2. Empresas precisam de inteligência emocional 189
3. "Bom dia! Vim aqui hoje para falar sobre arte." 192
4. De Detroit para as Samanthas do Vale do Silício 195
5. Bruxas, coelhos, aromas e as vendas na Black Friday 198
6. Que emoções sua empresa desperta nas pessoas? 201
7. Caçadores de emoções 204
8. As emoções vão pilotar o futuro 206
9. Sem emoção não há solução 208
10. Propósito, dados e mais pessoas felizes 210
11. Menos medalhas, mais qualidade no atendimento 213
12. A impessoalidade nas empresas 215

13. A verdadeira mágica 218

PARTE VII: ENSAIOS SOBRE A PANDEMIA PARA TODAS AS HORAS

1. Carta aberta ao Exmo. Sr. Presidente
   da República Jair Bolsonaro e Ministros 223
2. Nunca mais seremos os mesmos 228
3. O que funciona em gestão agora 230
4. Reconversão Produtiva: a transformação
   que a pandemia trouxe para a indústria 233
5. Tempo de aprender ambidestria 236
6. Freio ou acelerador? 239

PARTE VIII: VISÕES DE FUTURO E RAZÕES PARA TER ESPERANÇA   241

1. Em 2016, você deveria ser mais grato e menos rancoroso 243
2. De volta para o futuro: lições de empreendedores
   e de startups vencedoras 246
3. O futuro de antigamente 249
4. Mais dia, menos dia, todos seremos consultores 252
5. Seja protagonista rumo à modernidade gasosa 255
6. Você, seu trabalho e as organizações-caravela 258
7. Comodidade demais, vivacidade de menos 261
8. As oito habilidades imprescindíveis para o engenheiro do futuro 264
9. Só os camaleões sobreviverão 268
10. Redes multigeracionais e centros virtuais de competências 270
11. O motor da emoção 272
12. Em breve, seremos todos MEIs 275
13. Um futuro do trabalho ainda incerto 278
14. Epílogo – Uma palavra final 280

Por que este livro

Ao longo de mais de 45 anos de carreira, aprendi muito, sofri muito e evoluí muito. Chegou a hora de retribuir à sociedade ao menos parte do que aprendi. Hoje, é isso que me traz maior satisfação.

Já fui funcionário de multinacional no Brasil e no exterior, atuei nas três esferas do governo, vivi a vida de professor, de consultor e de gestor no terceiro setor. Fui pioneiro na criação de startups e posteriormente investidor, até encontrar sucesso como empresário. Nessas quatro décadas e meia, trabalhei com todas as minhas forças para prosperar e emergir.

Muito do que aprendi poderia ter sido ensinado a mim de uma forma mais direta e mais efetiva. Descobri que muitos dos conselhos que recebi vinham enviesados por visões distorcidas e mesmo contaminadas, para que não dizer egoístas. Agora, na terceira fase da vida e preocupado com o legado, sinto-me compelido a compartilhar minhas visões e meus pensamentos.

Dentre as muitas maneiras possíveis de fazer isso, escrever sempre foi a mais desafiadora para mim. Aprendi o idioma e a escrita na marra quando criança, após chegar ao Brasil com minha família, de imigrantes italianos. Uma das crenças limitantes que carreguei durante toda a adolescência foi, justamente, a de que eu seria fraco na escrita em português por toda a vida.

No final dos anos 1970, quando iniciei pra valer minha carreira, o desafio de aprender e crescer começava pelo acesso ao conhecimento. Encontrar e acessar conteúdos que pudéssemos estudar era metade do esforço. Não havia internet e muito menos google. Conhecimento sempre representou poder, e nada mudou. Por isso, saber como as coisas funcionavam ficava muitas vezes restrito às camadas mais altas da hierarquia. Já sei: a essa altura você já deve ter me classificado como mais um dinossauro! Éramos mesmo animais esquisitos, mas tenho convicção de que as coisas que aprendi vivendo e enfrentando reveses e decepções são valiosas, independentemente da idade e experiência dos meus leitores.

De volta aos anos 1970, eu já trabalhava em P&D e, quando algum de nós tinha acesso a um relatório mais técnico, gerado na matriz no exterior, era uma verdadeira festa. Nos organizávamos para tirar proveito da presa e a máquina de xerox soltava até fumaça nas nossas mãos depois do expediente. Lembro-me de uns livros vermelhos secretos que ensinavam como projetar pneus – o principal produto da empresa onde eu trabalhava. Eram guardados a sete chaves e desejadíssimos.

Outro episódio que vivenciei, capaz de denotar o valor do conhecimento e a dificuldade de acesso a ele, aconteceu no último ano da faculdade de engenharia que cursei. Os melhores alunos ganhariam um armário de ferramentas oferecido por um fabricante. Recebemos a incumbência de realizar um estudo-projeto sobre determinado equipamento e um dos estudantes da turma correu para a biblioteca, de onde retirou espertamente o único exemplar de um livro que tratava do assunto em pauta e o reteve consigo até além do prazo de entrega do trabalho. Fez a escolha de levar multa por atraso na devolução para tirar a melhor nota. Esses eram a cultura e o clima da época no que se refere a competir e ascender. A caça ao conhecimento era sangrenta.

Mais adiante na caminhada profissional, passei a fazer parte clandestinamente de um seleto "clube de assinantes" que podia ter acesso aos Quaderni di formazione (Cadernos de formação). Eram livretos de umas 30 páginas cada, maravilhosos! As melhores cabeças pensantes da companhia em que eu trabalhava eram convidadas a contribuir com seu conhecimento sobre os mais variados temas, de filosofia a estratégia, passando por algoritmos, cálculo numérico, a economia da Itália, o impacto de políticas públicas na empresa e muito mais.

Eu ficava maravilhado com o novo. Graças ao privilégio de acessar todo aquele conhecimento, percebi meu foco se distanciando das máquinas e dos pneus. Já naquela época o mais delicioso para mim eram os temas de inovação e vanguarda na gestão. Administração de pessoas, de projetos, da logística e dos arranjos produtivos. Os sistemas complexos que as organizações representavam eram muito mais instigantes que as extrusoras e os polímeros. Meu amor pela tecnologia de gestão ficava evidente. Claro, não podíamos estudar ou ler esses cadernos ou qualquer outra coisa durante o expediente. Era considerado falta gravíssima. Tínhamos que fazer nossos estudos fora das nove horas de trabalho regulamentares naquele tempo.

Os Quaderni di formazione, em sua diversidade de temas e formas de escrita, nos faziam pensar além do aspecto técnico. Nos ensinavam a ser líderes e a refletir e discutir sobre os temas mais diversos e relevantes. E, assim, nascia em minha mente a visão da gestão como uma verdadeira arte. Assim como na pintura, nas artes cênicas e nas demais modalidades de expressão da alma, na gestão o sucesso dependia de sensibilidade, do talento do artista-gestor e da aplicação de sofisticadas técnicas. A paixão pela gestão como arte passou a determinar todos os meus movimentos de carreira. Isso exigiu mais sensibilidade, sem renunciar à técnica e à ciência. Também elevou a um patamar superior de importância a intuição como manifestação do espírito e me permitiu ver as organizações não mais como instalações e máquinas, mas como sistemas vivos, efervescentes e vulneráveis.

Movidos pela ideia de proporcionar pequenas doses de conhecimento e opinião em temas variados ligados pelo fio condutor da inovação, decidimos, eu e Sibelle Pedral, minha leal e competente colaboradora, reunir algumas colunas que escrevi ao longo dos últimos anos, todas publicadas na grande mídia.

Ao juntar essas peças, surgiu um interessante mosaico que possibilita não só uma análise histórica, considerando o contexto e o momento no qual cada coluna foi escrita, mas uma reflexão sobre os avanços na gestão que ocorreram freneticamente nos últimos anos. São transformações tão importantes que às vezes, quando olhamos para trás, parece difícil acreditar que o que vivemos foi real.

Por meio de uma curadoria e seleção criteriosas, entrego nesta obra reflexões de um inovador veterano que construiu uma carreira longa e produtiva. O objetivo é ajudar você a exercitar sua capacidade de observar e opinar sobre o que está à sua volta, qualquer que seja a sua geração.

Para entender o que está acontecendo e atrever-se a prever o futuro nestes tempos malucos que vivemos, olhar para trás com nosso "criticômetro" acionado no máximo é muitas vezes o melhor método.

Em um mundo que funciona a curto prazo, no qual vale o tudo em todo lugar ao mesmo tempo, estamos certos de que temos algo capaz de inspirar pensadores de longo prazo. Esperamos que tire proveito desses pensamentos.

Valter Pieracciani

PARTE I

Caleidoscópio da inovação

1

Qual é o seu perfil na hora de inovar?

Combinar estilos é o segredo das equipes de alto desempenho

Basta olhar em volta para identificar estilos diferentes nas pessoas que nos cercam. Entre seus amigos, clientes ou mesmo observando o comportamento de cada filho é possível perceber que cada um de nós tem maneiras próprias, únicas, de agir e viver. Ninguém é igual a ninguém.

Estilo de escrever, de caminhar, de falar... e por que não estilo na hora de inovar? Realizar inovação é um processo complexo, com várias etapas. É natural que na hora de criar o novo as pessoas comecem de pontos diferentes, andem em velocidades desiguais e privilegiem uma ou outra fase do processo; enfim, que cultivem um estilo específico de inovador.

Outro ponto que ninguém mais discute é o de que a inovação é um processo de trabalho de equipes e não resultado puro de lampejos individuais. A inovação que de fato interessa, aquela que vira realidade e gera faturamento e lucros para as empresas, depende do trabalho, do conhecimento e da interação de diversas pessoas. Está mais do que superada a imagem do inventor solitário. Sabemos que quem muda o mundo para melhor são os líderes integradores, capazes de mobilizar equipes para o novo.

Bem, se há nas pessoas estilos diferentes de inovar, e se a inovação depende do resultado do trabalho de equipes, é claro que a combinação adequada desses estilos pode gerar times com capacidades maiores ou menores. Para que a inovação avance, é importante entender quais são esses estilos e, assim, compor grupos de alto desempenho.

Foi exatamente isso que, em 1987, motivou os estudos conduzidos por W.C. Muller, do então Instituto de Pesquisas de Stanford. Muller identificou quatro estilos diferentes de inovadores. Como se, de forma natural, os inovadores tendessem a trilhar preferencialmente um ou outro caminho na hora de inovar. Juntar estilos numa equipe aumentaria as chances de se alcançar o novo.

Nossa experiência de mais de vinte anos apoiando times inovadores de alto desempenho comprova as pesquisas realizadas décadas atrás. As pessoas inovadoras, sejam elas líderes das companhias mais inovadoras do mundo ou crianças do ensino fundamental, podem ser agrupadas em Experimentadores, Exploradores, Visionários e Modificadores.

O **Experimentador** procura combinar elementos e fatores distintos para criar algo novo. Gosta de testar, às vezes mais do que de inovar propriamente. Põe suas teorias à prova o tempo todo. Poderíamos considerar experimentadores o cientista Albert Sabin e o chef Alex Atala.

A principal característica do **Explorador** é o questionamento. Movido pelo impulso de descobrir o que é possível criar, vive em busca do novo, do desconhecido. O físico Albert Einstein e os cientistas Miguel Nicolelis e Louis Pasteur são exemplos típicos.

Ver o que os outros não enxergam, inclusive realidades futuras e melhores que as atuais, é o ponto forte do **Visionário**. Ele tem uma perspectiva de longo prazo, com ideias criativas e inspiradoras, mesmo que algumas não sejam factíveis. Alguns visionários famosos: o inventor Santos Dumont, o empresário Steve Jobs, o engenheiro Ozires Silva.

O **Modificador** tende a inovar usando como base algo que já foi realizado. Na maioria das vezes, suas inovações, não menos importantes, ocorrem em campos de conhecimento e risco mais dominados, e o foco é o sucesso rápido. O piloto Ayrton Senna, o empresário Jeff Bezos e Madre Teresa de Calcutá são exemplos de modificadores célebres.

Compor times que tenham inovadores com os quatro perfis produz resultados tremendamente melhores. Vemos muitas vezes, nas empresas, grandes esforços de inovação com quase nada de resultados. Equipes formadas só por Experimentadores "atolam" ainda na fase de experimentação e não levam a cabo os projetos. Exploradores reunidos concentram-se em descobrir fenômenos e causas sem perceber que isso não serve às empresas. Visionários agrupados "viajam" felizes para o futuro, mas não concretizam. E modificadores fixam-se em pequenas mudanças sem entregar a inovação radical que as empresas tanto buscam.

No site americano Innovation Styles (https://innovationstyles.com), é possível, inclusive, aplicar um teste desenvolvido nos Estados Unidos para inventariar os estilos das pessoas com o objetivo de formar equipes de inovação. É importante, no entanto, destacar que não existem perfis bons e ruins. Existem estilos naturais que, reconhecidos e respeitados, ajudam a acelerar nossa trajetória rumo ao Brasil da inovação.

Publicado originalmente no portal
Brasil Post em setembro de 2014

2

A inspiração da inovação frugal

*O apelo das soluções improvisadas
e de baixo custo que resolvem problemas*

Recentemente, viajei em férias para o litoral do Rio Grande do Norte. Fui em busca de descanso e inspiração para liderar os programas de inovação em nossos clientes da consultoria. Não poderia ter escolhido lugar melhor.

Baía Formosa é um povoado de pescadores situado em uma belíssima encosta rochosa, repleta de pontas e reentrâncias. Lugar de gente amável e com uma atmosfera mágica, carregada de boas vibrações da natureza e do mar.

Observar a pacata vida da população local ensina muito a um cidadão de São Paulo.

De onde estávamos, é possível ir até a praia da Pipa, a mais famosa da região. O trajeto é pela praia, de buggy, ou atravessando fazendas de cana de açúcar, de carro. Ao todo uns 20 ou 30 quilômetros separam Baía Formosa da Pipa. Há, no entanto, que se cruzar dois pequenos rios. Como? Muito simples. Sobe-se com o carro em embarcações tipo chatas; os barqueiros usam longas varas como alavancas e empurram o fundo dos riachos, movendo as balsas. Cobram em torno de 10 reais por veículo a cada trecho.

Outra típica solução local são os barcos de pesca, claramente uma evolução das históricas jangadas. Assim como as balsas, são embarcações bem planas, medindo 4 metros de popa à proa, aproximadamente, só que com um surpreendente sistema de propulsão: um motor a combustão, desses de bomba d'água, acoplado a um longo eixo com uma hélice no final. Uma espécie de Jugaad nordestino.

Jugaad é o nome dado na Índia a inovações de baixo custo, mas que resolvem. A palavra é de origem híndi e define uma solução improvisada, fruto da combinação entre ingenuidade e inteligência.

Na Índia, o Jugaad é também um caminhão de madeira a cujo eixo é acoplado, diretamente, um motor estacionário. Chocante para um engenheiro, mas suficiente para atrair o interesse dos Estados Unidos, da Alemanha e de outros polos de inovação no mundo, que decidiram estudar essas soluções rudimentares. Procuram novas fórmulas para inovar nos BRICs e, assim, acelerar o desenvolvimento econômico dessas regiões.

Jugaad foi traduzido por alguns pesquisadores brasileiros como gambiarra. Ao nosso ver, a tradução é pejorativa e inadequada. Os Jugaads brasileiros são na verdade engenhocas. Alternativas simples e baratas encontradas "na raça" para superar desafios e se desenvolver.

Pesquisadores do assunto distribuem essas inovações em três grupos com diferenças muito sutis: as de custo, as frugais e as *good enough innovations*. O que as distingue são combinações possíveis entre nível de inovação, oferta de valor ao usuário e tecnologia aplicada. Em comum, todas resolvem desafios da forma mais simples possível e com custos muito, muito baixos.

Mesmo nas cidades mais desenvolvidas no Brasil temos inovações frugais. Poderíamos citar como exemplo o tanquinho, criado no final dos anos 1990. Claro, não se compara a uma máquina de lavar com 12 programas, mas é bem melhor do que lavar roupa no tanque. Ou o pau de selfie, que permite o autorretrato sem muitas tecnologias, na verdade inúteis. Tanto no caso do tanquinho quanto no do pau de selfie, a solução está longe de ser a ideal, de sonho, mas resolve – e por isso vende.

Não importa se desse tipo de inovação frugal emergirão fórmulas mágicas para inovar. Mas há algo indiscutível: nessas engenhocas estão impressas marcas importantes de toda e qualquer inovação de sucesso. Desde as da Nasa até as de Baía Formosa, são elas:

1) **Todos somos Inovadores.** O dom, a capacidade de inovar não é exclusiva de poucos iluminados. Todos nós, seres humanos, somos inovadores por natureza. Independentemente do nosso nível de instrução, somos capazes de criar para superar desafios.

2) **Inovação boa é a que funciona em cada situação e realidade.** Sofisticação não é sinônimo de inovação; funcionalidade sim. Funcionar significa preencher uma necessidade experimentada ou não pelo cliente no campo material e, por que não dizer, emocional. O nome da chata que embarcou nosso veículo em Baía Formosa era Princesa...

3) **Tudo muda, e isso exige inovação.** Quanto mais profundas e rápidas as mudanças do mundo ao nosso redor, maior será a demanda por inovação. Seja em Baía Formosa, seja em Nova York.

4) **Inovar e empreender são verbos irmãos.** O rapaz da balsa opera ao mesmo tempo a balsa e o próprio negócio. Vende, recebe clientes, entrega serviços, cuida do seu empreendimento, ouve elogios e queixas! Ele vive em uma realidade certamente mais livre para empreender, com menos limitantes e fatores inibidores da inovação e do empreendedorismo do que o menor dos empresários da cidade grande.

Enfim, frugal ou tecnológica, inovação é o que move os negócios e a prosperidade. Dos indivíduos, das empresas e dos países. Tenhamos orgulho das nossas engenhocas e do nosso jeito de inovar. Talvez esse seja justamente um primeiro pequeno passo para nos tornarmos mais e mais uma Nação Inovadora.

Publicado originalmente no portal
Brasil Post em setembro de 2016

3

Alberto Santos Dumont, o Leonardo da Vinci brasileiro

*Precisamos de bons exemplos que marcaram
a história pela capacidade de ousar e criar*

Um grupo de brasileiros e brasileiras mudou o mundo e marcou a história com sua capacidade de ousar e criar. Santos Dumont, Ayrton Senna, Oscar Niemeyer, Pelé, Ruy Barbosa e Chiquinha Gonzaga são alguns deles. Se pessoas como essas tivessem nascido em qualquer país avançado, seriam reverenciadas como deuses da inovação. No Brasil, não é bem assim.

Como consequência desse menosprezo, é muito mais fraca a influência que a história de vida desses heróis exerce sobre nossa juventude. Afinal, quando se trata de ensinar a inovar, não há nada mais eficaz do que o exemplo. Demonstrações reais de que é possível fazer, chegar lá ventilam a chama da coragem nos jovens para que eles transformem ideias em negócios e empreendam. Histórias como a de Santos Dumont têm potencial para injetar nesses meninos e meninas a força para arriscar, errar, cair e levantar de novo, perseverar. Atitudes imprescindíveis à realização da inovação.

Dentre todos os inovadores brasileiros, talvez o mais conhecido seja Ayrton Senna, graças à televisão e às verbas bilionárias da Fórmula 1. É bem provável que uma criança brasileira média, aquela que avança aos tropeços nas escolas públicas, saiba quem foi o campeão Senna. Em uma outra posição desse espectro está Alberto Santos Dumont. Será que as crianças que conhecem Senna seriam capazes de falar alguma coisa sobre o pai da aviação?

Elas provavelmente não sabem que há 110 anos um brasileiro fez uma façanha que poderia ser comparada, nos dias de hoje, a teletransportar matéria. Em 1906, Santos Dumont, a bordo de seu 14 Bis, voou por 60 metros no Campo de Bagatelle, em Paris, local comparável ao que é hoje o Vale do Silício, diante dos olhares estarrecidos dos maiores cientistas e inovadores da época.

Dumont não era apenas um aviador. Nosso herói era empreendedor, inovador, mecânico e cientista. Não fosse assim, não haveria a escada Santos Dumont, os hangares com portas de correr, os balões de pequeno porte e esse relógio que você e tantas pessoas ainda hoje usam no pulso esquerdo.

Um brasileiro exemplar, capaz de inspirar inovadores do mundo todo. A ser homenageado repetidas vezes e em todo lugar. Por mais que doam os cotovelos dos amigos americanos, que chegaram ao cúmulo de criticar a homenagem feita ao grande mestre nas Olimpíadas como se quisessem apagar a memória de um homem brilhante, que em seu tempo conquistou os mais prestigiosos prêmios de inovação.

O acervo e as recordações de um dos maiores inovadores do mundo são parte dessa história e têm que ser resgatados. É preciso enaltecer suas características e seus empreendimentos. Atualmente, alguns objetos pessoais e cartas ainda podem ser vistos no Museu Casa de Santos Dumont, em Petrópolis (RJ), mas a maior parte de suas criações está espalhada por vários locais. Essa perigosa dispersão teve origem no fechamento do museu na Oca, no Parque do Ibirapuera, e, mais tarde, do Museu da TAM, em São Carlos (SP). Réplicas das grandes inovações que ele realizou deveriam ser construídas e exibidas com o orgulho da inovação made in Brazil.

Tentemos imaginar o que um gênio como Santos Dumont nos proporia como inovação hoje em dia sobre o automóvel, se estivesse entre nós. Ao mesmo tempo nos perguntemos: quantos pequenos potenciais inovadores como ele existem entre os milhões de crianças brasileiras? Prontos a se tornarem líderes inovadores?

Nosso Leonardo da Vinci merece um Museu da Ciência, Tecnologia e Inovação Alberto Santos Dumont, assim como o Museo Nazionale della Scienza e della Tecnologia Leonardo da Vinci. Um lugar que sirva para cultuar a inovação e alastrar o mais máximo essa cultura. Onde possamos demonstrar às crianças de 5 a 100 anos a capacidade brasileira de mudar o mundo. Um lugar onde possamos todos buscar inspiração para inovar e sonhar, sonhar muito...

Como canta Mia, a personagem vivida por Emma Stone no filme La La Land, um brinde àqueles que sonham, ainda que possam parecer loucos.

Publicado originalmente no portal
Automotive Business em fevereiro de 2017

4

Zuckerbergs e Musks

*Não é preciso buscar inspiração neles: no Brasil,
a inovação está em toda parte*

É uma tremenda distorção pensar que inovar seja criar aplicativos. E um grave risco para nossos jovens que, loucos para construir um mundo novo, buscam inspiração apenas nos Mark Zuckerbergs que estão por aí. Há uma inteira outra parte do mundo da inovação a explorar, e precisamos que nossos talentos coloquem foco nela. Mal comparando, refiro-me à parte sólida da inovação, que pode ser representada pelos Elon Musks. Os membros dessa linhagem de inovadores concebem veículos movidos a energias renováveis, novas máquinas e equipamentos, dispositivos sofisticados, soluções de mobilidade, carros voadores e pesquisa, muita pesquisa, em novos materiais e compósitos. Há ainda a robótica, os humanoides e a automação. Sem falar na poderosa inovação em novas moléculas de medicamentos, na bioengenharia e biossegurança.

De fato, andamos o dia todo com um supercomputador na mão (é assim que nosso smartphone seria classificado trinta anos atrás), e isso pode levar as pessoas a acreditar que tudo o que é inovação passa por esses aparelhos. Que o conceito de digital, a inovação das organizações vanguardistas e o *modus operandi* das startups devem concentrar-se nessas telinhas, tornando secundários os robustos programas de pesquisa e desenvolvimento. Estes pareceriam menos interessantes para jovens engenheiros que sonham apenas em transformar ideias em soluções à mão.

Há 20 anos nós, engenheiros experientes, fazíamos palestras nas escolas de engenharia para convencer os jovens engenheiros a trabalharem... com engenharia. Pedíamos que não se deixassem seduzir pelo dinheiro e pela carreira oferecidos pelos bancos que, espertamente, sabiam o valor de um engenheiro. De maneira análoga, agora temos que reciclar os conteúdos dessas palestras e partir em uma cruzada para mostrar aos jovens engenheiros formandos de hoje que há um futuro atraente na outra metade da inovação.

Nem todos sabem, mas Elon Musk, símbolo dessa inovação concreta, escolheu o Brasil e está cavando túneis em Minas Gerais. Isso mesmo. Depois de fazer vingar carros elétricos e autônomos, foguetes e missões espaciais, uma das empresas desse mestre da inovação, a Hyperloop Transportation Technologies, com cerca de 800 engenheiros, desenvolve sistemas de transporte de passageiros e cargas usando cápsulas que voam à velocidade do som. Túneis de vácuo ligarão cidades e será possível deslocar-se a mais de 1000 quilômetros por hora. Belo Horizonte-São Paulo em trinta minutos, ou BR-381 sem caminhões. Tudo isso movido a energia solar.

Há muito mais inovação concreta no Brasil. Os incrédulos experimentariam um choque de realidade no que se refere a inovação e engenharia se fossem conhecer mais de perto o Centro Tecnológico da Marinha em Iperó, onde funcionam o Aramar e o projeto do Submarino Nuclear Brasileiro. Também se surpreenderiam com a Amazul – Amazônia Azul Tecnologias de Defesa S.A. É impressionante. Em contato com esses projetos, sentimos algo que andou em falta ultimamente: o orgulho da engenharia e da inovação brasileiras. Meu coração e o de qualquer outro engenheiro batem mais forte diante do que os cerca de 1200 profissionais têm sido capazes de realizar no programa nuclear da marinha, no programa nuclear brasileiro e no desenvolvimento do submarino a propulsão nuclear, que tem o objetivo de proteger as imensuráveis riquezas do nosso território marítimo. A Amazul, por exemplo, contrata 100% dos engenheiros navais que se formam no Brasil. Até o nome é sugestivo, já que o Brasil possui uma zona econômica exclusiva (ZEE) – áreas marítimas estratégicas de cada país – de aproximadamente quatro milhões de quilômetros quadrados, maior do que a superfície da floresta amazônica.

A conclusão é que não há fronteiras a separar a inovação "dura" da inovação dos apps; a epifania, a explosão de inovação, surge justamente quando se consegue compô-las harmonicamente, por mais diferentes que sejam os métodos e a forma de atingir cada uma delas. Portanto, a recomendação de pensar fora da caixa vale também para os inovadores.

Publicado originalmente no portal
Olhar Digital em junho de 2019

5

Lições da organização mais inovadora de todos os tempos

Por que temos muito a aprender com Roma antiga, uma usina de inovações

Inovação e conquistas, ou estagnação e morte. A dura realidade de nossos dias escancarou isso, qualquer que seja a empresa ou setor. Você, líder, e sua equipe terão que fazer a escolha entre ser "trator" ou virar estrada. Inovar permanente e repetidamente é a única alternativa que garantirá resultados positivos e crescimento sustentável. Não é fácil. Apenas uma pequena parte das organizações consegue se posicionar na categoria das empresas inovadoras.

Quero te apresentar uma dessas poucas usinas de inovação. Desafio você a adivinhar de quem estamos falando a partir da análise das características a seguir.

- A organização a que me refiro tem um claro foco em inovação e melhoria contínua que lhe assegura a criação permanente de soluções e produtos inéditos em diversos campos.
- Seus líderes não só acreditam no poder da inovação, como estão focados promovendo-a o tempo todo.
- É detentora de um avançadíssimo sistema organizacional e logístico, o melhor de todos os tempos.
- Conta com enorme poder econômico e grande disponibilidade de trabalhadores e meios, podendo, se necessário, dispor de até 30 milhões de funcionários (número trazido aos dias de hoje), todos capacitados e munidos de instrumentos de trabalho revolucionários.
- Dona da marca mais forte de todos os tempos, adota uma clara estratégia de conquista que lhe assegura a integração dos melhores processos, conhecimentos e talentos, seja qual for a proveniência.

- Tornou-se a organização mais hábil em promover diversidade da história, congregando em seus quadros diferentes etnias e religiões.
- Tem presença marcante em mais de 50 nações. Ocupa, assim, liderança indiscutível em nível intercontinental.

Identificou de quem estamos falando? GOOGLE? APPLE? AMAZON? MICROSOFT? Quem sabe, uma união das quatro?

Não! Estamos falando do Império Romano, a mais inovadora, próspera e admirada organização de todos os tempos.

Os romanos desenvolveram o cimento que secava na água (utilizando nanopartículas de cinzas vulcânicas), engenhos e táticas de guerra insuperáveis, construíram aquedutos, pavimentaram mais de 80 mil quilômetros de estradas com perfil abaulado para evitar inundações, tudo isso sem sequer réguas de cálculo. Quando incorporavam uma província, buscavam aprender com os especialistas locais novas formas de inovar – exatamente como as corporações de hoje tentam fazer aproximando-se das startups. Sabiam que a informação rápida e global seria vital e, assim, criaram sistemas para acelerar seu fluxo. A tática: posicionar cavalos descansados em locais estratégicos de tal modo que os mensageiros a levar notícias pudessem realizar em poucos dias trajetos que, nas condições habituais, levariam semanas. A primeira verdadeira internet. Realizaram milhares de outras inovações, algumas que funcionam até hoje, como os esgotos de Roma. Uma atrás da outra, de maneira repetitiva e sistemática.

Foi assim que Roma teve sob seu domínio um território de aproximadamente 6,5 milhões de quilômetros quadrados, gerindo cerca de um quarto da população mundial. Se pensarmos nesses cidadãos como usuários dos serviços de segurança e qualidade de vida, pode-se dizer que o Império Romano teria hoje algo como 1,8 bilhão de clientes, um em cada quatro habitantes do planeta.

Esse sucesso absoluto se deveu à capacidade que os romanos tinham de gerenciar a inovação. Após três anos de pesquisa, conseguimos sintetizar os fatores de sucesso presentes em Roma em sete lições centrais de gestão da inovação. Essas lições, quando colocadas em prática, tornam qualquer empresa cada vez mais inovadora. Apesar de terem mais de 2000 anos, vemos que muitos líderes ainda hoje relutam em adotá-las. Ficam buscando (como se existissem) soluções milagrosas ou, um Steve Jobs que possa transformar suas empresas em inovadoras.

Nossas pesquisas resultaram em um livro, Império da Inovação (LVM/Canal Certo). Nele, Laurentino Bifaretti, meu parceiro nesta obra, e eu mostramos que esses mesmos sete fundamentos estão presentes nas corporações mais inovadoras de nossos tempos, entre elas Embraer, Bradesco e Techint.

As sete lições romanas da gestão da inovação são:

1) Integre conhecimentos e fortaleça a cultura para a inovação;
2) Tenha uma estratégia para inovar;
3) Fortaleça o senso de pertencimento nas equipes;
4) Capacite as pessoas para inovar;
5) Melhore o que já faz e crie o novo;
6) Repense o modelo de gestão para a inovação; e
7) Trabalhe obsessivamente pela vitória.

Duas dessas lições geraram impactos comprovados em estudos de caso de instituições do setor financeiro. O Bradesco pôs em prática a lição 1 ao estruturar práticas que lhe permitiram conectar-se fortemente ao ecossistema de inovação e às startups. Desde o segundo ciclo do programa inovabra (2015), a inovação ocorre de maneira sistemática: vieram o inovabra habitat, o ventures, o internacional e o lab, entre outras frentes de ação. A XP Investimentos faz uso intensivo da lição 3, "fortaleça o senso de pertencimento", com forte impacto em sua capacidade de inovar e competir. Da mesma forma que no Império valorizava-se a cidadania romana e o alistamento no exército, companhias como a XP conseguem fazer com que seus colaboradores, internos e externos, sintam-se parte de algo maior e vencedor. E, por isso, que se dediquem ao trabalho com o máximo de inspiração e energia positiva, fatores essenciais para que a inovação aconteça. Os líderes da XP sabem que essa característica é essencial e trabalham em todas as instâncias para que ela esteja sempre presente.

O livro detalha cada uma das sete lições, com elementos para aplicação nas organizações e casos reais. Orienta a construção de uma cultura organizacional favorável à inovação, explica como promover convergência e inspiração e como isso tudo bate no "ponteiro" da inovação. Organizações que compreenderem e aplicarem para valer as sete lições viverão a desejada transformação de empresa comum para empresa inovadora.

Publicado originalmente no portal Infomoney em julho de 2020

6

Campeões de Inovação Ambiental (E-Inovação)

*A inovação amiga do meio ambiente
caminha para ser o diferencial do futuro*

Você considera que tecnologia, a inovação e a preservação do meio ambiente são temas conexos?

Pois é hora de considerar essa ideia.

Os fatores ESG (sigla inglesa para Environmental, Social and Corporate Governance, que podemos traduzir como "governança ambiental, social e corporativa) têm emergido como poderosos gatilhos de transformação nas empresas. O conceito de E-inovação, que proporemos a seguir, considera que a inovação e as ações de preservação do meio ambiente podem ser vistas, na verdade, como primas-irmãs. Andam juntas e podem ajudar muito uma à outra.

Pense nas práticas de gestão da inovação nas empresas. Esses processos têm comumente um formato afunilado: do conjunto mais amplo de projetos ou iniciativas que entram por uma extremidade, apenas uma pequena parcela sairá na outra ponta, após ultrapassar sucessivos filtros ("stage gates"). Estes receberão investimentos ao final do processo. Os demais morrem no caminho. Essa depuração preserva os projetos mais alinhados à estratégia, de maior impacto e mais fáceis de implantar, entre outras características favoráveis.

Imagine agora que uma das barreiras a superar fosse justamente esta: a inovação proposta precisa ser "amiga" do meio ambiente. A pergunta neste "gate" seria: este produto ou serviço, ou ainda, este modelo inovador de negócios, além dos seus atributos de inovação, beneficia o meio ambiente? Se sim, polegar para cima e ele prossegue. Se não, o projeto para aí mesmo. Medidas assim representariam uma espécie de melhoramento genético ampliado das inovações. Produziriam um "saneamento" das inovações geradas de uma certa data em diante.

Utópico? Pior seria não colocar esse filtro no processo e, depois de investir, concluí-lo e lançar a inovação no mercado, ter que recuar. Constatar que as novas gerações de consumidores e influenciadores tomaram a decisão por você e estabeleceram um critério que condena a inovação que seu negócio trouxe. Essa alternativa é certamente a mais custosa e prejudicial às empresas.

Temos utilizado técnicas parecidas para peneirar portfólios de projetos de inovação em épocas agudas de crise. As empresas dispõem de um conjunto deles no pipeline; no entanto, em função de restrições de recursos que surgem na escassez, precisam decidir quem nasce de verdade e quem fica para trás. Em casos assim sugerimos a introdução de novos filtros, como a percepção do cliente a respeito do valor da inovação proposta ou a dificuldade que os concorrentes terão para imitá-la.

Em um mundo dos negócios no qual só prosperassem inovações amigas do meio ambiente, gradativamente melhoraríamos, não acha?

Há outra perspectiva mais positiva, já que não trata de seleção natural e morte de projetos; porém, da mesma forma, exalta a direta correlação entre inovação e preservação do meio ambiente. Refiro-me ao conceito de inovação ambiental, que vimos preconizando junto ao agronegócio brasileiro. O conceito prevê que se estabeleça um novo olhar sobre as inovações do setor. Não importa se são inovações tecnológicas ou soluções criativas simples, utilizando recursos existentes, que chamamos de inovações frugais. A proposta é passar a analisar as iniciativas inovadoras ligadas ao agronegócio não só em termos de ganhos de produtividade e qualidade, mas avaliando e quantificando os impactos de cada projeto em termos de benefícios para a atmosfera, a floresta em pé, o solo ou os rios e mares. Efeitos estes nada colaterais, concorda? Por exemplo: os ganhos de produtividade que determinada solução proporciona por hectare podem ser reenquadrados como redução das tendências de desmatamento.

Alguém dirá: ora, isso é natural. Sim, é, mas até agora as lentes dos pesquisadores não costumavam focalizar tais ganhos. Ou, na melhor hipótese, consideravam-nos colaterais, o que não é compatível com uma era ESG. A visão e a busca de resultados econômicos *per se* sempre criaram um viés distorcido dos projetos. Há casos evidentes no campo das biotecnologias, como projetos para a fixação do nitrogênio às plantas ou mesmo soluções de revestimentos poliméricos de sementes com a quantidade certa de fertilizantes, que são apresentadas como inovações para reduzir importações e custos. Essas mesmas soluções deveriam ser analisadas com o olhar da inovação ambiental: evitam que toneladas de produtos químicos não aproveitados pelas plantas sejam levados pelas chuvas e contaminem rios e mares.

Ao recondicionarmos o olhar, descobriremos que o Brasil não é apenas um campeão do agronegócio: é também um polo mundial de inovação ambiental. Orgulho, não é? Pena que não divulgamos e, pior, muitos dos dirigentes do agronegócio não se dão conta disso. Não dá para atribuir culpa a outros nesse caso. Somos nós mesmos, brasileiros e comunidade de inovação, que, tímidos, não damos a esses dados a relevância que eles merecem.

Publicado originalmente no portal
Olhar Digital em janeiro de 2021

7

Copiar também é inovar

*Em ambientes de abundância, a "copinovação"
beneficia todos os envolvidos*

Quem copia aprende.

Entendo que essa frase possa soar como uma heresia no ambiente empresarial atual, de busca incessante de inovação. A surpresa é que, em um mundo inundado de informações e estímulos, devemos nos preparar para aceitar a imitação como uma etapa do processo de inovação. Ao reproduzir, descobrimos e assimilamos conhecimentos. E não há mal nenhum nisso: inovação não é necessariamente ineditismo. Ao tentar replicar uma solução existente, seja para reduzir custos, seja para adaptá-la a uma nova realidade, sempre será necessário entender-se com engenharia de novos materiais, fornecedores inusitados, componentes que nunca usamos antes, processos de fabricação diferentes. Pronto: é de desenvolvimento de tecnologia e inovação que se trata.

As provas estão por aí, e não vê quem não quer. No início do século XX, a indústria cinematográfica americana mudou-se da Costa Leste para o estado da Califórnia com o intuito de escapar das muitas ações judiciais movidas pelo empresário e inventor Thomas Edison (1847-1931). Entre outras engenhocas, Edison desenvolveu o projetor de cinema e lutava para preservar suas patentes – sinal evidente de que na América se copiava, e muito. Ainda assim, dessa "fuga" adveio uma indústria poderosa, que influenciou o cinema no mundo inteiro e impulsionou o desenvolvimento de um estado. Cópia resultando em inovação, que, por sua vez, acelera o progresso.

A Universidade Internacional de Negócios de Wuhan, no "vale do silício" da China, replicou em seu campus alguns dos principais monumentos do mundo, como o Arco do Triunfo e a Casa Branca, definindo essas réplicas como padrão arquitetônico. A maioria de nós tende a olhar para isso com certo desprezo. "São cópias", pensamos, o que faz arderem em nós emoções ligadas ao orgulho, à vaidade e à honra. O problema é que, ao repudiá-las, inescapavelmente negamos a inovação. Para os chineses, exímios copiadores, é apenas parte de sua história de inovação e desenvolvimento. Provavelmente, sentem grande orgulho ao contá-la.

De fato, a inovação não é lampejo. É processo evolutivo e construtivo que parte sempre de bases conhecidas e alimenta-se de referências. Portanto, atire a primeira pedra o inovador que nunca copiou.

A falsa ideia do momento mágico, do insight, só serve para nos deixar a todos complexados por não sermos gênios capazes de criar soluções que mudam o mundo. Nas aulas de história, deixaram de nos contar sobre as muitas etapas de tempo investido, busca de referências, análises e comparações que os grandes inovadores percorreram antes do anúncio de suas descobertas. Personagens como Arquimedes e Newton estavam havia anos trabalhando antes dos momentos de eureca, na banheira, ou da maçã caindo na cabeça, respectivamente. Futuramente acontecerá o mesmo com Elon Musk: passará para a história apenas o episódio do desembarque em Marte, sem detalhar quantas vezes ele copiou, tentou e falhou antes.

Abundância x escassez

A conotação emocional negativa do copiar deriva de um paradigma vigente há centenas de anos. A maioria de nós cresceu às voltas com a crença da escassez e com a concorrência à moda antiga, na qual os mercados eram defendidos palmo a palmo controlando-se fundamentalmente duas variáveis: preço e quantidade.

No mundo atual, exponencial, criativo e fluido, essa lógica derreteu. O desordenamento da competição, os saltos promovidos pela disponibilidade de todo tipo de conhecimento na web e o surgimento das organizações exponenciais[1] empurraram-nos para um novo paradigma. Copiar bem e rápido, e sobre esse patamar construir ainda mais inovação, tornou-se competência e constitui diferencial competitivo.

Chegamos ao modelo mental da abundância.

---

1. SALIM, Ismail, MALONE, Michael e VAN GEEST, Yuri. *Organizações Exponenciais – Por que elas são 10 vezes melhores, mais rápidas e mais baratas que a sua (e o que fazer a respeito)*. São Paulo: HSM, 2015

Lembro-me perfeitamente das reações de surpresa dos participantes quando, há cerca de dez anos, estruturamos os primeiros processos de inovação aberta misturando startups e corporações. Era um ambiente novo de desregramento e liberdade no que se referia ao compartilhamento de informações, muitas delas estratégicas. Aos poucos a desconfiança inicial, sobretudo por parte das grandes empresas, ia dando espaço a uma atmosfera positiva de doação. Jovens criadores de startups com peito e mente abertos apresentando alegremente suas ideias às corporações e a outras startups concorrentes. Faziam isso com duas certezas: a de que seriam copiados e a de que era a sua forma de contribuir para a evolução do ecossistema.

Ficou evidente que se tratava da grande mudança. Chegava ao fim o terror das imitações. Os jogos vorazes do ambiente de negócios davam lugar a uma lógica diferente: pode copiar, porque estarei à sua frente quando você terminar. Copiar e ser copiado era parte dessa nova e fantástica realidade, na qual a satisfação de doar, o espírito de coleguismo e a sensação ampla de pertencimento a algo maior contrapunham-se às emoções mesquinhas da era da escassez.

Hoje já se fala com naturalidade em startups clones, como a brasileira RD Station, plataforma de automação em marketing que tem mais de 6000 clientes e, no final de 2020, empregava cerca de 400 pessoas. A inovação da RD Station tem muito em comum com a pioneira Hubspot, que também oferece uma solução de gerenciamento de mídias sociais com agendamento de posts e monitoramento.

Bem-vindos à "copinovação"

O conceito de abundância[2], formulado por Stephen Covey em 1995, nos ajuda a melhor compreender a "copinovação", expressão que vimos usando na minha consultoria para definir a cópia como parte do processo de inovação. Em meu livro *Usina de Inovações*[3], eu já refletia sobre esse ponto: "Olhar através da lente da abundância é acreditar que há mercado, espaço para novidades e dinheiro para todos. Um raciocínio bem diferente da ideia da escassez e do paradigma 'nós ou eles', no qual o bolo é de um tamanho fixo e

---

2. COVEY, Stephen R. *Os sete hábitos das pessoas altamente eficazes.* Rio de Janeiro: BestSeller, 2017
3. PIERACCIANI, Valter. *Usina de Inovações.* São Paulo: Editora Canal Certo, 2002

quem tiver a fatia maior suprime as possibilidades do outro". No ambiente da abundância o bolo não para de crescer, e esse crescimento advém justamente do compartilhar entre as pessoas e as empresas inovadoras.

Dez anos depois de Covey, Chris Anderson[4] reforçou o conceito sugerindo a "Economia da Abundância", uma nova era caracterizada por infinitude. Afinal, com o comércio eletrônico, não havia mais a limitação de espaço das prateleiras do varejo. Além disso, surgiram múltiplas formas de distribuir produtos e de transmitir informações.

Na década de 1980, Robert Camp, considerado o pai do benchmarking, na verdade fazia muito mais do que simples comparações entre empresas e seus produtos: buscava escancaradamente elementos de desenvolvimento e inovação. Mais tarde a engenharia reversa ocupou esse espaço. Foi por meio dela que o Japão adquiriu boa parte de sua tecnologia ao final da segunda guerra mundial, desmontando e replicando peças de produtos americanos e alemães em um claro processo de "copinovação".

Espadas e quadros

Visto de perto e sem preconceitos tolos, o próprio conceito de inovação aberta é, em certa medida, um movimento estruturado para "copinovar". Entre agosto de 2019 e agosto de 2020, 1635 empresas firmaram contratos com startups, segundo o Estadão Conteúdo. O verdadeiro motivo pelo qual essas corporações se interessaram pelas startups não é propriamente investir nelas, mas sim absorver conhecimento, cultura, soluções. Se isso não for uma forma de reproduzir ideias, práticas ou processos, não sei o que seria.

O Império Romano, a mais próspera e admirada organização de todos os tempos, tinha como uma de suas práticas centrais a absorção sistemática de novos conhecimentos. Quando conquistavam uma nova província, os romanos logo tratavam de identificar as principais habilidades técnicas das pessoas do local e as incorporavam ao próprio repertório, tornando-se assim mais inovadores, fortes e competitivos. Algo perfeitamente comparável ao processo de inovação aberta das corporações que descrevemos antes. Tomemos o exemplo do gládio, extraído de meu livro *Império da inovação*, escrito em

---

4. ANDERSON, Chris. *A cauda longa*. Rio de Janeiro: Campus, 2006

parceria com Laurentino Bifaretti[5]. Essa arma romana, que acabou dando nome aos gladiadores, foi desenvolvida a partir da espada hispânica, maior e mais pesada, tornando-se mais ágil e letal.

Leonardo Da Vinci, um dos maiores gênios inovadores de toda a história, era fascinado por reproduzir processos e soluções da natureza, o que posteriormente recebeu o nome de biomimética. Na biografia escrita por W. Isaacson[6], há um desenho do gênio que equipara uma árvore, com seus galhos e raízes, ao sistema de irrigação do coração pelas artérias. Picasso, pai do Cubismo e um dos maiores inovadores da história da arte, pintava obras que rompiam com os cânones de seu tempo. No entanto, é possível perceber nos trabalhos do artista evidentes chamados dos pintores Diego Velázquez e Francisco de Goya.

Em certos ambientes, buscar referências e partir do que existe sempre foi prática louvável. Na ciência e na metodologia científica, por exemplo, é inconcebível construir qualquer conhecimento sem apoiar-se em algo produzido por alguém antes. No mundo da comédia uma boa imitação é vista como arte e dom.

Cópias diferentes

Existem cópias fiéis, imitações, réplicas e outras classificações, variando de acordo com o nível de inovação que se imprime à solução. Aumentam também os atributos até a ruptura, que se dá no campo da inovação radical *(veja quadro)*. Obviamente, não nos referimos à pirataria, muito menos a ludibriar os clientes ou falsificar e plagiar produtos. A lógica que se aplica a essas situações não é a da escassez nem a da abundância, mas sim a da ilegalidade.

Vale lembrar, ainda, que no ambiente de negócios as margens mais significativas não serão atingidas com produtos parecidos com os que já existem. Somente a inovação radical proporciona margens significativas e sustentáveis, por isso todos a buscam. No entanto, ao longo do caminho, copiar para inovar será quase obrigatório em algum momento. Sem constrangimentos.

---

5. PIERACCIANI, Valter, e BIFARETTI, Laurentino. *Império da Inovação*. São Paulo: LVM, 2019
6. ISAACSON, Walter. *Leonardo da Vinci*. Rio de Janeiro: Intrínseca, 2017

Copiar e reconhecer que se aprende e se evolui com isso exige humildade. Copiar é o mais sincero dos elogios. É aceitar as regras naturais que regem a inovação. Há que se ser pequeno para conseguir, só depois, tornar-se grande. Perdemos tempo e oportunidades demonizando o ato de reproduzir e seguimos até os dias de hoje muito pouco inovadores no Brasil. Enquanto Japão, China e Coreia se tornaram potências da inovação, "copinovando" positivamente, aprendendo e progredindo.

Publicado originalmente na revista
HSM em março de 2021

8

Inovações tecnológicas efetivas

É válido racionalizar os esforços de desenvolvimento com vistas ao interesse do cliente?

A tecnologia tem mais valor quando canalizada para assegurar um benefício direto a um grupo representativo de pessoas, possibilitando-lhes viver melhor. Poderíamos chamar isso de inovação tecnológica efetiva.

A inovação pode ocorrer em diversas maneiras e categorias. Os manuais da OCDE, a Organização para a Cooperação e Desenvolvimento Econômico, sugerem uma divisão que já se tornou clássica: inovação em produtos, processos de produção, gestão ou modelo de negócio. Em função da magnitude, pode ainda ser incremental ou radical. Tecnológica ou não; hoje já se fala, por exemplo, em inovação social. Acima de todas essas classificações, porém, aparecem mais duas possíveis famílias: as que são realizadas apenas em nome do desenvolvimento e da aplicação de novas tecnologias e as inovações que resolvem problemas na veia.

Vacinas, por exemplo, têm o claro propósito de nos proteger; encaixam-se na categoria de desenvolvimento tecnológico recente que, de modo direto, geram inquestionável valor percebido pelo cliente. Milhares de fotos nas redes sociais de carteirinhas de vacinação ou de pessoas levando agulhadas são provas disso. Startups também surgem para resolver um problema claro e central de um grupo representativo de pessoas, o que explica o interesse em torno delas e o sucesso que muitas alcançam. Elas resolvem as tais "dores". Há uma diferença clara em relação à outra classe das inovações pela tecnologia, na qual se enquadra o pioneirismo das viagens privadas ao espaço, disputado por Jeff Bezos e Elon Musk. Convenhamos, não há nesse caso um problema central a ser resolvido.

Recente pesquisa divulgada pela revista Época Negócios dá conta de que 70% das empresas brasileiras entendem a importância da inovação, mas só 32% sabem no que investir para inovar. Nem sempre é fácil identificar os focos de ação. Pessoas não são sacos de problemas ambulantes. Suas dores nem sempre são percebidas, ainda mais em um cenário como o atual, cheio de perguntas sem respostas. Um novo conjunto de incógnitas pós-pandemia aumenta o risco de desenvolvermos tecnologia para absolutamente nada. Como, aliás, temos visto muitas vezes acontecer.

O desperdício de energia em meio ao apagão de tecnólogos e programadores deveria ser evitado a todo o custo. É justamente aí que se destacam as ferramentas de CX, experiência dos clientes. Os esforços para compreender o que de verdade vale experimentar e os testes de protótipos ganham importância estratégica.

Em recentes exercícios que temos realizado com empresas mais sensíveis ao risco de desenvolverem maravilhas que, no entanto, não interessam ao cliente, conseguimos resultados notáveis de racionalização dos esforços de desenvolvimento. É possível direcionar a energia e o foco ao que realmente interessará ao cliente, e não a projetos e soluções pelas quais temos paixão ou nos quais simplesmente acreditamos. A metodologia desenvolvida por nós prevê conjugar em um só mapa a jornada completa de interação do cliente com a marca e os vários tipos de personas (tipos diferentes de clientes).

O exercício consiste em construir uma matriz cruzando esses parâmetros e colocar em cada célula resultante dos cruzamentos dois conjuntos de postites preenchidos pelos participantes. Esses postites trazem inscrições com o que interessa de verdade aos clientes na etapa e o que estamos fazendo para atender a cada uma dessas demandas. Configuram-se assim no mapa nuvens de postites contendo os levantamentos realizados. Podem ser preenchidos pelos próprios clientes ou por especialistas, caso não seja possível interagir com os clientes finais. Em uma camada inferior, plotam-se os projetos e desenvolvimentos em curso. Ao final, conectamos com linhas cada desenvolvimento e as expectativas identificadas. Obviamente, os projetos dos quais partem mais linhas ligando-os aos postites na parte superior devem ser vistos como os mais impactantes.

Os esforços, então, passam a ser direcionados ao propósito maior de gerar valor percebido pelo cliente. Funciona! Mas preparem-se para a sensação de perda ao abandonar projetos como se fossem filhotes perdidos pelo caminho. A qualidade do que restar e a felicidade proporcionada aos clientes compensarão esse aspecto.

Publicado originalmente no portal
Olhar Digital em junho de 2021

9

Quem inova vale mais

O reconhecimento de uma empresa como inovadora traduz-se em valor. É estratégico, portanto, trabalhar na construção dessa imagem

Todo ano, a cada vez que se aproxima um novo ciclo de premiação à inovação, um conjunto restrito de empresas se debruça sobre os regulamentos e se empenha ao máximo para mostrar suas melhores facetas no quesito inovação. Elas não fazem isso por marketing ou por vaidade. Buscam, de maneira consciente e sistemática, ranquear-se entre as mais inovadoras porque sabem que esse esforço acabará influenciando a determinação de seu valor.

O conceito de ganhos associados à imagem de empresa inovadora é relativamente novo e vem ganhando cada vez mais força. O Crédit Suisse, um dos grandes bancos da Europa, publicou estudos mostrando o aumento do valor das ações de empresas que se destacaram pela inovação. Comparou o preço dos papéis de companhias concorrentes ao longo do tempo, parte delas reconhecidas como inovadoras, parte não, e mostrou que as inovadoras valem mais. Atribuiu a esse acréscimo de valor o nome de Innovation Premium. É possível afirmar que o mesmo raciocínio se aplica a empresas que não tenham ações negociadas em bolsas.

Isso explicaria, por exemplo, a supervalorização das ações da Magazine Luiza frente a competidores com fundamentos melhores e lucros maiores. Houve um momento em que as ações da Magalu chegaram a valer o dobro dos papéis da Via Varejo, mesmo a Magalu lucrando a metade.

Além disso, empresas inovadoras atraem e retêm os melhores talentos. São capazes de assegurar margens crescentes derivadas do lançamento de produtos e serviços inovadores e são amadas por clientes, pelas start-ups, por parceiros e pela sociedade de maneira geral. Afinal, são elas os motores do desenvolvimento econômico.

Se a característica inovadora faz o ponteiro do valor de uma companhia mover-se para o alto, a questão ganha contornos estratégicos, e deveria ter o máximo de atenção e engajamento da alta liderança.

Mas o que faz com que uma empresa seja inovadora? É suficiente criar novos produtos e serviços de maneira sistemática? A resposta é não. Para ser reconhecida, uma empresa tem que *mostrar-se* inovadora. Em outras palavras: tem que estar presente no ecossistema correspondente, cooperando ativamente, comunicar suas inovações e, por fim, estar ranqueada no topo nos prêmios sobre o tema. No que se refere aos prêmios, precisa comprovar uma gestão da inovação robusta e auditável. No Brasil temos as premiações da agência Finep, do jornal Valor Econômico e o Prêmio Nacional de Inovação da CNI (Confederação Nacional da Indústria), entre outros. Todos prestigiosos e estruturados por especialistas que levam em conta a intenção, os esforços e os resultados.

Um artigo de Scott D. Anthony publicado na Harvard Business Review traz uma abordagem mais financista à importância da inovação. Segundo o autor, é possível calcular o retorno sobre a inovação como uma espécie de ROII, sigla inglesa para Retorno sobre o Investimento em Inovação. O caminho seria estabelecer e medir indicadores como a magnitude da inovação (contribuição financeira dividida pelo número de ideias bem-sucedidas), a taxa de sucesso da inovação (ideias bem-sucedidas divididas pelo total de ideias exploradas), ou até mesmo a eficiência do investimento em inovação (ideias exploradas divididas por capital total e investimento operacional). Por meio de números fica mais fácil convencer os céticos da tese de que ser e parecer inovadora faz uma empresa valer mais.

Uma vez que seja ponto pacífico, é hora de arregaçar as mangas e trabalhar para obter esse reconhecimento. Afinal, construir valor é um dos principais focos de muitas companhias e de seus gestores.

Publicado originalmente no portal
Olhar Digital em março de 2022

PARTE II

A inovação e a gestão

1
Não existe inovação sem as emoções da mudança

Inovar é sentenciar o antigo à morte.
E tudo bem que seja assim

Você é um entusiasta da mudança? Se não for, não se declare inovador. Os muitos gestores inovadores com os quais trabalhei ao longo desses últimos 25 anos amam as mudanças. Para eles, mudar é sinônimo de excitação e adrenalina. Aprenderam a perceber as quatro fases pelas quais todos nós passamos quando somos expostos a elas – o chamado "fenômeno da transição nas mudanças" – como previsíveis e controláveis; mais do que isso: passaram a saborear as mudanças e encontraram meios de se beneficiar delas.

Recapitulemos as fases. Podemos defini-las por sensações: de Traição (poxa, justo agora, e bem comigo...), no primeiro momento; de Negação, no segundo (isso não vai dar certo, é passageiro); a Crise de Identidade (talvez eu devesse pensar melhor...); e, finalmente, a quarta e desejável etapa de Busca de Soluções (bem, já que é assim, vamos fazer funcionar). São reações humanas e, portanto, esperadas.

Certa vez, um jornalista perguntou a Pablo Picasso se sentia grande satisfação ao terminar um novo quadro. O artista respondeu secamente que não: sentia tristeza. Explicou em seguida que seu trabalho evoluía sempre, e que uma nova tela significava a morte do quadro anterior.

Essa passagem mostra a relação direta que existe entre inovação e mudança. A inovação, por mais excitante e fantástica que seja, representa uma espécie de sentença de morte do antigo. O novo sempre traz consigo uma sensação de perda. Isso se aplica a todo tipo e a toda magnitude de inovação em nossas vidas e, principalmente, no mundo do trabalho.

E é justamente nesse ponto que pode estar uma grande armadilha para os dirigentes de empresas do Brasil de hoje. Muitos enchem o peito para falar em inovação, mas, na realidade, esperam soluções prontas, e pior, assistencialismo. Gostam de novidades, mas detestam mudanças.

Em toda a história da inovação, os líderes inovadores foram também agentes de transformação. Os Steve Jobs, os Walt Disney e, mais perto de nós, os Ozires Silva, os Gurgel, os Pelés e os Chacrinhas, por exemplo. Esses e outros ícones da inovação compreenderam as quatro fases e como naturalmente as pessoas reagem diante das mudanças; souberam lidar com elas em si próprios e em suas equipes.

É belíssimo ver como esses líderes inovadores e agentes de mudança enfrentam tudo isso mostrando uma visão de futuro motivadora e acelerando a inovação. Como reagem ao novo mantendo absoluto controle e fazendo o que deve ser feito, e não o que, como humanos de carne e osso, instintivamente teriam vontade de fazer. Mais fantástico ainda é ver como lideram suas equipes nos momentos agudos das transformações, identificando os grupos de colaboradores em cada fase, escolhendo o idioma adequado e, principalmente, agindo para assegurar avanço e resultados. Certa vez, estava diante de uma CEO dessa elite quando ela recebeu um telefonema avisando-a que seu filho pequeno tinha sido atacado por um cachorro feroz. De forma inacreditável, a primeira pergunta que ela fez foi: "Ele está vivo? E onde está?". Como que se tivesse passado a jato pelas quatro fases e pulado diretamente para a busca de solução.

Por outro lado, é decepcionante constatar que boa parte dos dirigentes que manifesta o discurso da inovação busca, na prática, o apoio e a proteção do governo e resultados derivados unicamente da redução de custos. Como se as estratégias para o curto prazo que adotam os levassem a ter um pensamento e uma gestão também de curto prazo.

Velhas soluções e atalhos conhecidos não funcionam mais em um mundo frenético de inovações radicais. O momento pede coragem. E somente se houver profundas mudanças de atitude em grande parte dos líderes da indústria no Brasil é que teremos a aclamada mudança de Cultura. As práticas é que fazem mudar a cultura, e a cultura, por sua vez, reforçará as práticas. Estamos na encruzilhada entre a desindustrialização do Brasil e uma pequena chance de ainda nos tornarmos uma potência comparável à China.

Está nas nossas mãos, ou melhor, em nossos atos, nos seus atos, embocar um ou outro caminho.

Publicado originalmente no portal Brasil Post em março de 2014

2

O desafio da Gestão-Arte

É preciso fazer negócios de maneira mais inspiradora

Administrar empresas é uma arte. Há muito tempo se ouve isso. Na verdade, desde 1886, quando o engenheiro americano Henry Towne, inventor das fechaduras que usamos até hoje, declarou que considerava ser necessária uma nova arte para unir os dois grupos de profissionais que, já naquela época, circulavam dentro das empresas: os homens de negócio e os engenheiros. Visionário, Towne tinha entendido que as companhias deveriam funcionar como um fragmento da sociedade.

Seu diagnóstico nunca foi tão verdadeiro quanto nos dias de hoje. A Arte da Gestão, assim mesmo, com letras maiúsculas, nunca foi tão importante. Nos quase 130 anos, desde que Towne disse sua frase lapidar, aconteceram grandes mudanças e transições, mas nunca tão velozes quanto agora. Quando se vive sob a pressão de um entorno tão mutante, praticamente gelatinoso, com grande número de variáveis em jogo e cenários que se transformam freneticamente, as características dos gestores é que vão fazer a diferença. Sua sensibilidade, intuição e, sobretudo, a capacidade de inspirar, são elementos vitais no mundo da arte e funcionarão também como bússola no ambiente de negócios. A complexidade do momento em que vivemos coloca as técnicas e receitas de bolo da gestão tradicional num plano inferior em relação ao poder da inspiração, da intuição e do talento.

Os manuais de gestão fizeram muito por nossos negócios. No entanto, atualmente, é necessário muito mais do que está escrito nos livros para gerenciar empresas. Não são apenas os cenários que se transformam o tempo todo. As equipes, suas expectativas e a tecnologia estão em plena metamorfose. Os clientes, nem se fala. Estes mudam como plumas ao vento, como cantava Pavarotti em seu clássico "La Donna è Mobile".

Gestão, hoje, é muito mais do que comprar bem, produzir barato e vender. O conceito ficou mais sofisticado. O gestor antenado com seu tempo sabe que, mais do que administrar os recursos disponíveis, também é preciso cuidar da redução da carga de impostos, obter dinheiro do governo nas melhores condições possíveis, preferencialmente, por subvenção, e minimizar a saída de qualquer valor. Em outras palavras é inovar o tempo todo e estar atento a isso é um pedaço da arte.

Imagine que, nesse ambiente de alta complexidade, você ganhasse de presente um manual de gestão da Apple, uma das empresas mais admiradas do planeta. Por mais que se esforçasse, não conseguiria fazer igual, pois há o intangível representado pela figura quase mítica de Steve Jobs, um líder que, apesar de todas as suas idiossincrasias, foi pura inspiração. Quando morreu, em 2011, os executivos da companhia temeram pelo futuro da Apple, mas Jobs, por meio de suas atitudes, havia plantado uma cultura interna que manteve viva a chama da inspiração.

Esse pequeno exercício de imaginação serve para nos lembrar de que não há duas formas de gestão iguais, duas empresas iguais ou fórmulas de gestão prontas que sirvam para qualquer empresa. Assim como cada um de nós, as empresas são sistemas vivos, mutantes, complexos e imprevisíveis. Assim como eu, você, o colega ao seu lado, somos únicos, elas são únicas e está na hora de reconhecermos isso.

Olhando para as organizações vencedoras, vemos que sua gestão é uma fantástica combinação de inspiração, talento e técnicas, assim como qualquer expressão da arte. Essas empresas são belas, provocam emoções da mesma forma que um quadro, uma escultura ou um filme. Relacionar-se com elas é uma experiência inesquecível. Usando novamente o exemplo da Apple, procure lembrar-se de alguma vez em que tenha entrado numa loja da marca no exterior. Encontrou funcionários que gostam do que fazem e por isso se entregam, operando um processo simples e eficiente. Isso, aliado à consistência do produto, faz nascer no consumidor um sentimento de admiração. Impossível não apreciar a genialidade do outro e conectar-se afetivamente com a companhia. E, no entanto, só para relembrar, estamos no mundo dos negócios. A emoção que essas empresas provocam nos clientes faz com que paguem mais pelos produtos e que sejam reconhecidas pela sociedade como excelentes.

Acredito que, aos poucos, essas empresas irão se aproximando uma das outras, como já acontece com as companhias que aderiram ao sistema B, por exemplo. Elas formaram uma espécie de clube do bem que congrega empresas que demonstram aplicar um conjunto de regras de governança rígidas criadas para que atuem preservando o meio ambiente e cuidando da sociedade em que estão inseridas. É como se fossem criando um tecido, uma parcela do mundo dos negócios capaz de lidar com a gestão como uma arte. Afinal, as empresas sempre tiveram um papel fundamental em qualquer sociedade e em qualquer era da história.

Estou convencido de que o tecido empresarial formado pelas organizações campeãs em gestão modificará a sociedade e o mundo. Juntas, elas vão compor sistemas maiores de produção e geração de bem-estar, riqueza e felicidade com potencial para influenciar a sociedade e o mundo. E não vai demorar tanto assim. Esse tecido existirá em 10 ou 15 anos.

Guardadas as devidas proporções, acredito que, no futuro, falaremos dos líderes da Gestão-Arte com a mesma admiração com que nos referimos a artistas geniais como Leonardo da Vinci, Michelangelo ou, mais recentemente, Picasso, Jack Welch e Lee Iacocca. Ídolos dos americanos, estes últimos já podem ser considerados artistas que imprimiram suas marcas ao emocionar pessoas (por ocasião do lançamento do Mustang, nos anos 1960, Iacocca alugou um navio, chamou os formadores de opinião da época e, já em alto-mar, trouxe o novo carro, pendurado num helicóptero). Esses líderes não são comandantes durões, mas sim pessoas sensíveis. Sonhadoras, corajosas e transformadoras. A arte que praticam – sua gestão – não se aprende na escola, pois é um conjunto bem diversificado de saberes. Eles se tornam instrumentos de transformação social.

As escolas de engenharia e de gestão, aliás, já estão repensando seus métodos e seu papel para tentar ensinar a Gestão-Arte. Não se aprende música, por exemplo, estudando cinco anos de teoria para um dia, e depois, pegar um instrumento na mão. Nenhum dos grandes gênios da música passou por isso. No mundo da engenharia e da gestão deveria acontecer a mesma coisa. Deveríamos, muito mais, aprender fazendo e fazer aprendendo. Teoria e prática andam juntas em todos os campos do conhecimento. A Gestão-Arte passa por inovar, experimentar, realizar, conquistar. Requer tentativa e erro, ingredientes que foram banidos do repertório da pura gestão por resultados. Se esse conceito ganhar terreno, teremos um mundo de negócios muito mais colorido, inspirador, capaz de gerar emoções e conexões. Um mundo melhor.

Publicado originalmente no portal
Automotive Business em março de 2014

3

Como será a sua mudança vista do céu?

O olhar atento ao coletivo, em detrimento do individual, é que vai gerar valor aos negócios do futuro

Destroços são rastreados por satélites localizados a milhares de quilômetros de distância; balões da Google fotografam ruas e cidades pelo mundo; *drones* filmam tudo, de esportes radicais a casamentos. A proliferação desses aparelhos incríveis (há *drones* movidos a energia solar que podem voar por até cinco anos sem voltar à terra) nos leva a pensar no momento curioso que estamos vivendo. De novas perspectivas e de um redimensionamento do olhar.

E nós, como será que somos vistos do céu? Que imagem passam nossas organizações, nosso bairro, a rotina que criamos para nós mesmos?

Se nosso ponto de observação se deslocou para o alto, talvez tenha chegado finalmente a hora de abandonar uma visão míope e autocentrada da realidade, tão comum em nossos dias, e adotar um novo ponto de vista, mais abrangente e sistêmico. Tempo de jogar luz na força da coletividade e deixar de escanteio o habitual perder ou ganhar individual.

Será que, vistos do alto, somos melhores, mais conscientes? Quem sabe a distância não tenha o poder de atenuar nossos defeitos? Um pequeno exemplo do cotidiano: nós, moradores de São Paulo, sabemos que é preciso economizar água, já que a cidade sofre com a maior seca em oito décadas. Mas, enclausurados em edifícios nos quais o consumo não é medido por apartamento, poderíamos ter a sensação de que não é conosco. Será que é assim que queremos ser vistos lá do alto – como pessoas tão envolvidas no próprio dia a dia que se esquecem de que fazem parte de um coletivo?

É possível extrapolar esse raciocínio do individual para as empresas onde trabalhamos. Que imagem transmitimos a quem nos olha do alto – de unidades isoladas ou de uma teia de conexões inteligentes, interessantes, que não visam apenas o imediato? Será que pensaríamos menos em orçamentos e mais em nos conectarmos em todas as direções? Talvez nos tornássemos mais atentos aos efeitos de nossas atitudes. Espiados o tempo todo, não seria mais possível que, às escondidas, na calada da noite, indústrias descarregassem nos rios a poluição das grandes cidades.

Vistos do céu, gostaríamos de ser redes colaborativas, geradoras de inovação responsável e valor. A tecnologia vem ampliando vertiginosamente as interações entre empresas, fornecedores e clientes. Pense, por exemplo, na produção de um veículo *open source*. Cada carro é montado a gosto do freguês, em projetos desenvolvidos por profissionais de áreas diferentes, empenhados em manter a rede operando em nome da sustentabilidade de suas ideias.

Já estão mudando as relações entre as empresas, os governos e as universidades. Projetos gerenciados por professores, atuando dentro de universidades, são realizados por equipes com profissionais de diferentes empresas e geridos por governos empenhados no desenvolvimento de tecnologias que interessam ao país.

As redes colaborativas de inovação não servirão apenas para bens e serviços. Servirão, também, para encontrar soluções para a nossa felicidade e a preservação do planeta. Os *drones*, por exemplo, poderão monitorar desmatamentos. As câmeras de segurança, que hoje são poderosa ferramenta contra o crime, passariam a voar por toda a parte registrando ocorrências e promovendo ações policiais, em vez de ficar fixadas aos postes.

Poderíamos até dizer que o avanço tecnológico desses robôs voadores evoca nossas raízes religiosas e mitológicas, de deuses astronautas que nos observam o tempo todo e de cima.

Como será a sua imagem vista do céu?

Publicado originalmente no portal
Brasil Post em maio de 2014

4

Briga de turma, agora!

Buscar soluções em grupo pode ser mais eficiente

Quem na adolescência não passou por um momento no qual tenha se sentido inferiorizado ou agredido? Quem nunca pensou em juntar os amigos e partir para a briga? Todo mundo sabe bem o que é isso. Pois foi justamente essa expressão – "briga de turma" – a escolhida, com sensibilidade, por Roberto Yokomizo e Ambra Nobre durante o Programa de Gestão de Inovação para Empresas de Roupas Profissionais. Roberto foi escolhido para ser o líder do grupo de trabalho e Ambra dirigiu o projeto, desenvolvido pela Associação Nacional da Indústria Têxtil (ABIT) com o objetivo de fortalecer a inovação em empresas desse setor. Os recursos vieram da Agência Brasileira de Desenvolvimento Industrial (ABDI).

Durante 20 meses, 18 empresas associadas da ABIT trabalharam em grupo para se tornarem mais competitivas e inovadoras. E conseguiram! "Elas alcançaram um grau de maturidade que é único", afirmou Rafael Cervone, presidente da associação à época. Segundo Caetano Ulharuzo, da ABDI, "o segmento de roupas profissionais está em um momento de agregação de tecnologia e pode gerar uma alavancagem nacional e internacional de mercado". O mesmo Ulharuzo afirma ser possível repetir esse tipo de trabalho em outras cadeias produtivas, empresas, fornecedores e clientes visando aumentar o grau de inovação nas indústrias-chave do Brasil.

Apresento esse caso aqui porque o considero um claro exemplo de como é possível deixar de lado temporariamente o individual e trabalhar em "cluster" – desde que haja desejo e disposição por parte dos dirigentes. Vale destacar que esse projeto aconteceu em um setor (indústria têxtil e de confecções) que vive as mesmas ameaças do setor de autopeças. São territórios nos quais as importações e a força industrial da China têm deixado um verdadeiro rastro de sangue.

As importações e a baixa produtividade e competitividade brasileiras têm levado inteiros setores à míngua e, com eles, milhares de empregos e possibilidades de geração de renda. O governo federal, por intermédio da ABDI, sabiamente destina recursos para projetos de fortalecimento desses setores. No caso do têxtil e de confecções, um conjunto de empresas selecionadas pela associação e dispostas a participar se uniu para encontrar no campo da inovação as adequações das quais precisam, e o mais rápido possível. O projeto permitiu a elas adquirir o conhecimento necessário para competir. As 18 empresas capacitadas concretizaram planos que definiam como a inovação passaria a fluir internamente. Os representantes delas passaram a operar em sinergia. Trocaram dicas, experiências, emprestaram recursos uns aos outros e se tornaram um grupo. Ao final, criaram um Comitê de Inovação do setor que seguirá com os trabalhos.

O projeto prova que é possível, e extremamente válido, atuar em grupos de empresas quando a crise bate, de verdade, à porta. Pena que tenha de chegar a esse extremo...

Lembremo-nos de que as entidades associativas foram concebidas justamente para conferir força às associadas. No entanto, raramente conseguem-se resultados significativos. Nas reuniões, a choradeira corre solta, há um monte de blefes e nada, de fato, se concretiza. É como se os participantes, em dias de reunião nas associações, acordassem de manhã e vestissem uma máscara com um sorriso falso. Tudo bem, tudo muito bonito, mas, por trás, vigora um espírito de "como é que eu vou levar vantagem sobre os demais".

"Briga de turma" é bem diferente. É se unir contra o inimigo. Conhecer as reais vulnerabilidades de cada um dos participantes do grupo e compor-se para eliminá-las. É somar as poucas forças que restam para defender a ação do conjunto.

O sucesso do projeto envolvendo o setor têxtil deveria ser inspirador para o setor de autopeças. Em especial para as empresas de médio e pequeno porte, que, quando imaginam que chegaram ao fundo do poço da crise, descobrem que tudo pode piorar. São elas que estão cara a cara com o fantasma da desindustrialização.

A mesma estratégia de agrupamentos para reativar a competitividade aparece ao revisitarmos o que salvou a indústria de crises em outros momentos históricos e países. São múltiplos os casos de estruturação de "clusters" e arranjos produtivos, como os que ocorreram na Itália do final da década de 1970.

Espera-se que o caso de sucesso descrito seja inspirador também para o governo, e que ele destine mais recursos desse tipo para um maior número de setores em crise. E mais: que os recursos encontrem dirigentes que acreditem nisso e se disponham a aprender para crescer.

Antes que seja tarde demais.

Publicado originalmente no portal
Automotive Business em setembro de 2014

5

Novos tempos exigem novas abordagens

*A receita para inovar em momento de crise
é aprender a trabalhar na chuva*

Depois desta crise sobrarão dois tipos de empresas: **as inovadoras** e **as mortas**.

Não é nada natural inovar em época de crise. Pelo contrário. As pessoas, e consequentemente as empresas, tendem a se contrair, concentrar-se nos custos e restringir a atuação ao essencial, esperando que os tempos difíceis passem logo e que consigam sobreviver. Por outro lado, é justamente nesse momento que as cadeias se reestruturam. É quando desembarcam empresas estrangeiras que aproveitam a disponibilidade de ativos a baixo preço e a quebradeira. O que fazer então para conseguir inovação e dinheiro em épocas de recessão?

Algumas poucas empresas vencedoras percebem oportunidades e se organizam para desfrutá-las. Lembre-se de que há sempre os que choram e os que vendem lenços. Pude confirmar isso conversando com dirigentes que participaram VI Fórum da Indústria Automobilística, realizado por Automotive Business em abril, indiscutivelmente o mais importante evento do setor. Nele, todos os anos, líderes e especialistas se reúnem para debater os cenários e movimentos estratégicos da indústria. Ficou clara nos discursos dos gestores de algumas das grandes empresas da cadeia automotiva a vocação para saírem vencedores. A mensagem deles foi: "Não podemos esperar a tempestade passar: temos que aprender a trabalhar na chuva", destoando da maioria que se entregava à choradeira.

Ouvindo-os atentamente, percebe-se que estão colocando em prática ações nos três vetores de sobrevivência em períodos de recessão: obtenção de funding para inovar (vetor I), inovação em produtos e processos (vetor II) e inovação na gestão (vetor III). Temos explorado com sucesso essa receita há anos. Vejamos um pouco mais sobre ela.

Vetor I: funding para inovação, ou seja, obtenção de recursos governamentais para financiamento das inovações

Quando não há dinheiro para nada, é hora de buscar recursos governamentais para financiar a inovação. São múltiplos os arranjos possíveis. É preciso saber se movimentar em meio ao complexo tabuleiro que oferece um conjunto de fontes e linhas de fomento: Finep, Senai, agências regionais, fundos de investimento (inclusive europeus), entre outras. Podemos citar, por exemplo, o bem formulado programa Inova Talentos e as bolsas Rhae. Ambas possibilitam contratar engenheiros, mestres e doutores para desenvolver projetos, reduzindo os custos com pessoal de P,D&I. Há ainda o Programa Embrapii, a própria Lei do Bem (n° 11.196/2005) e outras linhas regionais e federais que complementam o leque de possibilidades. Isso sem falar do Inovar-Auto.

As empresas vencedoras estabeleceram processos para identificar e classificar as iniciativas internas de inovação e encaixá-las em cada uma das múltiplas linhas de fomento governamentais. Isso lhes possibilita preservar recursos para as atividades centrais e melhorar resultados.

Vetor II: geração rápida e efetiva de inovação em produtos e processos de fabricação

Quando há pouca gente e tempo disponível, as inovações têm de ser escolhidas adequadamente e implantadas de um jeito rápido, barato e com baixa absorção de energia. Isso pede uma espécie de "dinamizador", ou seja, sessões de trabalho no modelo Hackathon, nas quais, em cerca de 64 horas, são geradas e prototipadas as inovações. Para tanto, usam-se as técnicas do Design Thinking, Design Driven Innovation e Prototipação Rápida, entre outras.

Vetor III: redefinição da estrutura e dos processos com foco nos resultados em mínimo espaço de tempo

É inacreditável, mas até hoje muitas empresas insistem em modelos de gestão e organogramas tradicionais. Um montão de quadradinhos que servem mais para dizer às pessoas o que não fazer do que propriamente para organizar fluxos de trabalho e acelerar a tomada de decisões. É claro que isso funciona ainda menos ainda em tempos de crise e de confiança abalada. As pessoas simplesmente se escondem atrás dos quadradinhos para sair da linha de fogo. As empresas vencedoras, no entanto, aproveitam o momento de turbulência para promover reestruturações e estabelecer desenhos organizacionais mais fluidos. Elas usam esse período para embutir em suas estruturas fornecedores, clientes, universidades e centros de pesquisa, oferecendo a eles papéis em seus processos de inovação. É hora de largar o discurso e efetivamente passar a atuar em redes. Elas são mais ágeis, baratas e eficazes do que os organogramas inspirados no exército e na igreja de séculos atrás.

As lições das vencedoras podem ser resumidas, portanto, em três vetores, inovação ao centro e espírito de revolução no coração.

Publicado originalmente no portal
Automotive Business em maio de 2015

A importante lição da "affordabilidade"

*O momento econômico pede investimento
em produtos bons, bonitos e baratos*

A chave para continuar vendendo em meio a uma dura crise como a que estamos atravessando é inovar para oferecer "valor ao cliente", valor este que precisa caber em seus minguados bolsos. Quando ouvi pela primeira vez, em caráter secreto dentro da engenharia da Ford, o termo "affordable SUV", fiquei encantado. Foi em 2002, faz tempo, mas vale a pena revisitar esta história que traz inspiração para enfrentar problemas atualíssimos.

Naquela ocasião, a Ford estava prestes a lançar o EcoSport. Boa parte dos brasileiros, fascinados pela onda dos SUV, sonhava em ter um Jeep Cherokee. Os tempos também não estavam fáceis e, para a maioria das pessoas da classe média, era simplesmente impossível comprar um. Nasceu nesse ambiente o Projeto Amazon, responsável pela histórica virada da Ford no Brasil. A transformação de uma companhia que pensava em fechar as portas no país em fabricante vencedor. Um verdadeiro case de inovação frugal (como é chamada tecnicamente hoje em dia).

Comandada à época por líderes inovadores, como Antonio Maciel, Luc de Ferran e Mauro Correia, entre outros, a Ford mostrou como se faz para despertar paixão nos clientes com uma inovação que cabe nos bolsos. O que parecia impensável -- transformar um Fiesta em um SUV – foi conquistado pelo time do Projeto Amazon. Mais do que isso, acabou criando uma nova categoria de veículos, hoje alvo de investimento da maior parte das marcas.

Tudo bem: não era um carro perfeito. Estava longe de ser um SUV de verdade. Tinha uma série de adaptações visíveis, mas encantou dezenas de milhares de compradores por dois motivos: sua característica inovadora e o preço. Para nós, é justamente essa a saída para continuar produzindo e vendendo nos atuais tempos bicudos.

"Affordable", uma daquelas palavras em inglês bem boladas e impossíveis de traduzir, é um termo que deveria ser analisado com muita atenção hoje em dia. Explico: em momentos de estagflação, a vida tem de seguir. Não adianta parar simplesmente. Nem dizer, como temos ouvido, que se correr os juros pegam e se ficar a inflação come. As empresas precisam continuar produzindo e vendendo. As necessidades e desejos dos clientes continuam, de alguma forma, existindo.

O conceito "affordable" poderia muito bem vir da palavra Ford, uma vez que Henry Ford fez história nos anos 1920 ao baratear a produção e tornar o carro, à época um objeto de desejo, acessível a mais gente, ampliando assim o mercado. "Se non é vero, é bem trovata", como diriam os italianos, já que, na verdade, não é nada disso. A palavra vem do inglês arcaico geforthian, que significa promover. Posteriormente o prefixo ge- foi reduzido a a- e assim nasceu a palavra "affordable".

Essa expressão está na raiz da inovação em ambientes em que impera a restrição de recursos. É justamente o tipo de inovação que funciona quando o dinheiro desaparece. Não é a inovação sexy, da sofisticação, que vinga. Nem mesmo aquela calcada em altas tecnologias. É o bom, bonito e barato que emplaca em realidades e ambientes mais pobres.

Sejamos honestos. Olhemos bem para os nossos consumidores. Não estamos falando do público dos Jardins, em São Paulo, nem dos moradores do Leblon, no Rio de Janeiro. Observemos a grande massa de pessoas que ingressou no mercado consumidor nos últimos dez anos, principalmente nas regiões que estão se desenvolvendo. Não somos a potência inovadora que gostaríamos de ser e não sabemos dizer quando nem de que forma o mercado irá retomar o crescimento.

Se pensarmos em termos dos produtos que mercados como o nosso querem, somos muito mais parecidos com a Índia e a China do que com os Estados Unidos ou a Alemanha.

Caiamos na realidade: é hora de inserir a "affordabilidade" nas estratégias e pensar em veículos bons, bonitos, mas sobretudo, baratos. O automóvel mais barato do Brasil é o Palio, é também o mais vendido. Seu preço é R$ 29.000. É um Fiat, empresa líder e que também vende carros dez vezes mais caros.

Na índia, a Maruti (Suzuki) tem 43% do mercado. O campeão de vendas da montadora, o Alto 800, custa lá algo em torno de 12.000 reais. Teria chegado a hora de o governo, por meio da redução de impostos, e os dirigentes de empresas, com suas estratégias, reinventarem o parque automotivo, tornando-o "affordable" a todos os brasileiros?

Publicado originalmente no portal
Automotive Business em julho de 2015

7

Bola pra frente!

*Três estratégias para superar nossos temores naturais
a respeito da mudança e abraçá-la com entusiasmo*

Vivemos um excitante momento de mudanças. Apesar disso, a maioria de nós está desanimada, pensando apenas em como salvar a própria pele.

Calma! Este não é mais um artigo falando de crise neste Brasil de um só assunto.

Ele traz um extrato do que aprendemos ao longo de mais de 20 anos atuando em Gestão de Mudanças nas organizações. Acreditamos que muitos desses aprendizados sejam aplicáveis ao Brasil de hoje, fazendo, talvez, que nos engajemos mais e aceleremos essa transição...

A primeira mensagem é que **nós, seres humanos, não fomos "projetados" para mudanças.** Pelo contrário, gostamos de estabilidade e previsibilidade. Quando o horizonte se turva, vêm desconforto e medo.

Li certa vez que o medo é a mais poderosa entre as sensações humanas. E o medo mais comum é o medo do desconhecido.

Mudanças sempre trazem "pepininhos", mas nem por isso são ruins. Cuidado! Tendemos a julgá-las assim baseando-nos em alguns efeitos colaterais negativos, e não nas mudanças em si. E erramos...

A segunda lição é que **qualquer mudança, mesmo a mais esperada e desejada, embute uma sensação de perda.** Pense em quando chega o primeiro filho, ou em quando se ingressa em uma nova etapa da vida, como o casamento; sempre há coisas que temos que deixar para trás.

Essa sensação de subtração, clássica dos períodos de mudança, se combina muitas vezes com outro poderoso – no mau sentido – ingrediente: a ambiguidade. Em períodos de transformação, a realidade vira um terreno pantanoso, cheio de perguntas sem respostas. Somos tomados por uma vontade louca de saber logo, e com clareza, como tudo vai acabar.

Essa mistura de ambiguidade e sensação de perda exacerba em nós o instinto de autopreservação. Perdemos o foco no que tem que ser feito. As pessoas se fecham em copas.

Até aqui, refiro-me, de forma genérica, à teoria clássica de gestão de mudanças. Mas voltemos à nossa realidade. Ao Brasil, ano 2015...

Sensação de perda. Alguém não está sentindo isso? Perdemos nossa liberdade, por medo da violência que assola nossas cidades. Negócios cambaleiam e muita gente está sem trabalho. Nossa moeda vale menos a cada dia, enquanto os roubos já identificados de dinheiro público chegam a 45 bilhões, aproximadamente.

De outro lado, a ambiguidade nos confunde: como tudo isso irá terminar? Como ficarão os negócios e os empregos? Quem nos governará e, principalmente, quando virá essa definição? Antes do recesso? Depois? 2016? 2017?

Na tentativa de nos livrarmos desta turbulência, deixamos de lado o interesse pela política e pela nossa representatividade. Buscamos atalhos. Prova disso é o número de pessoas de nossos círculos de amizades discutindo alternativas para deixar o país definitivamente. Notícias ruins, como o desastre de Mariana e o surto de microcefalia, agravam a situação.

Essas reações são, até certo ponto, naturais. Mas o Brasil precisa que façamos a coisa certa, não a natural.

A minha geração viveu outras crises. Na verdade, sempre estivemos meio céticos diante do Brasil dos últimos 12 anos. Sabemos que temos que arregaçar as mangas e seguir trabalhando. Interajo, no entanto, com muitos jovens profissionais de 25 a 35 anos que nunca viram nada parecido antes. Alguns inevitavelmente experimentarão o mais amargo sabor da carreira de um profissional: o desligamento.

Mas o que é fazer a coisa certa? Há três estratégias que funcionam e que teríamos que imediatamente adotar.

1. Comunicar-se efetivamente mais.

Em períodos de mudanças, as pessoas precisam de mais informações. Querem ouvir e se unir em torno de preocupações comuns. Podemos e devemos nos comunicar mais e melhor. Com comunicação positiva. Com articulação. Partilhando pontos comuns. Apenas mandar filminho da Presidenta Gerenta não é comunicação. É reclamação.

2. Avançar.

Deixar de lado o "como era bom" e focar no que pode ser feito no curto prazo. Que ações concretas podem minimizar os efeitos da crise que vivemos? Que negócios estão crescendo? O que está realmente ao nosso alcance para minimizar as perdas?

3. Focar no essencial.

Não adianta entrar em batalhas perdidas. Não faremos o dólar recuar. Chega de resmungar e criticar. Isso tudo é energia valiosa desperdiçada. Temos que centrar fogo no que faz a diferença. Planejar as ações da próxima semana, no máximo do próximo mês. No que devemos realmente trabalhar? Quem são as pessoas e os profissionais em volta de nós que podem nos ajudar no agora?

Adotando essas estratégias e agindo com energia e cabeça no lugar, seremos capazes de "desparalisar" o País. De fazer as coisas andarem. De nos movermos concretamente e unidos na direção do Brasil melhor que merecemos.

Publicado originalmente no portal
Brasil Post em dezembro de 2015

8

Como ter sucesso no setor automotivo mesmo na crise

*As estratégias de quem conseguiu manter viva
a atração de consumidores por seus produtos*

Em profunda e crescente crise, o setor automotivo nunca precisou tanto de inovações para conquistar os poucos consumidores dispostos a comprar. Cuidado: não estou falando dos usuais programas de ideias, que é por onde a maioria das empresas gosta de começar. Refiro-me a modelos eficazes e robustos de geração de Inovação Estratégica. Isso mesmo.

Sem desprezar a etapa de ideação, temos de reconhecer que as empresas estão submersas por montanhas de novas ideias, produtos, aplicativos, etc. Nunca foi tão fácil e, de certa forma, barato obter enxurradas de ideias, nascidas dentro e fora das companhias. Mas parece que o segredo para vencer é outro. E o próprio setor automotivo vem gerando respostas bem interessantes à uma pergunta importante. Afinal, para onde inovar?

Mesmo em um mercado estagnado e difícil, alguns modelos de veículos fazem enorme sucesso, a ponto de haver filas de espera. Não é intrigante? A Honda com o HR-V, a FCA com o Jeep Renegade, a Hyundai, entre outras. O que esses fabricantes têm que os outros não têm?

Venho fazendo essa pergunta a muitos experientes executivos e, surpreendentemente, nenhum deles entendeu, de fato, o que está ocorrendo. Respondem-me em tom irônico que manifesta certo desconforto – para não dizer raiva – que se trata apenas de uma "modinha".

Pena que seja assim, que estes dirigentes não tenham compreendido até agora a dinâmica da Inovação Estratégica, única alternativa que poderá resgatá-los dessa areia movediça na qual caíram. De outro lado, os que entenderam que a arena competitiva mudou e se prepararam estão vendo crescer as filas nas portas das suas concessionárias. Nestas filas consumidores que percebem valor em suas propostas, desejam seus produtos e estão prontos para colocar a mão no bolso, por mais difícil que seja o momento do país.

Nossa metodologia de Inovação Estratégica compreende vários componentes e tem sido aplicada com enorme sucesso em diferentes portfólios de produtos e setores, inclusive no automotivo. É difícil sintetizá-la aqui em poucas linhas, mas, basicamente, leva em conta três dimensões principais.

A primeira é a Inovação de Significado, também denominada por nós Inovação Guiada pelo Design. Não estamos falando de estética, mas sim de desenvolver produtos adorados. Para que isso ocorra, atuamos no significado dos produtos e nas relações afetivas entre eles e seus clientes, atendendo a desejos muitas vezes ainda latentes. Olhe para a proposta de valor do Renegade, para toda a campanha de comunicação. Para a relação das pessoas com o produto. Entenderá do que estamos falando.

A segunda dimensão é o foco na exportação. Tenho perguntado nas empresas que visito quem está cuidando dos mercados externos. Questiono também como as perspectivas de negócios criadas pela alta do dólar e pelos acordos internacionais recém-assinados influenciam as inovações realizadas no Brasil. As respostas são assustadoras e mostram, no mínimo, uma enorme lentidão. Enquanto isso, as vendas do Volkswagen Up! crescem graças às exportações para o México.

O terceiro aspecto é o binômio qualidade e preço. Isso mesmo: "quality is still a problem". Não qualidade na abordagem de 25 anos atrás, quando remetia ao mero "não defeito", mas em uma visão moderna e muito mais abrangente. Esse novo olhar envolve, além da qualidade intrínseca dos veículos e das peças, qualidade da venda, dos serviços nas concessionárias e, claramente, os custos envolvidos. Nós consumidores estamos muito mais informados e capacitados para avaliar levando em conta essa qualidade integral. Olhe para o sucesso das montadoras japonesas e elimine de vez essa dúvida.

A metodologia que desenvolvemos comporta outras dimensões que não cabe detalhar aqui. Mas o que foi exposto já permite antecipar que automóveis projetados para o mundo, com forte significado para os clientes, capazes de fazê-los se apaixonar e que tenham, comprovadamente, qualidade integral elevada e custos justos continuarão vendendo. Estes produtos serão a opção dos consumidores, que sempre existirão e continuarão querendo trocar de carro. Os demais automóveis? Bem, a palavra já diz tudo: os demais acabarão descobrindo dolorosamente que estão sobrando.

Publicado originalmente no portal
Automotive Business em janeiro de 2016

9

Equilíbrio é essencial para a cadeia automotiva

*Empresas começam a pagar o preço
por pressionar fornecedores em excesso*

O padrão e os resultados dos ciclos de negociação em curso entre clientes e fornecedores da cadeia automobilística trazem à nossa mente uma história antiga, porém elucidativa. Ela envolve o grande comandante Pirro, rei de Épiro, região que corresponderia hoje, grosseiramente, a territórios da Albânia e Grécia. Pirro foi um dos maiores estrategistas militares da antiguidade. Há historiadores que o colocam em um segundo lugar entre os maiores da história, logo abaixo de Alexandre Magno. Dizia-se que a guerra era sua principal razão de viver.

O curioso é que essa mesma frase poderia perfeitamente ter saído, hoje em dia, da boca de qualquer fornecedor ao deixar uma reunião com os jovens e vigorosos comandantes de áreas-chave das montadoras e sistemistas. Sobretudo se a tal reunião tratasse de renegociação de preços.

Voltemos à Roma antiga. Aproximadamente em 280 a.C., Pirro queria comandar a Itália. Atravessou o Adriático no comando de 400 navios e atracou em Taranto, decidido a dar combate aos romanos. Vinha à frente de um exército bem treinado de 20 mil homens pesadamente armados, 3 mil cavaleiros, 2 mil arqueiros, 500 fundeiros e – surpresa absoluta para seus adversários – 20 elefantes, animais nunca antes enfrentados pelos romanos. Foram horas e mais horas de luta sangrenta.

Pirro sagrou-se vitorioso, porém foi uma vitória inútil. Venceu pagando um preço muito alto: havia perdido a maioria de seus generais, muitos deles seus amigos íntimos, e seus melhores homens, que não teria como substituir. Quando um aliado o felicitou pela conquista, disse uma frase que ficou famosa: "Outra vitória como essa e estarei totalmente arruinado".

Na nossa analogia com os dias de hoje, montadoras e sistemistas equivaleriam às forças de Pirro. Em sua busca obstinada por resultados e competitividade, elas passaram os últimos 20 anos espremendo sua cadeia de fornecedores, que seriam os nossos romanos. Saíram vencedoras, como Pirro, porém percebem agora que essa vitória talvez venha a afetar o próprio desempenho.

No passado recente, sob pressão e diante da ameaça das importações viabilizadas pelo real supervalorizado, a cadeia produtiva da indústria automotiva não viu alternativa a não ser ceder terreno. Ao praticar os preços exigidos pelas montadoras e sistemistas, os fornecedores tiveram que abrir mão de qualquer investimento em produtividade e desenvolvimento organizacional. Fecharam os olhos para a busca por inovação e perderam o bonde da tecnologia. Muitos faliram, entre eles empresas campeãs do passado. Basta lembrar que hoje não há mais fabricantes de macacos no Brasil – todos são importados, principalmente da China.

A crise chegou e é quando a água baixa que podemos ver as pedras, segundo o ditado popular. E o que se vê no campo das autopeças, com raras exceções, é um cenário de terra arrasada. A importação já não se mostra o melhor caminho para as montadoras por causa do dólar alto – ainda que baixando nas últimas semanas. O barato ficou muito caro. O que acontecerá, então? Os chineses investirão – como já fizeram na Argentina, na África, na Itália – e comprarão as empresas nacionais na bacia das almas? Ou montarão novo parque inteiro do zero, evitando o risco-Brasil (trabalhista, tributário, etc.)? Qualquer uma dessas soluções será trágica e nos trará medalha de ouro na velocidade de desindustrialização. Quem saiu vitorioso? Pirro?

Montadoras e sistemistas buscam soluções em Brasília. O plano é jogar uma boia para a cadeia de fornecedores recorrendo ao Programa de Capacitação de Fornecedores do Ministério do Desenvolvimento, Indústria e Comércio Exterior (MDIC), que oferece auxílio para levantar as empresas pequenas e médias. As mesmas no passado derrotadas. Pelo menos uma grande montadora já se beneficiou do programa. O governo entra com recursos públicos para tentar reconstruir um equilíbrio deliberadamente destruído.

Não há dúvida de que os fornecedores precisam dessa ajuda, e ela virá em boa hora. Não pretendemos, aqui, fazer oposição ao pleito das montadoras nem ao socorro à cadeia produtiva. Mas propomos uma reflexão, um novo olhar para o futuro. A situação atual traz uma lição poderosa, a mesma que o general Pirro aprendeu há mais de dois milênios: certas vitórias podem ser amargas e abrir o caminho para derrotas irreparáveis.

Então, que seja o equilíbrio a pautar as próximas negociações entre os atores do nosso setor. O conceito de competitividade não funciona de forma isolada nem com olhar de curto prazo. Chega de imediatismos ruinosos, de operações inconsequentes de sourcing, feitas muitas vezes por negociadores externos sem qualquer compromisso com a sustentabilidade do sistema. Ou mudamos desta vez ou desistimos de ter uma indústria forte e competitiva.

Publicado originalmente no portal
Automotive Business em agosto de 2016

10

É preciso estruturar processos para gerar resultados

Desordem pode fazer com que iniciativas de inovação fracassem

Não há empresa hoje em dia que não esteja se mobilizando para ser mais inovadora. Visitamos dezenas delas a cada mês e pudemos constatar algo estarrecedor. Esses movimentos de inovação têm se revelado, na maioria dos casos, uma ótima forma de rasgar dinheiro e fazer as pessoas perderem foco e energia. Mas calma! Há uma parcela menor das empresas que claramente encontraram na gestão da inovação o caminho para se diferenciar e vencer.

O motivo dos tropeços é o mau começo. As companhias não estruturam de maneira adequada suas estratégias de inovação e, principalmente, seus modelos de gestão da inovação. Perdem-se acreditando que basta amplificar a geração de ideias, de todos os tipos e por todos que puderem tê-las para que se tornem inovadoras. Resultado: grande dissipação de atenção e energia, um enorme trabalho de avaliação e seleção do que aparece e, no final, pequenas melhorias pouco significativas. Com isso vem algo grave: a desilusão e as crenças de que "inovação não é para nós" e de que "a inovação radical que buscamos não existe". Passa-se a acreditar que o que há, mesmo, são "pequenas inovações incrementais".

Engano! Gerar ideias é apenas uma pequena parte do processo de inovação. Aquela máxima de que é preciso ter muitas ideias para que, no meio delas, apareçam "diamantes" é inaceitável em um contexto de cada vez mais competitividade e menos recursos. O que conta, de verdade, é ter as ideias certas. Em outras palavras, soluções e tecnologias que nos levem a atingir uma visão anteriormente construída de um produto ou de um processo de produção que, seguramente, será percebido como valor pelo cliente e o emocionará.

A JSL, empresa de logística, tem um lema fabulosamente simples e contundente: "Entender para atender". Por trás desse slogan está o princípio básico para a busca da inovação radical. Se compreendermos o momento e as emoções de quem utiliza nossos produtos nesse mundo em revolução sociocultural, encontraremos oportunidades fantásticas de inovação radical escondidas. Veja que não se falou até agora em desempenho dos produtos, mas sim em emoções.

Em 2013, essa mesma JSL comprou a Movida, uma empresa de aluguel de veículos como as outras, com faturamento de 58 milhões de reais por ano. Chata como as outras, insensível como as outras e que proporcionava uma experiência de alugar carro tão ruim quanto a das outras.

Sob o guarda-chuva da JSL, a Movida focou na jornada do cliente. Em seus sentimentos quando alugava um veículo. Construiu a visão de uma locadora diferente: alegre, simples, moderna, ágil e descontraída. Em seguida, veio o processo de como chegar lá. Entre as ideias implementadas, wi-fi 4G móvel em todos os veículos e assinatura dos documentos em um tablet, agilizando o processo e dispensando o uso de papel. Sempre com o foco claro nas emoções do consumidor. Em 2017, o faturamento da Movida aponta para 2,78 bilhões. Adivinhe onde alugo meu carro todas as vezes que viajo?

A Enterprise, por sua vez, é maior locadora de veículos do mundo. Inovou estruturando-se como empresa que aluga carros não para quem viaja, mas para quem precisa de um carro. É muito bonito ser carless, mas como viajar no final de semana para Santos com a sogra, o cachorro e o papagaio? De Uber?

A Enterprise não precisa dos caros quiosques em aeroportos. Vai buscar o cliente ou lhe entrega um carro em casa. A primeira página do amigável site deles tem um botão em destaque com a mensagem: "Avise-me quando o preço baixar". É só ficar de olho para aproveitar a data e partir para o tal programa familiar em Santos.

Demos um nome a esse jeito de fazer inovação: inovação estruturada com base em resultados. A abordagem, na qual trabalhamos desde 2012, premia o foco e a definição da visão de inovações que realmente façam diferença para o utilizador. Claro que, nessa metodologia, também são aplicados os conceitos de design e as técnicas e ferramentas ágeis de geração de inovação (design sprint, entre outras), mas tudo está a serviço do que é percebido como encantador pelo cliente. Em outras palavras, para que a inovação dê certo o principal é proporcionar ótimas experiências às pessoas: seja com o produto, seja nas interações entre os consumidores e a marca.

O professor e especialista em inovação americano Kaigham Gabriel, que liderou programas de inovação em empresas como Google e Motorola, vem defendendo algo semelhante. Recentemente ele conceituou a inovação disciplinada não em termos de regras e cronogramas, mas sim de escolhas. Kaigham considera um erro grave acreditar que, para se ter inovação radical, seria preciso libertar as pessoas de regras. Ele é, como nós, contra o oba-oba e a "espuma" em torno do tema inovação, e favorável a um esforço disciplinado e focado.

Os romanos tinham em Jano o deus das mudanças. Era uma divindade com duas faces, simbolizando o início e o fim, ou mesmo o sucesso e o fracasso. Assim como Jano, a implantação da inovação nas empresas pode ser a saída para competir e vencer – ou simplesmente uma enorme perda de tempo.

Publicado originalmente no portal
Automotive Business em junho de 2017

11

Os jovens não se contentam apenas com estabilidade (e não há nada de errado nisso)

A mensagem é: eles buscam um propósito. Devíamos ouvi-los

Soam cada vez mais alto as recorrentes queixas dos dirigentes de empresas sobre os jovens das gerações y, z e outras letras do final do alfabeto, como se anunciassem o fim do emprego e do trabalho tal como o conhecemos. Reclamam que essa moçada é fugaz. Que não para no emprego. Não está preocupada em possuir bens e só quer experimentar.

Pensava nessa ladainha outro dia. Manhã ensolarada de domingo, céu azul e um dia belíssimo em uma praia do litoral paulista. Sol nascendo e mar calmo. De repente, uma visão estranha: um drone sobrevoava as águas, controlado por um grupo de adolescentes com olhar fixo em um tablet.

No primeiro momento senti o choque do contraste entre uma máquina esquisita dessas e a natureza. Mas, logo em seguida, pensei que esse é o novo mundo em que vivo. Para alguém como eu, que empinei pipas na praia, ver um drone é perturbador.

Na verdade, é esse objeto que melhor simboliza os tempos que vivemos.

Os drones movem-se rapidamente em qualquer direção. É impossível prever seu rumo. Um mínimo toque os faz inverter o sentido, subir, descer, virar. Esse padrão de movimentos é o melhor modelo representativo do ambiente volátil que vivemos. Nos faz pensar que "tudo que é sólido desmancha no ar", lembrando o clássico de Marshall Berman. As críticas à sua obra mais famosa são fichinha perto do que se fala dos jovens que chegam ao mercado...

Essa gelatina de movimentos nada tem a ver com os trens, por exemplo, que se locomovem de maneira uniforme, previsível. Quando eu tinha a idade daqueles meninos que estavam na praia, o trem era símbolo de força e mobilidade. No passado, usava-se a metáfora dos trilhos e dos dormentes para explicar a fidelidade ao emprego, ou, em outro extremo, as rupturas marcantes das demissões. Dizia-se que era possível fazer um paralelo entre dois trilhos presos por dormentes e um indivíduo em sua posição profissional.

Essa metáfora considera que um dos trilhos é a pessoa e o outro a empresa para que trabalha; os dormentes que os mantêm ligados são salário, perspectivas, ambiente, etc. Tudo funciona bem até que, em determinado momento, um dos trilhos começa a mudar de direção e o outro não, algo natural em um mundo em plena mudança.

Aí, então, os dormentes começam a se romper. O indivíduo pode evoluir, enquanto a empresa permanece impassível às mudanças. O ideal seria que funcionário e empresa fossem mudando no mesmo ritmo e para a mesma direção, unidos pelos mesmos dormentes. Pouco provável: o mais comum no mundo empresarial é trilho-empresa correndo para um lado e o trilho-empregado correndo por outro. Resultado: dormentes estraçalhados rapidamente.

Para nossa juventude no mundo do trabalho, a comparação com os trilhos é completamente superada. Elas se movem freneticamente, sem lógica nem previsibilidade. Nossos jovens leões são drones. Sem ligação alguma com nada. São ligeiros e têm de sobra energia interna de propulsão. "Muta d'accento e di pensiero", como na ópera Rigoletto, de Verdi.

Reconheçamos: não poderia ser diferente em um mundo inundado por informações. Há estudos indicando que somos bombardeados por 6 mil estímulos de diferentes tipos todos os dias. Todos têm acesso a tudo, mas ninguém sabe nada. Em outras palavras, o jovem que não estiver confuso é porque está louco...

Verdade que eles expõem cruamente a liquidez dos tempos que vivemos. Porém, ao mesmo tempo, consideram importante algo que nossa geração só passou a buscar na idade madura: um propósito. Um dharma, palavra de origem sânscrita que evoca a essência do ser humano. Daí a importância de as empresas explicitarem seus propósitos e oferecerem-nos claramente a eles.

Esse é o único "trilho" moderno que poderá guiar os jovens. Fazer com que larguem as anestesias e fugas do dia a dia e movam-se na direção do que os torne realizados e felizes no trabalho. Portanto, se as empresas não tiverem claros seus propósitos e não forem capazes de nomeá-los, melhor contentarem-se em dialogar com dinossauros da época dos trenzinhos.

Os jovens gritam para nós que conectar-se com nosso propósito interior é importante. Nos ensinam que é possível viver a alegria quase irresponsável do momento presente. De flutuar em uma posição por pouco tempo e valorizar o prazer e a adrenalina de mudar. Desde que haja um sólido propósito.

Eles não são fugazes como parecem. São apenas muito mais rápidos e inteligentes do que nossa geração. Buscam com coerência e coragem a experiência de moverem-se rumo a um futuro que ajudam a construir. Cerceá-los nesse voo é como querer derreter as asas de cera de Ícaro. Mera e restritiva lenda.

Publicado originalmente no portal
Brasil Post em junho de 2017

12

Confiança e colaboração valem mais do que tecnologia

*Indústria automotiva precisa abrir os olhos
para novas formas de trabalho*

Um dos principais movimentos da atualidade no mundo da gestão é o de engajamento das empresas com startups. Por todo lado se veem iniciativas das corporações mais inovadoras nesse sentido. Semanas da inovação aberta, desafios lançados nos portais das indústrias, hackatons (maratonas de prototipagem e colaboração organizadas por empresas) e uma série de tentativas de construir dinâmicas que proporcionem às grandes organizações a velocidade e a potência de inovação que é marca registrada das empresas iniciantes.

Parece que nos esquecemos disso, mas o setor automotivo, para o qual alguns jovens olham hoje com indiferença, foi o puxador de uma série de grandes inovações aplicadas em modelos de gestão. A revolucionária linha de montagem; mais tarde, as células de produção originárias da Suécia; as técnicas do just in time, do lean e muitos outros conceitos que revolucionaram todos os setores da indústria no mundo nasceram, de verdade, nas fábricas de automóveis e caminhões.

A indústria automotiva, portanto, fez escola em modelos avançados de gestão. Porém, alguma coisa aconteceu e, a meu ver, esse setor acabou perdendo a dianteira de uns tempos para cá. Voltemos, por exemplo, aos movimentos atuais de engajamento de empresas e startups. Olhemos para a tendência, que ganha corpo, de estruturas organizacionais abertas, também chamadas pelo nome sexy de Open Corporations (open corp) ou ainda Corp ups, referindo grandes empresas conectadas a startups.

Há cerca de 20 anos, a indústria automotiva inventou o modelo de condomínio e de produção compartilhada envolvendo os chamados sistemistas e as montadoras. Todos nos lembramos do choque de avanço que foi a inauguração da fábrica de caminhões da VW em Resende, no interior do Rio de Janeiro. Nossa! Indústrias de outros setores vieram aprender com as soluções e arranjos organizacionais implementados pelo setor automotivo, entre elas a de bebidas e alimentos, a de aviões e muitas empresas de serviços. Tanto é verdade que muitos executivos egressos do segmento passaram a comandar operações em outras áreas com extraordinário sucesso. Implantando mudanças que eram elementares para eles, mas que revolucionavam o jeito de produzir em outras plantas.

A indústria da mobilidade poderia, portanto, estar em posição de líder na atual onda das corporações abertas. Poderia já estar estruturada completamente em rede, conectando centros de pesquisa, universidades, fornecedores, clientes, quem sabe concorrentes e, principalmente, especialmente, as startups... Mas não é bem assim. Pior, parece que os modelos inovadores do passado não geraram nem a metade dos benefícios globais que poderiam ter proporcionado. Por que isso não aconteceu? Já se fez essa pergunta?

Arrisco dizer que faltou um ingrediente que é essencial para a evolução dos sistemas abertos e das organizações em rede. Dei a ele o nome de C2: confiar e colaborar. Sem C2, os modernos modelos, qualquer que seja o arranjo de gestão, não atingem o máximo de seus resultados. Especificamente no setor automotivo, a confiança esteve no campo oposto ao avanço na gestão. Na velocidade e simplicidade de um e-mail, as montadoras têm há anos colocado de pernas para o ar planos pactuados ao impor pesados ajustes aos fornecedores. Se não cumprirem, multas... Nesse clima, os fornecedores tentam se proteger das perdas como podem e com as ferramentas que tiverem. Convenhamos, não é um bom exemplo de rede aberta e colaborativa.

Em movimento diametralmente oposto, o Google que, diga-se de passagem, já é concretamente o maior competidor/algoz da indústria automotiva, cria modelos 100% baseados na confiança e colaboração. Como, por exemplo, o novo YouTube Space, espaço de 3.000 metros quadrados para youtubers inaugurado no Rio de Janeiro (o segundo maior do mundo, só atrás do de Los Angeles). Lá ficarão à disposição equipamentos de última geração, tecnologias e estúdios para que talentos criem seus filmes e conteúdos, além de salas de aula onde o Google oferecerá cursos permanentes para que os profissionais se aperfeiçoem e melhorem a qualidade de suas criações. Com mais qualidade, as pessoas ficarão mais tempo em frente das telinhas e assim elevarão as receitas dos criadores e do próprio YouTube, que vive da publicidade. Uma lógica de negócios diferente do comprar ao menor preço, montar e vender.

Bem, esperemos que esses acontecimentos sirvam como toque de despertador para outros setores, inclusive o automotivo. Que provoquem e desencadeiem as mudanças que nos manterão vivos nessa nova economia, na qual a tecnologia vale muito menos do que uma boa dose de confiança e colaboração nas relações.

Publicado originalmente no portal
Automotive Business em agosto de 2017

13

O que eu aprendi com a minha startup (em 1992)

Três conceitos do século passado que valem para os jovens de hoje

Ouvi uma vez, anos atrás, do professor de marketing Romeo Busarello que a vida das pessoas se dividia em quatro "S": aos 20 anos, a Sobrevivência; aos 30, o Sucesso; aos 40, o Significado; e aos 50, o Sossego. Essa estratificação, que era válida para a minha geração, possivelmente não faz mais sentido para os jovens. Converso muito com a galera das startups e tenho a nítida sensação de que eles pularam direto para as fases do sucesso e sossego.

É uma turma fascinante. Descolados, cheios de convicção sobre suas crenças e, principalmente, determinados a viver a vida. Não há neles a fúria da produtividade que por tantos anos nos marcou. Nem a pressa de se estabelecer e vencer. Isso parece acessório...

Admiro esses jovens. Olho para eles com encantamento e sinto orgulho quando percebo que me ouvem em alguns pontos. Dia desses um deles me perguntou, com curiosidade, como foi abrir minha startup em 1992. Uma empresa especializada em promover inovações nas empresas, em uma época em que a maioria delas nem sequer sabia o que era isso. Com muita humildade, digo que eram tempos diferentes; digo também que me lembro de três conceitos que foram marcantes no dia a dia de nossas equipes: **trade-off**, **automotivação** e **esforço discricionário**. Esses três conceitos não saíam de nossas cabeças nem um minuto e, naquele ambiente, faziam toda a diferença.

Estou certo de que, mesmo nos dias de hoje, são válidos para o sucesso dessa garotada.

Trade-off é um conceito usado na economia e na logística, coqueluche nos anos 80. Trata-se de uma definição ligada a ganhar-perder; está presente na maioria das situações da vida e, em especial, nas escolhas empresariais.

Quando opto por ganhar algo, devo saber que implica perder de outro lado, ou de vários outros lados. A cada escolha é preciso estar pronto para uma renúncia. Saio de meu emprego para empreender, logo devo me preparar para não ter mais o conforto e a segurança que um salário proporciona, o convívio com os outros profissionais e a tutoria que recebo da organização.

Falemos agora da **automotivação** ou motivação interna. Lembro-me da primeira vez que ouvi a professora Cecilia W. Bergamini explicar que a motivação era um motorzinho dentro de cada um de nós e que cabia em grande parte a nós mesmos fazê-lo funcionar. Não adianta pôr a culpa no chefe, na empresa ou na descrição do cargo. Não vale, tampouco, sentar-se e esperar que a motivação caia do céu. É preciso buscá-la o tempo todo, perguntando-nos como e por que podemos fazer a diferença por meio de nosso trabalho. E, principalmente, qual é o propósito maior que nos move. Recentemente, diante de um grupo de engenheiros meio desanimados, funcionários de uma instituição financeira, disse-lhes que tinham uma escolha pela frente: fazer parte de um banco do passado ou pertencer à equipe que construiria a instituição financeira do futuro. E que essa escolha era de cada um, e não do empregador ou da empresa.

Eu mesmo, no início dos anos 1980, me vi ganhando pouco como engenheiro recém-formado, em plena crise de emprego e sem enxergar muito bem para onde crescer (outro problema comum que vejo nos jovens; acham que não há perspectivas simplesmente porque não são capazes de enxergá-las). Senti-me algumas vezes desmotivado com meu trabalho, até entender que eu mesmo era o maior responsável por mudar isso.

Um terceiro conceito em que (ainda) acredito, e que poderia fazer diferença para a rapaziada, é o **esforço discricionário**. Ato discricionário é aquele realizado por livre escolha. Esforço discricionário no trabalho é realizar algo a mais apenas pela satisfação de fazer o excelente, o diferenciado. Tem a ver com o coloquial capricho...

Muitos jovens deixaram de lado o esforço discricionário, sentem-se infelizes em seu trabalho e acham que a saída seria empreender. Abrir startups. Tentar ser Mark Zuckerberg. O sonho do empreendedorismo é válido e deve ser perseguido. Há muito mais possibilidades hoje do que 30 anos atrás. Mas isso não significa que o trabalho e a carreira em grandes organizações tenham perdido o glamour. Há executivos de grande sucesso nessas empresas, profissionais cujo trabalho impacta fortemente a vida de milhões de pessoas e que ganham mais que muitos empreendedores de sucesso.

Não faz sentido pensar de maneira dicotômica nestas duas possibilidades – construir uma carreira em uma empresa ou empreender. A visão e postura empreendedora dentro das grandes organizações é, aliás, uma das características mais procuradas e apreciadas.

Como diz o professor Roberto Verganti, do Politecnico di Milano, somos todos criadores de significados. Sejamos founders ou empregados, assistentes ou presidentes, silenciosamente criamos significado por meio de nosso trabalho e de nossas responsabilidades de todos os dias. Geramos produtos e serviços que levam significado à vida das pessoas. Podemos proporcionar felicidade, aliviar dores e criar oportunidades. Deveríamos, portanto, acreditar menos no "Ninguém é insubstituível", de Franklin Roosevelt, e passar a viver segundo o "Agirei como se minhas ações fizessem alguma diferença", de William James.

Eu adicionaria que o significado tem outra dimensão: o que nossas escolhas representam *para nós mesmos*. A que tipo de emoções nosso trabalho nos remete. O que posso fazer em meu trabalho amanhã que incendeie emoções entre pessoas e produtos ou serviços. Em outras palavras, que faça pessoas felizes em um mundo melhor e mais interessante. O que me traz à memória um verso da canção "Lembranças do futuro", de Sá e Guarabyra: "Uma visão terás quando seguires caminho".

Publicado originalmente no portal
Brasil Post em novembro de 2017

14

Os desafios da colaboração entre corporações e startups

*Como superar obstáculos e fazer dar certo
a relação entre elefantes e formiguinhas*

Engajar nossa indústria com startups é mesmo a saída? Cada vez mais ouve-se que sim: que as startups são a melhor maneira que temos para construir um mundo melhor. Sendo assim, as corporações deveriam olhar para isso como um movimento estratégico para se tornarem mais inovadoras e terem acesso a tecnologias de vanguarda. No entanto, não é nada fácil fazer com que tais relacionamentos prosperem, pois muitos desses casamentos se desmancham antes mesmo de começar.

Mas por quê? Quais são hoje os principais desafios no engajamento de grandes empresas com startups? Disciplinas novas requerem erros e acertos. Aprendemos muito em uma centena de projetos realizados nos últimos 15 anos no Brasil e, podemos dizer que os principais desafios são:

Definir um direcionamento estratégico

Não há, na maioria das corporações, um modelo mental ou de gestão orientado à inovação aberta. As empresas esquecem de derrubar os muros, abrir as portas e passar a considerar, de verdade, as startups como parceiras estratégicas e efetivas para a inovação. As corporações, para se engajarem, têm de flexibilizar eventuais regras e isto não é nada fácil na era do compliance. A dica aqui é definir previamente e com a máxima clareza os focos estratégicos de inovação da companhia e quais deles serão alcançados com startups. Além disso, é necessário superar com energia as eventuais barreiras.

Encontrar os parceiros ideais

O cenário do empreendedorismo de startups no Brasil é multifacetado e dinâmico. É um grande desafio identificar os parceiros certos para as necessidades específicas das empresas nesse mar de alternativas. É preciso ter um conhecimento avançado do ecossistema – uma espécie de inteligência de mercado – e validar cada passo no processo de seleção. Uma das formas mais efetivas de obter esse resultado é por meio do matchmaking, quando startups, investidores, especialistas de mercado, profissionais de grandes empresas e executivos de alta gestão têm interesses correspondentes. Sendo assim, as corporações não devem avançar em inovação aberta sem antes definir os critérios e requisitos que vão orientar a seleção das startups mais adequadas para as suas necessidades.

Garantir o engajamento dos colaboradores e dos agentes internos

Não basta encontrar o parceiro ideal: é preciso avançar na integração entre os processos da empresa e os das startups, superar as barreiras tecnológicas, de conexão com sistemas legados – por exemplo, as travas culturais, como o "not invented here" –, e outros mil motivos aparentemente razoáveis (só aparentemente). Para isso, é preciso investir na gestão da mudança e na construção de uma cultura mais adaptável e propícia à inovação. Uma verdadeira cruzada na direção do engajamento dos colaboradores de ambas as partes. Eles terão que aprender a identificar, gerenciar e superar a resistência a mudanças. Primeiro em si mesmos e depois nas equipes e nos pares.

Assegurar que o trabalho avance na direção desejada

O "casamento" requer uma gestão baseada nos preceitos do PMO (Project Management Office), ou seja, como se trataria qualquer projeto complexo na empresa. Metodologias ágeis de gestão de projetos, como Scrum e Lean, serão essenciais para que se encontre uma linguagem comum de controle e divisão dos trabalhos entre startups e equipes internas da corporação.

Nesta etapa do casamento, o caráter dos trabalhos deve assumir configuração de desenvolvimento experimental. A implementação das soluções e serviços específicos das startups deve ser feita numa perspectiva inicial de tolerância ao erro e de aprendizado, eventualmente, de forma isolada da operação principal, e de modo a viabilizar a adequação dos elementos tecnológicos às necessidades específicas do relacionamento.

É, portanto, um processo crítico que deve ser gerido de forma efetiva, para garantir o alcance dos resultados esperados. Uma das etapas-chave é, por exemplo, o desenvolvimento de um MVP (Minimum Viable Product), uma prototipação rápida. A implementação desses passos experimentais, dessas iniciativas-piloto vai gerar informações necessárias para a validação das proposições (eventualmente com a geração de business cases) ou possível correção e adequação, quando necessário.

Sua empresa está pronta para o desafio? Há muitas e excelentes oportunidades de trabalhar em colaboração com startups que, certamente, estarão alinhadas aos seus objetivos. O resultado pode ser excepcional.

Publicado originalmente no portal
Automotive Business em janeiro de 2018

15

Competências da indústria podem gerar novos negócios

*Experiência do setor automotivo
tem grande valor para outros segmentos*

A Porsche, já há alguns anos, realizou um movimento estratégico que poderia servir de inspiração para toda a indústria de automóveis e caminhões. Criou uma nova empresa no negócio de consultoria para oferecer suas especialidades à própria Porsche e também a concorrentes. À primeira vista, uma jogada brilhante que parece fazer sentido para outras empresas do segmento. Um CNPJ novo, serviços novos, clientes novos, menos dependência de consultorias externas, redução de custos e, principalmente, novos negócios fora do tradicional, com possível diversificação de receitas.

Indústrias de outros setores também abriram consultorias próprias, a exemplo da Bayer, gigante do setor químico, e da Embraer, que criou no passado a Embraer Sistemas. São movimentos de certa forma alinhados à ideia de serviceirização ou servitização, tendência considerada irreversível por indústrias inteligentes e competitivas.

As spin off, quero dizer, as "filhotinhas" que se originam dessa separação, passam a oferecer, no dia seguinte ao de sua criação, especialidades que a empresa-mãe domina e pratica. Nascem, portanto, com uma vantagem competitiva importante quando comparadas a empresas puras de consultoria: muitas destas chegam somente até os relatórios e as recomendações, sem nunca terem de verdade vivenciado na pele o que preconizam.

Não há dúvida de que a indústria de automóveis e caminhões é ultraespecialista em uma série de assuntos de grande interesse de outros setores. Alimentos e bebidas, serviços de saúde e a própria indústria farmacêutica, entre outros exemplos, têm muito a aprender com as vitoriosas batalhas da indústria automotiva nos campos da redução de custos, da parceria (nem sempre equilibrada) com fornecedores, do lean thinking, do refino dos processos de compras, da gestão de suprimentos e da rede de concessionárias. Enfim, há muitas lições a extrair de um setor que apanhou ininterruptamente para sobreviver a dezenas de crises.

Além disso, essas "house consultancies", vamos chamá-las assim, podem configurar uma excelente estratégia para receber veteranos que, por limite de idade, devem se aposentar nas empresas-mãe, mas estão em plena forma física e laborativa. Mais do que isso, são profissionais que aprenderam o que sabem vivendo na carne as mudanças que muitas empresas sonham em fazer.

Poxa! Mas se é tão bom assim, por que outras montadoras não fazem o mesmo movimento? A verdade é que, apesar de parecer fácil e lógico, não é bem assim.

Primeiramente, abrir um novo CNPJ para uma multinacional no Brasil já é, por si, uma barreira quase intransponível. Contadores, tributaristas e advogados terão uma lista gigante de argumentos contrários. Falarão nos custos para manter outro CNPJ, em compliance, em dificuldades para transferir os profissionais de uma empresa para outra, etc. Outro obstáculo: para quem sempre foi indústria e cujo mindset claro é de indústria, há grandes desafios em mudar para o outro lado do balcão e passar a prestar serviços especializados. Mundos diferentes.

No entanto, a maior dificuldade, essa sim a mais concreta, é atingir excelência em serviços de consultoria. Essa profissão que aparentemente não tem barreiras de entrada, para a qual parece ser suficiente saber algo e encontrar um cliente disposto a pagar por tal conhecimento é, na verdade, muito diferente disso.

Para tornar-se consultor há que se manter atualizadíssimo. Não parar de estudar um só segundo, já que as tecnologias de gestão avançam em velocidade supersônica. É preciso ter grande sensibilidade para compreender as várias dimensões de problemáticas vividas pelo potencial cliente – a dimensão técnica é apenas uma delas, nem sempre a mais relevante. O consultor tem que saber conceber o projeto, traduzi-lo em uma proposta, precificar adequadamente. Precisa planejar os recursos de execução e, principalmente, entregar acima das expectativas dos clientes. Não é trabalho para amadores ou aspirantes.

Sendo assim, o melhor caminho talvez seja o de, em vez de lançar-se nesse novo mercado, as indústrias aliarem-se a empresas já estabelecidas de consultoria. Essa atitude seria, inclusive, um passo concreto na direção do conceito de corporações abertas e redes. Sob essa ótica, montadoras passariam a deter participação em consultorias já operacionais e de sucesso, compondo uma simbiose positiva que reuniria o melhor dos dois mundos.

Acredito que veremos isso ocorrer em um futuro próximo. Resta ver quem sairá na frente.

Publicado originalmente no portal
Automotive Business em abril de 2018

16

Lições para acelerar

Hubs digitais e ecossistemas envolvendo startups, investidores e empresas são terreno fértil de aprendizado e resultados

O mundo dos negócios tende a se transformar em um emaranhado de enormes e complexas redes nas quais cada organização influenciará outras. Nessa nova economia será difícil definir quem é o quê: indústria, serviços, varejo, etc. Teremos que aprender a trabalhar de maneira diferente e, pior, desaprender uma série de ensinamentos que ainda consideramos valiosos, como o foco no produto e nos custos.

Refiro-me a algumas das lições que extraímos recentemente ao concluir o segundo ciclo de aceleração de startups realizado no ProVA – Laboratório Brasileiro de Inovação no Varejo, um projeto da Agência Brasileira de Desenvolvimento Industrial (ABDI), do Ministério da Indústria, Comércio Exterior e Serviços (MDIC). Trata-se do primeiro hub de inovação em um shopping center de São Paulo, estruturado para apoiar o varejo em meio à revolução digital e adaptar-se a um novo perfil de consumidor. [O ProVA esteve ativo entre junho de 2018 e outubro de 2019 no Shopping Frei Caneca, em São Paulo.]

Uma das conexões mais expressivas dessa nova realidade empresarial que está se configurando é justamente entre empresas e startups, ou CSE, sigla para Corporate Startup Engagement (engajamento corporativo de startups, em tradução livre). Segundo dados do INSEAD, 61,5% das startups que tiveram sucesso receberam investimentos de corporações. Os hubs digitais e os ecossistemas que envolvem startups, investidores e empresas têm sido um terreno fértil de aprendizado e resultados. Por outro lado, chovem erros e desperdício de energia, já que esse novo ambiente de negócios requer uma revisão de conceitos arraigados, como o de competidores e parceiros.

Em seu primeiro ciclo, o ProVA acelerou três startups. Destas, duas tiveram desempenho extraordinário. A Shopper UM, que combina uma solução de realidade aumentada com ciência do comportamento do shopper, fechou 17 contratos derivados da aceleração no Prova e já abriu uma unidade em Nova York. A Horvath, que produz camisas resistentes a odores, manchas e amassados empregando nanotecnologia, mudou-se após a aceleração para os Estados Unidos; seu fundador, Luciano Bueno, foi reconhecido pela revista Forbes como um dos jovens mais influentes do mundo abaixo de 30 anos, o que aumenta suas chances de obter novos investimentos agora.

No segundo ciclo de aceleração, uma das três startups, a Go find, que aproxima os consumidores das lojas físicas por meio de inteligência artificial, recebeu um aporte milionário. Somando os dois ciclos, três em seis significa 50% de êxito no programa, número amplamente superior à média de 15% das melhores aceleradoras do mundo. Ok, você dirá que a amostra é pequena e não representativa; a resposta é que o importante foi constatarmos *o que funciona de fato*, independentemente de números e resultados. Destacamos aqui quatro lições que a experiência do Prova poderia ensinar no campo da aceleração de startups:

1) **Consultores e não mentores.** No Prova atuam consultores com sólida experiência em CSE e em operar processos previamente estruturados que proporcionem engajamento. Alguns exemplos: apoiar a estratégia das startups, costurar conexões, ajudar nas etapas de conquista e, principalmente, falar o idioma da inovação nas empresas; também é importante compreender o que elas realmente buscam, proporcionando impacto e resultados desde a primeira semana de residência. Muitas vezes vemos ex-executivos/mentores dando orientações teóricas e descoladas da realidade das empresas iniciantes.

2) **Escolha adequada das aceleradas.** Existe a falsa ideia de que inovação vem da abundância. Ledo engano! Não é preciso gerar muitas ideias para encontrar pérolas nem trazer muitas startups para encontrar algumas boas. Basta selecionar bem, usar tecnologia e dados para mapear, ranquear e escolher as realmente adequadas aos objetivos do programa.

3) **Atrair os melhores**. Disponibilizar um bom espaço de trabalho não é mais suficiente. Há, na verdade, uma superoferta de ambientes bonitos e descolados. É preciso que a aceleradora ou a corporação apresente uma proposta de valor irresistível: entregue os contatos certos, o acesso aos investidores, a tecnologia e um ótimo clima organizacional. Isso mesmo! Os coworks também têm sua cultura e clima organizacional, e muitos deles não estão dando a importância que o tema merece. Depois reclamam que estão perdendo suas startups.

4) **Matchmaking acurado.** Reunir consultores especialistas, investidores e, em especial, corporações que tenham encaixe com as startups não é fácil: requer profundo conhecimento das estratégias dos dois lados e apoio de tecnologia e bases de dados. Só assim será possível obter o máximo foco e organização para realizar eventos e rodadas de consultoria e engajamento realmente eficazes.

Como vemos, a disciplina de acelerar startups e engajá-las com empresas clientes está em franco desenvolvimento. Dominá-la demanda humildade e dedicação. Não há fórmula mágica nem se pode olhar para esse fenômeno como panaceia; são novos aspectos da gestão que não se aprendem nas escolas e que estão a cargo direto dos Líderes do futuro.

Publicado originalmente no portal
Olhar Digital em fevereiro de 2019

17

Uma cultura favorável à inovação em sua empresa

*As lições de dois grandes laboratórios
para gestores de todos os tempos*

Seu verdadeiro papel como líder na era da inovação não é promover a geração de ideias. Não! É assegurar um ambiente no qual ideias novas prosperem, transformem-se em projetos e em novas soluções que cheguem ao mercado e tenham sucesso. Em outras palavras, que a inovação aconteça de fato. Sem firulas, espuma ou devaneios. Sem milhares de ideias que são, na verdade, distrações. Apenas poucas. As ideias certas, implantadas com energia e inteligência. É dessa matéria-prima que são feitas as inovações mais glamourosas da nossa era.

Por volta de 1994 tínhamos uma atuação muito forte como consultores para a inovação e para a gestão de mudanças na indústria farmacêutica. Um dos maiores laboratórios daquela época, em especial, contava conosco para ajudá-los a mudar a cultura organizacional. Tinham acabado de aprender dolorosamente que aí, justo na cultura organizacional e nas crenças que estão vivas na empresa, pode estar a chave do sucesso, ou do fracasso. E isso vale muito e até hoje. Mesmo que muitos dos dirigentes do setor auto finjam que não veem.

Pois bem, este laboratório e seu maior concorrente estavam neste período pesquisando sais vasodilatadores para o controle da pressão arterial. Ambos concorriam frontalmente. Ambos tinham áreas de P&D equivalentes em número de doutores, cientistas, equipamentos e orçamentos. Ambos investiam parcelas equivalentes de seus faturamentos em P&D e, curiosamente, ambos chegaram a trabalhar com a molécula de um mesmo determinado sal. Essa substância era realmente eficaz. No entanto, tinha um agudo efeito colateral: causava ereção masculina. Repito, mesmos recursos de P&D, mesmo nível de pesquisadores. Dois laboratórios. Praticamente ao mesmo tempo, descobrem esse tal sal.

Em um deles os pesquisadores, fiéis aos seus princípios e crenças, ao descobrir o efeito colateral, desistem e engavetam o projeto. No outro, os cientistas intrigados e insurgentes, dizem: "Nossa, que interessante! Vamos deixar de lado a pressão arterial e abrir um novo projeto?" Ambos seguindo suas crenças. O segundo laboratório torna-se um campeão. Muda para sempre com sua solução a indústria de medicamentos dando-lhe a nova conotação de indústria do bem-estar.

Como será que os pesquisadores e engenheiros da sua empresa reagiriam? Como o primeiro ou como o segundo laboratório? As crenças e os valores em sua organização possibilitam que a inovação prospere? Há espaço, por exemplo, para experimentar? Para errar e aprender? Para abrir um novo projeto em cima de alguma descoberta interessante?

A boa notícia é que é possível mudar culturas organizacionais para torná-las mais favoráveis à inovação. Não só é viável como necessário. Já que neste mundo líquido são as culturas mais fluidas e adaptáveis que garantirão sucesso.

Publicado originalmente no portal
Automotive Business em outubro de 2019

18

O que transforma um time em um Time

A tecnologia ajuda, mas o foco tem que estar na conexão emocional entre as pessoas

Qualquer Time de verdade, assim mesmo, com maiúscula, tem estes três elementos: uma mágica combinação de objetivos e valores compartilhados; autoconhecimento (e conhecimento dos demais integrantes); e, obviamente, uma liderança genuína. Existem outras tantas definições do que é um Time de verdade, claro. Mas é bom estar atento a esta em um momento no qual as relações estão marcadas por distanciamento social, medo, mudanças aceleradas e incertezas. Ingredientes formidáveis para destruir a principal força de qualquer organização: o trabalho em time.

Pense em uma experiência que teve no passado. Em uma grande equipe da qual você teve oportunidade de fazer parte. Pode ter sido em uma ocasião social, uma ação na igreja que frequenta, no esporte, ou, melhor ainda, na carreira profissional. Você certamente se lembrará! A sensação de sentir-se parte de um grupo de sucesso é maravilhosa e, por esse motivo, memorável. Agora procure se lembrar se os três elementos que mencionei antes estavam presentes. Tenho certeza que estavam. Bem presentes, até.

Você poderá até perguntar: e a comunicação? O senso de pertencimento? Sim, há outros fatores habilitadores de êxito para uma equipe. No entanto, se um daqueles três componentes essenciais citados "zerar", não existirá time. E as chances de isso acontecer nessa nova realidade que vivemos é grande. Afinal, houve um natural distanciamento dos líderes, os objetivos que tínhamos fixado se derreteram e precisam ser revisitados a cada momento e, como se não bastasse, passamos a trabalhar com pessoas que nunca tivemos chance de conhecer pessoalmente.

O desafio é grande, mas não impossível, desde que tenhamos um foco nítido em reconstituir e fortalecer as três dimensões chaves para recuperar o espírito de trabalho conjunto. Reavivar objetivos e construir um senso de paternidade para com eles, todos os dias. Faz parte do esforço de salvamento das equipes evidenciar clareza e alinhamento em relação às metas, mesmo que tenham que mudar depois (o que é natural em tempos de revolução). Isso vale para o fortalecimento do papel da liderança, apoiando e mantendo-se próxima dos liderados, mesmo que a distância. Promover eventos e circunstâncias que conectem pessoas é o caminho para atingir a terceira dimensão, o conhecimento entre os participantes.

As ferramentas e a tecnologia podem ser grandes aliadas. Só precisamos preservar o foco nas três dimensões do time e não na tecnologia propriamente dita. Mais do que nunca teremos que fazer fluir emoções pelos canais digitais. Transmitir pelas plataformas mensagens e vídeos que expressem nossas melhores e mais genuínas vozes do coração.

Publicado originalmente no portal
Olhar Digital em agosto de 2021

19

A ecossistematização das empresas

Cedo ou tarde, sua empresa terá que atuar em rede para oferecer uma proposta de valor única. Melhor que seja cedo

As empresas não são mais constituídas de máquinas nem de tijolos, como havíamos aprendido no passado. Há casos em que nem mesmo as pessoas são consideradas o principal componente das organizações. Ao menos das que estão dando certo.

O novo elemento vital para as empresas é **o feixe de conexões** que as sustentam.

Uma nova configuração organizacional em forma de teias de empresas com competências complementares, em sua grande maioria sem ativos físicos, dominará o mundo dos negócios daqui para a frente. O conceito central é o de entregar ao cliente uma combinação de múltiplas tarefas ou componentes em forma de valor. Esses novos empreendimentos, cuja característica coincide com a de ecossistemas, serão formados por vários parceiros conectados por uma base tecnológica. Uma revolução análoga ao que aconteceu nos anos 1990, quando computadores, antes espalhados pelo mundo e incomunicáveis, tornaram-se a internet.

Acha exagero? Pois olhe para as empresas vencedoras. Analise a Quinto Andar e o iFood, por exemplo. Os princípios básicos são os mesmos: estrutura em rede, competências complementares, cooperação, base tecnológica e, especialmente, o cliente feliz do outro lado sem ter que enxergar nada disso, mas cuja jornada está na origem ao projeto.

Recentemente conversei com o fundador de uma grande imobiliária, um setor de negócios em profunda transformação. Ele me contou com certa inocência que estava recorrendo a inovações tecnológicas desenvolvidas por empresas concorrentes, que tinham transformado digitalmente etapas da geração de valor fazendo uso de incentivos fiscais. À primeira vista poderia parecer até moderno: alianças em todos os sentidos e direções, mesmo com a concorrência. Mas não era exatamente o que estava ocorrendo com aquela empresa.

O que se passava ali era o seguinte: negócios menores, com ambição de ecossistematizar o setor, estavam se articulando e tornando dependentes deles imobiliárias enormes, como a que eu acabara de conhecer. Logo tive a visão de entidades recém-chegadas e invisíveis se preparando para dominar o setor. O diretor com quem conversei, imerso há mais de trinta anos no negócio, não tinha percebido que tudo em volta acelerou como nunca, o que exigiria uma verdadeira reinvenção da sua empresa. E que ele corre sério risco de, sem notar, acabar se enredando nas malhas dessas novas redes, como uma mosca que se sente livre e capaz de voar, mas acaba presa em uma teia de aranha.

O conceito de ecossistemas de inovação foi usado originalmente na gestão pública para definir organizações diferentes e independentes, conectadas com o objetivo de viabilizar inovações radicais. Para explicá-los usa-se a metáfora das hélices com três ou mais pás, correspondendo à academia, às empresas-âncora, startups, ao governo e assim por diante. Segundo Kapoor (2018), um ecossistema tem origem na *interdependência entre atores para criar valor percebido pelo cliente*. A atuação coletiva e interdependente é natural quando se trata da formação de um ecossistema específico para a inovação, processo colaborativo e alimentado pela diversidade de conhecimentos de cada integrante. Na maioria das vezes, as inovações de empresas ecossistematizadas revelam-se difíceis de imitar e marcadas por alta criação de valor.

Neste exato momento, nossos times de consultores trabalham em uma metodologia para apoiar as empresas no caminho da ecossistematização. O caminho que escolhemos percorrer pode servir de inspiração a você para começar a mudar. Nossa metodologia envolverá quatro principais etapas: um mapeamento completo dos atores do ecossistema; o inventário do que cada um deles pode oferecer na cadeia de valor; a avaliação da complementariedade necessária para alavancar seus negócios; e a reinvenção da empresa como ecossistema. Vale destacar o papel da plataforma tecnológica que possibilitará tudo isso como pedra fundamental dessas novas e incomuns configurações organizacionais.

Na origem há sempre uma proposta de valor claramente definida, inédita e capaz de assegurar uma experiência apaixonante.

**Publicado originalmente no portal
Olhar Digital em outubro de 2021.**

20

Vítima ou líder das transformações?

Primeiro de quatro artigos sobre gestão de mudanças. Neste, ideias para liderar equipes em tempos de incerteza

Tempos excitantes de grandes mudanças no setor. Céu cinzento na conjuntura econômica, com a imprevisibilidade do preço dos combustíveis e do cenário econômico. Revolução sociocultural e novos hábitos de consumo resultando, por exemplo, na explosão do mercado de aluguel. Surpreendente e inexplicável aumento de demanda e no mercado, empurrando os fabricantes a desovarem inovações freneticamente para manter sua participação. Isso com um tempero especial de falta de componentes e peças essenciais que forçam o desenvolvimento de novos fornecedores. Tudo em altíssima velocidade.

A sensação é de subir uma escada rolante que está descendo. Mudanças e mais mudanças, todas juntas e misturadas. De repente, e para "animar" a competição, desembarca no Brasil a maior indústria de veículos da China, a Great Wall, que em 2020, em plena paralisia pandêmica, vendeu um milhão de veículos no mundo. Isso mesmo, ela já chega comprando fábrica no Brasil, e nada menos que a superautomatizada fábrica da Mercedes. Adoraria ouvir os comentários do Dr. Carlos Alberto de Oliveira, que infelizmente se foi no último dia 14 de agosto, sobre essa última surpresinha na arena competitiva. O Dr. CAOA foi, de longe, o maior empreendedor brasileiro e esteve entre os maiores do mundo da indústria e do comércio de veículos. Foi também o grande abre-alas para diversas marcas, idealizador e construtor corajoso da reputação dos veículos coreanos e, mais recentemente, dos chineses no Brasil. A Great Wall certamente vem para surfar essa onda de muito investimento e trabalho do pioneiro.

Bem, voltemos ao mar em fúria no qual teremos que aprender a navegar, já que não adianta ficar esperando a bonança, pois ela não virá. Há, no entanto uma ótima notícia: nossas reações, bem como de nossas equipes, são previsíveis e gerenciáveis. O duro é que não aprendemos isso na escola. Ninguém nos ensinou como lidar com transformações tão gigantescas e rápidas sem perdas enormes de produtividade e velocidade. Em períodos agudos de mudanças, a "radio-peão" ganha força. A busca por respostas aumenta ao mesmo tempo em que a comunicação se deteriora. Perde-se o foco e a conexão com o cliente e os resultados se dissipam. As pessoas aumentam sua concentração e energia nas questões do "e eu?". Isso mesmo. Como fica minha função? Minha posição de trabalho? Quem será meu chefe?

Não bastassem as muitas dúvidas trazidas por esse novo mundo, sobrepõem-se novas questões que... Vamos falar francamente? Não têm mesmo respostas. As pessoas se fecham cedendo a um claro instinto de autopreservação, provocado pela combinação da sensação de perda e pela ambiguidade presente em qualquer processo de transição. Até mesmo nas transformações mais desejadas (pense em quando você teve um filho) sentimos um pouco disso.

Todos nós, indistintamente, em um primeiro momento, resistimos às mudanças. Não somos "projetados" para elas, mas sim para a estabilidade. Nossas primeiras reações são sentimentos de traição e negação. Com o tempo entramos em uma fase de crise de identidade, sem saber bem se apoiamos ou lutamos, até alcançarmos enfim a quarta etapa do processo: a de busca de soluções. Uns transitam mais devagar, outros mais depressa, mas todos passamos por essas fases.

Os líderes têm um papel essencial nessas situações. Mais do que nunca serão observados e imitados. E podem fazer a grande diferença na vida das equipes, inicialmente compreendendo as pessoas e o processo, depois identificando que colaborador está em cada fase e por fim compatibilizando todos os elementos da nova realidade. O líder terá que falar idiomas diferentes para pessoas que estão em estágios diferentes da transição. Uma linguagem de busca de soluções para alguém que ainda se encontra mergulhado no sentimento de traição seria uma catástrofe. Nos próximos artigos explicarei melhor as estratégias adequadas para acelerar e suavizar a migração das equipes até a fase de busca de soluções.

21

A primeira estratégia: Avance Rápido para a Próxima Trincheira

Segundo de quatro artigos sobre gestão de mudanças. Neste, a melhor estratégia para lidar com o medo

Nunca a humanidade teve que mudar tanto e tão depressa. No primeiro artigo, fizemos um raio X das grandes transformações que vivemos e refletimos sobre o papel da liderança. Neste, abordamos a primeira e impactante estratégia das três que recomendamos que sejam adotadas imediatamente pelos líderes.

Em um momento agudo de mudanças como o atual, o primeiro "mandamento" é: **Avance Rápido para a Próxima Trincheira**. Explico: no filme *O resgate do soldado Ryan* (1998), estrelado por ninguém menos que Tom Hanks, há uma cena inicial incrível e de grande violência. É o desembarque das tropas americanas na Normandia, no inesquecível dia D. Recrutas titubeiam assustados quando chegam à praia sob saraivadas de tiros das metralhadoras alemãs muito bem-posicionadas um nível acima deles, em uma pequena montanha. Enquanto o comandante ordena que avancem, aos gritos, os soldados hesitam entre a atitude natural e instintiva ou a coisa certa a fazer.

A reação natural é deixar-se dominar pelas emoções, pelo medo, especialmente, encolher-se e parar. Nesse momento do filme muitos recrutas agem assim. Paralisados pelo terror, tornam-se alvo fácil e são cruelmente atingidos.

A reação certa é a mais difícil: correr o mais rápido possível e procurar abrigo próximo do inimigo. Parte das tropas de fato avança corajosamente até conseguir posicionar-se bem abaixo da linha de tiro das metralhadoras. Por incrível que pareça, era o lugar mais seguro naquela praia ocupada.

Em nossa batalha para superar as dificuldades destes nossos tempos mutantes ocorrerá algo muito parecido com a cena do filme. Assustados com a avalanche de mudanças, teremos que escolher entre a reação instintiva de encolhimento e introspecção ou a ousadia de avançar e liderar a invasão da nova praia à nossa frente. Não há dúvidas sobre qual deveria ser a sua melhor escolha, aquela que o levará mais longe. Em outra simbólica metáfora, os americanos dizem: "Patine rápido sobre o gelo fino". Aludem a ocasiões nas quais, patinando sobre lagos gelados, chega-se a ouvir o barulho das trincas em alguns lugares onde a camada de gelo é menos espessa. Reação natural: parar. E aí? Chabum! Água gelada. A alternativa correta é acelerar.

A transformação digital, novas rotinas e hábitos, as mudanças socioculturais, os ajustes imprevisíveis de mercado. Tudo isso, e muito mais, é como gelo fino sob nossos patins ou balas sobre nossas cabeças, e a recomendação é deixar o medo de lado e avançar firmes. Superar os temores e os instintos de paralisia. Como isso se traduz em atitudes no dia a dia? Assim: focar na semana e não mais no mês ou no trimestre. Estabelecer metas de curtíssimo prazo para as equipes e mantê-las acelerando rumo ao desconhecido. Focar no que é possível e não no desejável. Deixar de lado detalhes, coisas pequenas. Não desperdiçar nenhuma energia em causas perdidas e muito menos lamentando-se ou querendo voltar a um passado que nunca mais viveremos. Em muitas situações, o desconhecido é a meta agora.

Portanto, corra! Avance rápido para a próxima trincheira. É o melhor a fazer. Por você mesmo e, em especial, para ajudar suas equipes assustadas e vacilantes. Essa é a primeira estratégia vencedora para períodos agudos de mudanças que apresentamos a você. Nas próximas colunas, conheça as outras duas estratégias recomendadas.

22

A segunda estratégia: Concentre-se nas tarefas críticas

Terceiro de quatro artigos sobre gestão de mudanças. Neste, um olhar para a forma como utilizados nosso bem mais escasso: o tempo

Mais do que nunca é hora de focar no que é realmente essencial e fará a diferença. A seguir, apresento uma nova estratégia, desta vez relacionada a decisões.

O escritor e palestrante Dorie Clark, em seu mais recente livro, *The Long Game* (O longo prazo, em tradução livre), cita as seguintes marcas estarrecedoras: um estudo da consultoria McKinsey mostra que gastamos 28% do nosso tempo processando e-mails. Outro, da Atlassian Group, dá conta de que executivos participam de 62 reuniões por mês, em média – uma barbaridade. Para o autor, o trabalho que realmente cria valor e pelo qual somos avaliados é o que fazemos no tempo que sobra.

Em épocas de mudanças violentas, é essencial escolher no que colocar o pouco de energia que nos resta, perceber se aquilo vai fazer a diferença e para quem. Não adianta, por exemplo, entrar em batalhas perdidas. Inundados por calls, um atrás do outro, leitura e elaboração de relatórios, quase nos tornamos incapazes de escolher onde alocar os limitados recursos que temos. Trabalhamos meio que em automático atendendo agendas que interessam a outros e não a nós mesmos, ocupados demais com nossos clientes ou com entregas que teremos que fazer.

Concentrar-se nas tarefas críticas compreende ter claro o que nossa empresa/área está tentando alcançar. E, a partir disso, escolher que ações devemos tomar este mês/semana para avançar na direção desejada. Preparar planos que deixem claro para as equipes que temos um bocado de coisas a fazer, mostrar claramente o caminho e como vamos percorrê-lo. Investir no que dá resultado e não no que aparece. Proteger a qualidade e o serviço ao cliente e valorizar, mais do que nunca, os funcionários que fazem o mesmo.

Essa estratégia diz respeito a fazer mais com menos (quilometragem por litro). Criar vitórias e colocá-las nas manchetes, dirigir os holofotes para as metas mensais e semanais. Determinar com clareza as funções de cada um e dar orientações claras para as tropas. Foco, cronograma e entregas.

Meu pai lutou na Segunda Guerra Mundial. Ele contava que no front as fileiras de soldados iam se espaçando ao se aproximar do incerto e do perigo, sem que eles percebessem. A distância entre o líder, que ia na frente, e as tropas, e mesmo entre cada um dos soldados ia aumentando. O mesmo acontece conosco e com nossas equipes em períodos como o que vivenciamos. Portanto, é tempo de cerrar fileiras. De encurtar as distâncias entre as pessoas, por mais que as limitações do isolamento ditado pela pandemia comprometam isso. E essa tarefa cabe muito a você, líder. Está pronto para unir as tropas e conduzi-las na direção que realmente interessa?

A terceira estratégia: Potencialize a comunicação

Último de quatro artigos sobre gestão de mudanças. Neste, soluções para manter os times na mesma página e assegurar a produtividade

Em momentos de transformações e imprevisibilidade as pessoas procuram por mais e mais informação. É papel do líder **assegurar comunicação abundante, clara e completa**, e assim reduzir a resistência natural das pessoas ao que deve ser feito, protegendo a produtividade.

Essa é a terceira, e última, das estratégias vencedoras para liderar processos de mudanças que reunimos recentemente em colunas para este portal. Recapitulando: a primeira consistia em **avançar rápido para a próxima trincheira**, ou seja, não se deixar paralisar pela força das mudanças. A segunda dizia respeito às decisões, exortando os líderes a **atacar primeiro as tarefas críticas** em um cenário de escassez de tempo. São estratégias experimentadas, de grande sucesso e que possibilitam aos líderes fazer as melhores escolhas para atingir resultados e produtividade mesmo em períodos de profunda metamorfose, como a inédita era que vivemos.

Indo para a prática, essa estratégia se traduz em desobstruir os canais de comunicação existentes, ou, na dúvida sobre a eficácia deles, partir para a criação de novos. Tudo deve ser feito para a comunicação fluir, inclusive ir atrás das más notícias e esclarecê-las com sinceridade. Na turbulência as pessoas ficam naturalmente ansiosas, julgam antes de entender e as sentenças podem ser cruéis. Não porque essas pessoas sejam más, mas sim porque é o estado de espírito em que se encontram neste momento.

A liderança é culpada até que prove o contrário. Por mais seguro que o líder esteja, dirão que os dirigentes não sabem o que estão fazendo. O silêncio do líder será interpretado (provavelmente mal interpretado). Se ele não abastecer as equipes com informação abundante e de qualidade, "água limpa", elas tentarão saciar sua sede com "água suja" em fontes não oficiais, muitas vezes mal-intencionadas. A famosa "rádio peão", ou "rádio tamanco" como dizem no Rio de Janeiro, ou ainda, como apelidavam esse canal em um hospital onde trabalhamos, a "rádio bactéria": você não a vê, mas ela está sempre no ar.

Certa vez, trabalhamos com um CEO que, no auge de uma dramática fusão, criou um evento quinzenal no qual reunia todas as equipes e presenteava com um relógio – comprado com dinheiro do próprio bolso – quem fizesse a pergunta mais importante e inteligente. Outro escrevia uma mensagem por dia comentando de coração aberto os boatos que recebia dos funcionários de maneira anônima. É tempo de encarar as pessoas, se possível presencialmente, de desarmar os instintos de crueldade e condenação que nascem no coração e na mente dos colaboradores nessas horas.

Líderes têm que se tornar psicoterapeutas empresariais. Ouvir mais, acatar mais, acolher mais. Uma frase mal colocada pode gerar uma onda de descrença e instabilidade e trazer prejuízos sérios ao clima e à produtividade. Não estamos dizendo que o líder precisa ter todas as respostas. Ninguém as tem. E as equipes sabem disso. Elas querem apenas saber se podem contar com ele. Querem saber se o líder está com elas. Quando não tiver resposta, melhor não improvisar: basta prometer mudanças. É a única certeza que temos neste momento de absoluta nova ordem mundial.

Artigos publicados originalmente no portal Automotive Business
de setembro de 2021 a março de 2022

24

Startups, lagartixas e líderes

*A capacidade de autorregeneração das startups
é um dos principais ensinamentos para as grandes*

Em nossos estudos, demos o nome de "empresas-lagartixas" às organizações capazes de se recriarem por inteiro ou em parte, como os pequenos répteis fascinantes cuja cauda, mesmo amputada, volta a crescer, ainda que diferente. Essas empresas parecem ter uma capacidade inesgotável de encontrar um novo equilíbrio e de reconfigurar sua entrega de valor diante da adversidade ou das grandes transformações.

A maioria das startups de sucesso é assim. Talvez seus criadores não conheçam a célebre frase de Mahatma Gandhi: *Hoje é o primeiro dia do restante da minha vida. O futuro só depende do que fazemos no presente.* No entanto, agem como se eles próprios tivessem inventado esse lema. Construíram para si uma maneira de ser e trabalhar que corporações do mundo todo procuram freneticamente incorporar.

Uma das lições mais marcantes que aprendi trabalhando com inovação ao longo dos últimos trinta anos foi esta: para competir e vencer em um mundo confuso, imprevisível e tumultuado é preciso ter genes de lagartixa. Em outras palavras, ser capaz de se autorregenerar.

E o que seria este "autorregenerar"? Empresas autorregenerativas são aquelas capazes de mergulhar profundamente no próprio DNA e identificar:

1) o que fazem bem, com facilidade;
2) o que é difícil de ser imitado pela concorrência; e
3) o que é visto como valor pelo cliente.

Então, conseguem sair desse mergulho prontas a transmutar-se e oferecer algo encantador e desejável aos clientes.

Cresci profissionalmente sob o credo do planejamento. Então, não deixa de ser chocante ver empresas amputarem áreas inteiras do dia para a noite para sobreviver. Pressionadas pela transformação digital e pela onda 4.0, sem falar na pandemia, elas vivem em permanente operação de salvamento, algo que exige instinto e planos em igual proporção. Em vez de planejar o futuro, cumprir tarefas de curto prazo que façam a diferença. Deixar de entrar em batalhas perdidas e investir energia naquilo que é diretamente percebido como valor pelas partes interessadas.

Não é fácil. As equipes estão mais desintegradas do que nunca. Há indivíduos no auge do estresse, vulneráveis e em sofrimento. O medo do desconhecido preencheu as mentes. Nesse cenário, espera-se dos líderes, mais do que nunca, que se tornem referência e assumam rápido e simultaneamente seu novo papel de condutores e terapeutas corporativos. Pouquíssimos de nós estamos preparados.

O principal desafio de quem tem liderados é apoiar, apoiar e apoiar mais ainda as equipes.

O distanciamento social obrigatório e o medo, somados, criaram uma química poderosa de afastamento entre todos nós. O líder terá que motivar os colaboradores a cerrar fileiras e marchar firmes na mesma direção, mesmo que essa direção tenha que mudar amanhã, por uma das múltiplas ameaças que nos cercam ou pelas bizarras notícias que podem chegar a qualquer momento no nosso celular.

Meu pai lutou na Segunda Guerra Mundial. Ele me contava que quando uma fileira de soldados se aproximava do alvo e do perigo, o medo e o cansaço faziam aumentar a distância entre cada soldado sem que eles percebessem. O líder, que ia na frente, muitas vezes olhava para trás e via que estava sozinho.

Pois bem: adensar e avançar é algo que as startups sabem fazer, e fazem o tempo todo. Quando digo a clientes meus que é preciso aprender com elas, muitos me respondem que manter coesa uma equipe com menos de 20 pessoas é simples. "Venha manter a coesão em times de milhares de colaboradores!", dizem eles.

Na verdade, não é esse o fator decisivo, e sim o desapego e a capacidade de desaprender. Realinhar, pivotar, autorregenerar-se. Nas startups é comum repensar o negócio todo quando, de repente, algo nos revela o que é valor para um grande cliente, ou encontramos um novo parceiro estratégico capaz de nos oferecer sobrevida e futuro. Isso tem acontecido cada vez mais. O volume de negócios entre startups e corporações aumentou cerca de 60 vezes nos últimos cinco anos, segundo a plataforma de conexão 100 Open Startups. O investimento em startups no Brasil mais que dobrou em 2021 e ultrapassou a fantástica cifra de U$ 9,4 bilhões, de acordo com o jornal *Folha de São Paulo*.

Vivemos um momento histórico no qual a verdadeira mágica da transformação organizacional está acontecendo. A única maneira de seguir competindo é regenerando os negócios e as relações em todas as instâncias: consumidores, fornecedores, parceiros e todos os demais. E passando a enxergar as empresas como centros de mudança e geração de múltiplo valor nos ecossistemas nos quais estão inseridas.

Publicado originalmente no portal
Olhar Digital em fevereiro de 2022

25

A habilidade de surfar o dia a dia dos negócios

O mundo corporativo exige dos gestores os talentos de um Gabriel Medina. Você está atento a isso?

Pode parecer maluquice querer comparar o que acontece na direção de uma empresa com o surfe, um dos mais populares esportes da atualidade. A verdade, porém, é que um mundo dos negócios cada dia mais fluido e mutante requer dos gestores, e em especial dos gestores de tecnologia, as habilidades de um Gabriel Medina. As ondas do mar pedem jogo de cintura, disciplina e muito, muito foco. E os ensinamentos do surfe podem ser ajudar nos negócios e na vida.

O surfe chegou ao Brasil nos anos 1960, conquistou reconhecimento como contracultura e estilo de vida nos anos 70, cresceu espantosamente nos 80 e 90, ocupando nossos 7,5 mil quilômetros de costa, até atingir nos dias de hoje o nível de esporte olímpico. Os brasileiros estão entre os melhores do mundo na prática. O esporte exige doses enormes de disciplina, foco, perseverança e senso de oportunidade. Em proporções iguais ou maiores do que as mais desafiadoras modalidades.

É preciso se posicionar perfeitamente na água, estar pronto para quando ondas vierem e, uma vez em pé na prancha, conseguir desfrutar delas ao máximo. Não há espaço para vacilos, arrependimentos e enrolação. Igualzinho a quando estamos com o timão de uma empresa ou de uma área de negócio nas mãos. O mar, traiçoeiro e imprevisível, pode ser facilmente comparado ao ambiente competitivo no qual a maior parte dos negócios está inserida. Quanto mais fortes as ondas, ou quanto mais interessantes os negócios potenciais, maiores serão as possibilidades e o desafio ao enfrentá-los. Tudo é muito rápido, a intuição conta mais do que a técnica e a teoria então...

nem encontra espaço. É preciso ter nervos de aço e reflexos prontos. "Tomar risco e colocar para baixo", como se costuma falar na linguagem do surfe.

No surfe e nos negócios podemos passar a vida em busca da onda perfeita ou do negócio perfeito. Curiosamente, o prazer a cada fechamento realizado ou onda surfada é diferente dos demais, parece ser único. Chega a ser engraçado, mas tendemos sempre a considerar o último como o melhor que já fizemos.

No mundo dos negócios o número de variáveis que podem influenciar é enorme e o gestor tem que estar preparado para lidar com o imprevisível e acertar. O mesmo acontece com o mar e o vento, que podem mudar – e mudam frequentemente. Há que se respeitar os tempos e a mãe natureza no surfe, afinal não é possível mudar o fluxo das ondas. Custamos muitas vezes a compreender e a aceitar o mesmo quando estamos no mundo do trabalho e, agindo assim, normalmente nos damos mal.

Tombos e novas tentativas fazem parte da essência do surfe e dos negócios. Finalmente, é preciso estar bem física e mentalmente para surfar e ter sucesso – no mar ou nas empresas.

Conta-se que o surfe nasceu na Polinésia e durante muito tempo foi considerado o esporte dos deuses. Por sua origem divina, somente os reis tinham o direito de ficar de pé. Os demais tinham que deslizar deitados sobre as ondas. Prática dos deuses ou dos reis, nota-se que tem a ver com coragem e liderança. E você, como vai surfar as ondas do mundo dos negócios: em pé ou deitado?

Publicado originalmente no portal
Olhar Digital em maio de 2022

26

Tudo pronto para uma nova revolução industrial

Uma pista sobre o que vem aí: a palavra-chave é "remota"

A Indústria está novamente à frente de um gigantesco desafio em termos de gestão: reinventar-se FROG. Estratégia FROG (sapo em inglês, aqui palavra formada pelas iniciais de Fully Remote Organization) é o nome que vem sendo usado para designar empresas que nascem e operam de maneira completamente remota. Essas organizações têm arquitetura digital, são segmentadas e colaborativas, e combinam profissionais de diferentes culturas, formações e percepções. Para além do acrônimo, a ideia de "sapo" remete ao fato de que, assim como esse anfíbio nasce na água, o novo modelo de gestão prevê que as empresas funcionem em um ambiente fluido e mutante.

Antes de prosseguir no meu raciocínio, proponho uma breve viagem no tempo.

Há cerca de 25 anos, a inauguração da fábrica de Resende (RJ) da Volkswagen Caminhões causou grande espanto, até mesmo certo ceticismo. Parceiros estratégicos instalados dentro de casa passaram a operar a montagem dos veículos, uma mudança que impactaria para sempre os modelos de gestão das montadoras e transbordaria para inspirar outros setores. Com isso, a indústria da mobilidade quebrava paradigmas e liderava uma revolução na gestão.

Todos nos lembramos perfeitamente do feito por um simples motivo: tornava-se realidade um modelo de gestão completamente novo, o Consórcio Modular. Não se sabe ao certo, mas foi provavelmente naquele mesmo momento que ganhou força o conceito de "sistemistas", uma reconceituação dos fornecedores. Em vez de apenas entregar componentes, eles passaram a oferecer subconjuntos inteiros que cumpririam funções específicas no veículo. Dentro da cadeia de valor, uma categoria completamente nova.

Muito bem, tenho a sensação de que estamos outra vez diante de uma iminente revolução. Em um momento de intensa discussão sobre o que significa exatamente o trabalho híbrido (remoto/presencial) para cada empresa, e no qual os melhores candidatos escolhem onde trabalhar levando isso em consideração, como devemos nos posicionar?

Em 1996, quando nasceu o conceito de Consórcio Modular, provavelmente foi algo tão chocante quanto seria imaginar montadoras "sapo" nos dias de hoje. Aqueles absurdos possíveis, sabe? Já pensou se surgissem novos players totalmente remotos? Considerou a possibilidade de reinventar sua empresa nesse modelo? Que alianças seriam necessárias para operar? Quais seriam as atividades centrais e geradoras de valor? O que poderia ser realizado por parceiros estratégicos no presencial? No que vocês e essas novas "montadoras" se concentrariam? Comandariam robôs a distância?

Pense um pouco. No que se refere às atividades de engenharia já é assim, considerando a estruturação e a atuação das áreas globais de inovação. Imagine estender isso à área comercial, com concessionárias... remotas. Ou o mesmo princípio aplicado a outras divisões das indústrias. São traços da realidade dos nossos tempos. A mim também pareceu inacreditável quando soube que a tensão nos tirantes de algumas pontes estaiadas, no Brasil inclusive, é monitorada e regulada remotamente, até mesmo a partir de outros países.

Poderia surgir, assim como do nada nasceram os sistemistas, uma nova camada de geração de valor? Consórcios robóticos puramente operacionais? Parques de robôs montadores ultraflexíveis...? Não caçoe. Abra a mente para pensar diferente. A próxima revolução industrial vai exigir isso de todos nós.

Publicado originalmente no portal
Olhar Digital em julho de 2022

PARTE III

Liderança inovadora

1

13 características que os líderes inovadores têm em comum

*Podemos aprender
imitando o que eles fazem*

As empresas querem, nós desejamos, a sociedade admira. No entanto, não é fácil tornar-se um líder inovador.

Um dos caminhos mais práticos e acessíveis para isso é a imitação. Justamente! Observar como atua um líder inovador perto de você e inspirar-se nele para tornar-se também uma liderança transformadora.

Depois de mais de vinte anos trabalhando com inovação e empresas inovadoras, aprendemos com os muitos Pelés, Santos Dumonts e Ayrton Sennas que há por aí. Os Ozires Silva, os João Gurgel e outros líderes brasileiros desse quilate que brilham nas empresas inovadoras. Pode-se aprender copiando o que fizeram.

Esses homens e mulheres têm várias caraterísticas comuns, que mapeamos ao longo de mais de 20 anos de convívio com eles. A seguir, apresentamos as principais, para facilitar a identificação dos verdadeiros líderes inovadores.

1. **Têm visão e determinação na busca dos objetivos.**
2. **Premiam a diversidade, pois entendem que dela nasce conhecimento amplo e inovação.**
3. **Sabem ouvir.**
4. **O trabalho em seus projetos tem para eles um significado pessoal poderoso.** É comum vê-los tentando transmitir esse significado às equipes para que não pareça algo pessoal. Fazem isso de forma apaixonada. É bonito de ver.

5. **Não se perguntam se algo vai funcionar, e sim como fazer esse algo funcionar.**
6. **Exigem muito de si mesmos e dos integrantes de suas equipes.** Isso faz com que às vezes sejam mal interpretados e vistos como perfeccionistas e mandões. Na verdade, estão apenas perseguindo com energia sua visão de futuro.
7. **Tratam os erros como aprendizados.** Absorvem a lição e seguem em frente. Não perdem tempo tentando identificar culpados ou lamentando as perdas.
8. **Amam desafios.** Cuidado: disse desafios e não riscos simplesmente. São coisas bem diferentes.
9. **Reconhecem que liderar talentos criativos é um profundo privilégio** e que só isso é possível alcançar o sucesso nessa empreitada quando se coloca toda a energia vital e as vibrações positivas nas inovações. Certa vez, obtive a confirmação dessa tese ouvindo João Maurício Galindo, um dos mais didáticos e talentosos maestros brasileiros, explicar como se rege uma orquestra. Afirma ele que, quando está com a batuta na mão, diante de um grupo de músicos competentes que não o conhecem, e com quem não ensaiou, terá apenas os três minutos iniciais para imprimir sua liderança. Se não conseguir exercê-la nesse curto espaço de tempo, os músicos vão olhar para a partitura e tocar para eles mesmos. Podem até tocar bem, mas não estarão realizando a interpretação do maestro. Fica claro quanto é importante imprimir energia e concentração à liderança.
10. **Estão realmente no comando.** Sabem que não se realiza um processo de inovação por controle remoto. Trata-se de um exercício direto e intransferível. Sem um líder de inovação à frente, assumindo riscos e recarregando permanentemente as baterias dos integrantes do time, não se gera mudança.
12. **Cultivam o bom humor e o alto astral.** Todos, indistintamente, gostam de rir às vezes de si mesmos e dos próprios erros. Todos parecem amar o que fazem.

13. **Quando encontram barreiras nas empresas em que atuam, tratam de criar "pontes de safena" organizacionais.** Passam a se reunir fora da empresa, a compor times fora do organograma. Flexibilizam algumas regras para superar a resistência à inovação presente na maioria das empresas. Em seu livro Intraempreendedorismo, Pinchot descreve que Lee Iacocca, o líder inovador que salvou a Ford na década de 1970, reunia-se em um motel próximo à companhia com pessoas de várias áreas e com a agência de publicidade; só assim conseguia trabalhar sem interferência da empresa. Atenção: não estamos falando de perda de integridade, mas, sim, de flexibilidade para superar as barreiras à inovação.

Tive a felicidade de conviver com muitos desses sujeitos especiais, capazes de fazer com que talentos criativos operassem juntos e, mais do que isso, sob sua batuta. Em especial meu amado e já falecido pai. Um operário que acreditou na sua capacidade de liderar e inovar. No início da década de 1960, pegou nas mãos de minha mãe, nas minhas e nas de meus irmãos e imigrou para o Brasil. Tinha um pouco de tudo o que descrevi anteriormente. Soube aplicar. Tornou-se líder, gerente e inventor. Posteriormente, poeta e pintor. Ele e outros líderes inovadores marcaram para sempre minhas atitudes e minha vida.

Olhe em volta de você e certamente achará o líder inovador capaz de inspirá-lo.

Publicado originalmente no portal
Brasil Post em fevereiro de 2015

2
É na crise que o verdadeiro líder aparece

*É preciso olhar para frente
e marchar debaixo da tempestade*

Crises, todas elas, indistintamente, são momentos de intensa aprendizagem. Nesses períodos – e já passamos por vários --, sentimos medo, desânimo, desejo de ficar parado esperando que tudo passe. Essas são reações naturais, instintivas. Porém, inadequadas. Quanto mais profunda a crise, maior a necessidade de deixar de lado o modo como agiríamos naturalmente e passar a fazer o que de fato precisa ser feito: gerenciá-la com competência e, sobretudo, lidar bem com as mudanças que ela demandará de nós.

Não adianta reclamar da economia ou esperar apoio do governo. O Executivo, infelizmente, está mais perdido que nós e não fará concessões em curto prazo. Então, o que fazer? O que significa, na prática, olhar para frente e marchar debaixo da tempestade? Aqui vão algumas das práticas que temos implantado nas empresas que buscam nosso apoio nessa caminhada. Esperamos que sirvam de inspiração para você e para a sua equipe.

1) Embarque no helicóptero

Isso significa elevar a perspectiva e olhar do alto para a crise e para as oportunidades competitivas que nascem dela. A competitividade não se resume à dimensão material e muito menos ao fluxo de caixa. É bem possível que as saídas estejam por perto, porém sejam invisíveis para você, que se sente atolado resolvendo o caixa. Observar os concorrentes e as mudanças de hábitos dos clientes pode abrir rotas muito interessantes. Essa prática melhora a qualidade do diagnóstico e possibilita enxergar alternativas para se recuperar mais rápido do que as outras empresas.

2) Identifique e use suas forças

O que sua empresa oferece naturalmente e com excelência? O que lhe assegura a preferência do cliente e esteve sempre presente nas melhores vendas? No que vocês são bons? Esses pontos devem ser potencializados em uma crise. Um ditado americano diz que, em tempos ruins, só o que é realmente bom vende. Pense no que faz sua empresa fechar os melhores negócios e turbine essa especialidade.

3) Preserve o moral das tropas

É a sua equipe que fará a diferença agora. Não só os gerentes. Todos, independentemente do nível hierárquico, podem ajudar. Para que isso de fato ocorra, invista muito na comunicação. Essa sensibilidade por parte do líder é vital num momento em que os times estão assustados, o que tende a desviar o foco do cliente e a gerar ações de autopreservação. A comunicação se deteriora e a produtividade, que deveria subir, acaba caindo sensivelmente nesses períodos. Daí a importância de escutar mais do que nunca o que cada um tem a dizer.

4) Não pare a inovação

Ela será essencial na retomada. Quem não tiver novos produtos e novas soluções para oferecer não sairá mais da crise, mesmo quando as coisas melhorarem. No entanto, vale rever o portfólio de projetos de inovação. Estabeleça os filtros certos para um período como esse e faça uma nova seleção dos projetos que realmente seguirão. Se não cuidar bem disso, há grandes chances de gastar recursos valiosos com ideias que não decolarão nem ajudarão a superar as dificuldades do momento.

5) Inove nas outras direções

Inovar é mais do que lançar produtos e mudar processos de produção. Em tempos de crise, é preciso pensar em como inovar no negócio, na forma como o cliente remunera o que sua empresa oferece a ele. Também é hora de inovar na gestão, ou seja, na maneira como estão organizados os recursos para atingir resultados.

6) Abra todas as portas

Somos normalmente induzidos a competir e isso significa fechar-se. Esconder o que faz e jamais pensar em compartilhar. Ledo engano. É na crise que é mais importante abrir-se. Pensar em alianças com fornecedores, com clientes, e, segure-se na cadeira, com concorrentes. Isso mesmo, competidores! Deixar de lado os preconceitos e racionalizar custos, dividir soluções e fazer mais com menos. Parar de procurar quem tem a solução para seus problemas e pensar em conversar e dividir soluções com quem tem os mesmos problemas que você. Certa vez, criando a logística de distribuição de uma revista, sugerimos fretar um avião e dividir os custos com o concorrente. Quase fomos linchados! "Vocês estão loucos?", disse-me o presidente da empresa em questão. "Queremos chegar antes dele à casa dos assinantes!" Dias depois consegui levá-lo ao aeroporto para ver que suas revistas embarcavam nas mesmas aeronaves de linha usada pelo concorrente.

Por fim, não se esqueça de que já passou por situações parecidas antes e, como das outras vezes, vai passar. Pense e atue para sair na frente.

**Publicado originalmente no portal
Automotive Business em março de 2015**

3

Você, líder de Inovação

*Empresas precisam de líderes que deem
bons exemplos e mobilizem equipes*

No Brasil, um conjunto de mitos trava o avanço da inovação e bloqueia comportamentos inovadores. Muitas vezes ouço dirigentes afirmando, de maneira simplista e imprecisa, que nos falta uma cultura da inovação na empresa e/ou no País. Eis um desses mitos.

Líderes, cuidado! A tal cultura da empresa é feita de valores e crenças, bem como dos correspondentes rituais e atitudes. Quem rege isso dentro das organizações é a própria liderança (aqui, refiro-me a líder como alguém que influencia e orienta pessoas, podendo ter ou não subordinados). Cabe à liderança expressar claramente os valores, acima de tudo com seu exemplo vivo. Aliás, emprestando uma frase do filósofo de origem alemã Albert Schweitzer, "quando se trata de expressar valores, dar o exemplo não é a melhor maneira de influenciar os outros. É a única".

Portanto, é você, líder, o maior responsável pela cultura de sua empresa. Comece já a trabalhar nisso reforçando valores como a coragem, a multidisciplinaridade de conhecimentos e de tarefas, a importância das pessoas e tantos outros pressupostos que fazem parte do credo das companhias inovadoras. No entanto, destaco aqui um dos mais relevantes e, ao mesmo tempo, dos mais difíceis: valorizar o erro como aprendizado. É preciso abraçar, de verdade, as falhas como oportunidades de descobrir, mudar e inovar. Transformar uma cultura empresarial não é fácil, mas é perfeitamente possível desde que se usem métodos e conhecimentos adequados. Portanto, se não existe cultura de inovação na sua empresa, não culpe terceiros, o povo, o governo ou o passado do País. Mude agora. Isso exigirá um trabalho estruturado e duradouro cujo único comandante tem que ser você, líder.

Dentro dessa mesma categoria de mitos, nos deparamos muitas vezes, nas organizações que visitamos, com a convicção (distorcida) de que a inovar é um processo solitário que depende de "lampejos" de alguns poucos iluminados. Bobagem! Está mais do que provado que as empresas inovadoras, as usinas de inovações, como as denominamos, têm processos robustos que envolvem as equipes fazendo com que a inovação aconteça. Essas empresas pavimentaram caminhos estruturados e azeitados para que as ideias fluam, tornem-se projetos e, mais tarde, produtos. Há disciplina nas práticas para inovar, etapas claramente definidas que asseguram inovação sistemática e recorrente.

Essas práticas dependem essencialmente da combinação de conhecimentos de pessoas diferentes e da mobilização de equipes inteiras, muitas vezes de áreas distintas. A inovação pede ação articulada e networking, como definem os autores Jeff Dyer, Hal Gregersen e Clayton M. Christensen. Para que ocorra em sua melhor forma, requer uma espécie de polinização cruzada, como a das abelhas, no qual a ideia inicial, por melhor que seja, é ajustada, refinada e ampliada pela ação de outros atores no processo. Não espere, portanto, que a inovação venha apenas de gênios solitários e excêntricos. Walt Disney, um dos líderes mais inovadores de todos os tempos, definia-se como uma "abelhinha" que conectava o trabalho dos vários talentos de seu time para criar maravilhas.

Mais do que isso: em seus quadrinhos, ofereceu uma grande lição de liderança inovadora por meio do contraponto entre o professor Pardal, a quem todos nós erradamente atribuíamos papel-chave na inovação, e Mickey Mouse. Pardal era um líder introvertido, cuja mesa vivia bagunçada e que fazia coisas que nem ele mesmo sabia para que serviriam... Mas não era ele o inovador, e sim o Mickey. Este sim! Criativo e bem-humorado, era o verdadeiro líder de inovação: mobilizava as pessoas, que acabavam gerando juntas soluções simples para situações complexas. Mudando a si próprias e ao mundo para melhor.

Crenças paralisantes e mitos como esses dois citados estão no coração e na mente de muitos dirigentes brilhantes que conhecemos. Chegou a hora de mover posições. De liderar e fazer as coisas acontecerem ao estilo Mickey, na mais pura e autêntica revolução da inovação. Da qual tanto nós quanto nosso Brasil precisamos.

Publicado originalmente no portal
Automotive Business em julho de 2017

4

Transcender e liderar a revolução

Como levar sua empresa à transformação digital radical que o futuro exige?

Os líderes empenhados em que as empresas sob seu comando sobrevivam nos próximos cinco anos precisarão assumir seu verdadeiro papel de comandantes de revolução. Terão que preparar-se para enfrentar a natural resistência a mudanças – por parte deles mesmos e de suas equipes. Além de assegurar produção e entregas de claro valor para os clientes, rentáveis e em volumes crescentes, terão que liderar a revolução digital de seus negócios. Serão obrigados a operar profundas transformações para fazer de suas empresas plataformas que jogam e vencem na nova arena da economia digital.

Há dois meses, entrevistamos uma amostra representativa desses líderes para uma pesquisa conduzida por nossa consultoria. Pois bem, pode parecer surpreendente, mas muitos não veem a competência em gestão de mudanças como uma arma estratégica. Há até mesmo uma certa confusão nos discursos desses dirigentes quando se referem à revolução e adotam os termos que vieram com ela: digitalização, transformação digital e inovação radical digital. Não custa voltar a esclarecer. Digitalizar significa converter informação analógica em digital ou transformar processos manuais em digitais. Em outras palavras, transformar páginas em bites. Substituir formulários manuais por eletrônicos que alimentem diretamente bancos de dados, por exemplo. E, sinceramente, não dá sequer para dizer que isso seja inovação.

Transformação digital é outra conversa; ocorre quando se consegue criar níveis notavelmente mais elevados de valor para o cliente por meio da aplicação de tecnologias digitais mais avançadas, utilizando informações digitais. No caso da transformação digital, há mudanças nos processos centrais e nas bases do negócio. Já a inovação radical digital baseia-se em reconceber do zero o negócio, com foco em uma proposta de valor superior e diferenciada, processando mudanças radicais (que modificam a raiz) do modelo; muitas vezes, isso se dá graças ao uso de tecnologias. É justamente essa a revolução que os CEOs terão que liderar pessoalmente. Sim, eles mesmos, já que, para que se avance nesse campo, será preciso assumir riscos, e as equipes nem sempre estão dispostas a colocar suas cabeças na guilhotina da inovação radical.

O verbo a conjugar nesse tipo de mudanças é *transcender*. Transcender as fronteiras da empresa realizando alianças; transcender os limites do setor pensando em propostas de valor híbridas que combinem ofertas de dentro e de fora dos segmentos; enfim, pular as cercas.

A experiência brasileira com o uso de táxis nos últimos anos é um exemplo clássico da diferença entre os três conceitos. Primeiro houve uma digitalização, com as cooperativas migrando para os celulares; na sequência, a transformação digital se deu com o surgimento da Uber e a criação de um novo modelo de negócio. Por fim, uma possível inovação radical digital poderia vir com a Uber gratuita, no qual o cliente possa viajar sem pagar; em troca, porém, teria que assistir o tempo todo a propagandas em uma grande tela à sua frente, ou mesmo descarregar bases de dados pessoais em um banco de big data por meio de um sistema de bordo, transcendendo do mundo da mobilidade para o da propaganda. Aliás, transcender era uma receita que já funcionava muito antes do digital. O sucesso do Cirque du Soleil foi atribuído ao fato de não ser circo, não ser musical, não ser teatro e ser tudo isso ao mesmo tempo.

Outra preocupação foi constatar nos CEOs a falta de clareza em torno do que, de fato, precisa ser feito para levar a empresa a uma realidade de inovação radical digital. Por onde começar? Como alavancar exponencialmente a performance, a produtividade e, em especial, a geração de valor percebida pelos clientes? A revolução exigirá deles conhecimentos de novas tecnologias, design centrado na experiência do cliente, identificação rápida de tendências e técnicas ágeis de gestão, entre outras competências. Acreditamos na construção de três pilares para alcançar a inovação radical digital:

Deslocar o foco do produto e dos serviços para a experiência que o cliente vivenciará ao longo de toda a jornada, de modo a criar real valor para ele.

1) Identificar parceiros estratégicos e estar realmente disposto a construir sólidas conexões com quem tiver as competências necessárias para permitir à sua empresa conjugar o verbo transcender.

2) Trabalhar para valer a cultura organizacional. Nada acontecerá se a revolução não se estender aos valores organizacionais e às atitudes a eles alinhadas. Como disse o CEO da Microsoft, Satya Nadella: *"Mudança de cultura não é uma abstração. É realmente avançar no caminho"*.

Será preciso, portanto, ter coragem para romper com o status quo. Um de nossos clientes criou o termo "vacatons", uma paródia do conceito de hackatons para designar ciclos em determinado período do mês em que se dedicarão a selecionar e matar "vacas sagradas" (nome que deram às crenças anti-inovadoras) e, assim, trabalhar as atitudes que devem ser substituídas ou incentivadas. A boa notícia é que temos tido sucesso com nossos programas MCAV, sigla para Mudança Cultural em Alta Velocidade. Cultura muda, sim! Basta querer e trabalhar com esse foco. Bom trabalho!

Publicado originalmente no portal
Olhar Digital em maio de 2020

5

Liderar pelo amor

É o que equipes e clientes esperam dos líderes em tempos revolucionários como os que vivemos

Nunca houve espaço no mundo dos negócios para falar de amor. Pelo contrário, todo mundo considera que é uma palavra que não pega bem nesse meio. Quando a ouvem no ambiente empresarial, muitos líderes esboçam um sorrisinho irônico que, quando muito, evolui para um incômodo e só em poucos casos se transforma em objeto de reflexão.

Muito bem, acredito que a revolução que estamos vivendo seja tão profunda que abrirá a mente e o coração dos líderes para uma busca aberta do amor. Amor dos clientes por seus produtos e serviços; amor entre integrantes de equipes; e, em especial, do time por seus líderes. Se você tem uma equipe, este é um bom momento para pensar na sua maneira de se relacionar com ela.

Pense na liderança como uma escala. Em uma extremidade estão os líderes sangue-frio, muito presentes em empresas industriais e bancos que fizeram muito dinheiro nos últimos anos. Eu disse dinheiro, não resultados, notou? Na outra extremidade situam-se os poucos líderes compassivos, apaixonados por gente e que lideram não pelo medo, mas pelo amor. Em que posição você se coloca? E seus superiores?

Mais uma pergunta: sob qual desses dois estilos de liderança você acha que a inovação prospera? Sim: líderes, e seus estilos, são determinantes para o ambiente, e ninguém mais tem dúvidas de que a capacidade de inovar é o que fará as empresas sobreviverem às profundas mudanças socioculturais pós-pandemia. A inovação pode estar em tudo o que se faz no interior de uma organização e, se a terra for fértil, são múltiplos os gatilhos para ativá-la. "De toda parte, inclusive da 'implantação', emanam pequenas decisões que podem se tornar grandes estratégias", disse uma vez H. Mintzberg, acadêmico canadense, autor de diversos livros sobre gestão e organizações.

Em home office e em plena revolução digital, ficou mais difícil liderar com base no poder e na força. A avaliação das equipes por seus superiores está menos suscetível a fatores clássicos, como o número de horas-assento no local de trabalho, ou a questões subjetivas e de relacionamento que sempre existiram. Agora os líderes têm que provocar engajamento verdadeiro, inspirar a distância e fazer com que cada colaborador dedique ao trabalho o melhor de si e sua energia mais vibrante, componentes essenciais para que a inovação nasça e prospere. Fazer com que a organização funcione como um só sistema no qual as partes (departamentos) trabalhem juntas de maneira natural e harmoniosa – ainda que cada integrante do time esteja na própria casa. Deixar de olhar para as empresas como organogramas e reconhecer que são sistemas orgânicos.

Escolas de MBA e muitas empresas não estão prontas para ensinar essa forma de liderar. Na maioria dos casos em que se ouve falar dela, ao se averiguar melhor descobre-se que tudo não passa de discurso vazio. Os novos tempos requerem líderes dedicados, humildes, capazes de apoiar e de provocar paixão nos integrantes de seus times. Talvez a descoberta da nossa vulnerabilidade, o luto pelos que se foram e a ascensão de um número maior de mulheres de grande sensibilidade aos cargos de liderança possam enfim encerrar a era da arrogância em nome do poder. Quem sabe tenha morrido o líder que "destrói" fornecedores e parceiros para depois dar uma de bacana mostrando os resultados e fazendo doações a quem precisa. O líder sensível cria valor na cadeia em que está inserido. Ele sabe que o cliente nem sempre quer lidar com robôs, e que nenhuma máquina será capaz de assumir responsabilidades ou dar amor. E cá estamos de volta a Mintzberg e ao conceito do líder intuitivo, que inspira, é passional e cria possibilidades infindáveis.

Considerar o poder das emoções no dia a dia das empresas talvez proporcione uma expansão da pequena parcela que utilizamos da capacidade de nossos cérebros. Quiçá sejamos menos parecidos com máquinas programáveis e mais artistas da gestão. Inspirados e operando no modo amor, é possível que coloquemos nosso miniuniverso, com seu um bilhão de galáxias (neurônios), a serviço de criar produtos e soluções encantadoras.

A capacidade de inovar é uma característica única dos seres humanos e tem a ver com energia vital. Na nova era em que viveremos, os líderes compreenderão sua gigantesca responsabilidade de atuar sobre esse dom divino da inovação. Ouvirão mais seus corações e abandonarão de vez formas de liderar que migraram dos exércitos para as empresas. Quem sabe encontremos no país mundialmente famoso pela alegria e pelas emoções de sua gente um "modelo empresarial Brasil" de desenvolvimento econômico cujas bases não sejam apenas o lucro, mas a combinação harmoniosa de pessoas e criação de valor. Novos líderes comandarão a verdadeira revolução de nossos tempos no mundo empresarial. E será pelo amor.

Publicado originalmente no portal
Olhar Digital em setembro de 2020

6

Onipresentes e perdidos

*O Metaverso, as oscilações de produtividade
e outras descobertas dos tempos da pandemia*

Onde você está? Parece incrível, mas a cada dia que passa será mais difícil responder essa pergunta. Em alguns casos, ela poderá até mesmo nos constranger. Teremos que olhar em volta e nos preparar bem para respondê-la. Estaremos todos divididos entre ficar em nossas casas, ir ao local de trabalho, dar expediente de algum lugar agradável e outras várias e quase infinitas alternativas. Como se não bastasse, surge nas redes o instigante vídeo de Mark Zuckerberg dando conta que nada disso de verdade importa: o lugar mais valioso onde desejaremos e deveremos estar será o Metaverse (https://youtu.be/Uvufun6xer8).

Segundo o visionário e bilionário criador do Facebook é lá que trabalharemos daqui a alguns anos. Será nesse novo universo que nos relacionaremos com os amigos, aprenderemos, negociaremos, passearemos, talvez até namoremos – ou seja, viveremos. O Metaverse anuncia-se como o futuro da internet. É um sucessor natural dos "faces e instas" e o novo projeto de Zuckerberg. Nele avatares nossos poderão se teletransportar para diferentes situações e ambientes em um contexto de realidade virtual de altíssima definição e qualidade.

Se nossa mente já estava suficientemente confusa, agora piorou. Enquanto os gurus da paz de espírito nos ensinam que viver cada momento e estar inteiramente presente onde se está é de fato a receita para encontrar o equilíbrio e a felicidade, o mundo e a tecnologia nos cobram onipresença. Atributo bíblico que, até agora, supostamente apenas Deus teria. Tudo isso desperta em nós, ao mesmo tempo, maravilhamento e desencanto. De certa forma, voltamos para as bases da filosofia e, por que não, da melancolia.

Obviamente, a demanda por estarmos presentes em diferentes lugares simultaneamente terá impactos em outras dimensões de nossas vidas. Os resultados, a produtividade e, em especial, a sensação de realização por um trabalho bem-feito estão em jogo. No que se refere à produtividade, por exemplo, vale refletir sobre o que a pandemia nos ensinou. Antes dela, já tínhamos atingido índices bem elevados, afinal fazia décadas que vínhamos aprimorando nossa forma de trabalhar para fazer mais rápido, mais barato e melhor. Durante o isolamento social todos achamos que nossa capacidade de produzir diminuiria. Surpreendentemente aumentou ainda mais em alguns setores, como o de serviços de tecnologia. Houve redução de custos, o que, de certa forma, também representou produtividade maior. O tempo nos deslocamentos foi incorporado à jornada e os minutos no café e no social simplesmente sumiram. Vale lembrar que, com exceção das farmácias, padarias e supermercados, quase tudo à nossa volta estava fechado.

Agora vivemos um novo momento. Repleto de dúvidas sobre a volta ao presencial, regras não claras e com tudo aberto. Parques, clubes, lazer e atrações de todo tipo. Arriscaria dizer que nossa produtividade já não é mais a mesma do período pré nem dos tempos de pandemia plena. Meu palpite é que cairá a patamares desconhecidos: depois de tempos de medo e reclusão, as pessoas sentem que escaparam da morte e querem viver. Há uma demanda reprimida por atividades ao ar livre que, neste momento, é impossível mensurar.

Independentemente disso, estamos confusos e nômades. Precisaremos humildemente reaprender que caminhos seguir nesse novo contexto. Temos ouvido bizarrices diversas de dirigentes, que defendem rastreamento das equipes, por exemplo. E estamos certos de que mais uma vez prevalecerão as organizações que tiverem a confiança e o engajamento de seus colaboradores. Os verdadeiros líderes estão pensando nisso. E você? No que acredita?

Publicado originalmente no portal
Olhar Digital em novembro de 2021

PARTE IV

Os governos e a inovação

Entenda os centros de inovação Brasil

Mercados cheios de especificidades requerem planejamento

Nenhuma empresa chegará a resultados concretos e sustentáveis no campo da **inovação** sem revisar sua estratégia ou, no mínimo, o papel da inovação em sua **estratégia corporativa**. Tenho ouvido muitas vezes: "Valter, estratégia de inovação não é para nós aqui no Brasil, não. Quem faz isso são os caras lá de fora...".

Tremendo engano. A realidade é que as coisas mudaram e muitos ainda não perceberam. Ok, não estou falando de assumir o papel central de inovação que, nas multinacionais estrangeiras, as matrizes alemãs, americanas, francesas e outras sempre tiveram.

Estou falando, sim, de planejar estratégias de inovação em um país com enorme mercado cheio de especificidades. Uma realidade especialmente interessante para o setor auto, mesmo no bloco dos Brics (se é que ainda se pode usar essa expressão diante das mudanças recentes na economia), e com uma engenharia capaz, criativa e pronta para inovar. Estou falando dos centros de inovação Brasil.

Explico: temos defendido, com sucesso, a tese de que as companhias do setor auto devem preservar seus centros de pesquisa e desenvolvimento na Europa e nos Estados Unidos, mantendo-se, ao mesmo tempo, por meio de equipes de inovação brasileiras, atentas aos impactantes inputs que certamente virão dos mercados emergentes e estratégicos como o Brasil. Esses inputs só podem ser capturados por inovadores locais dotados de sensibilidade, conexão direta, que vivem esses mercados e acompanham suas mudanças.

São percepções privilegiadas, que, além de importantes para os lançamentos locais, podem ser estratégicas para produtos globais nos quais as matrizes estejam trabalhando. O professor e consultor indiano naturalizado americano V. Govindarajan deu a esse movimento o infeliz nome de inovação reversa (como se existisse apenas um sentido natural para o fluxo de inovação).

Esses centros, além de capturar insights e identificar fatores críticos de sucesso para as inovações locais, coordenam toda a engeinovação, em outras palavras o desenvolvimento e a engenharia experimental, sempre com o "dedo no pulso do mercado". São eles que se conectam com as universidades e centros de pesquisa locais e, principalmente, são os centros de inovação que se relacionam com o governo, obtendo e gerenciando os incentivos disponíveis para a inovação. Afinal, eles empregam pesquisadores brasileiros, exportam conhecimento e promovem o avanço tecnológico. Tudo que o País precisa e o governo quer.

O Up!, que agora roda no Brasil, é um bom exemplo do que seria o trabalho típico de um centro de inovação Brasil. Um veículo formidável, mas diferente do que circula lá fora no tamanho, no tanque de combustível e em outras características técnicas. É provável que o Up! mexicano seja mais parecido com o brasileiro do que com o europeu, e aí está uma evidência de fluxo de conhecimento "reverso". Nesses centros é desenvolvida a estratégia de inovação Brasil. Muitas vezes com apoio de profissionais de fora atuando aqui. Essa estratégia compreende três principais dimensões e termina por se consolidar no portfólio de projetos. A primeira dimensão diz respeito à clássica estratégia tecnológica, abrangendo os exercícios de roadmaping e a escolha das principais tecnologias nas quais apostar no País. Nessa decisão, obviamente, deverão ser consideradas aquelas para as quais existem incentivos.

A segunda dimensão é a estratégia de inovação de mercado que leva em conta a atuação dos competidores e as inovações que estão fazendo. Considera suas participações e os "espaços em branco" que será possível preencher com produtos inovadores e lançamentos.

A terceira, talvez a única que só pode ser desenvolvida no centro de inovação Brasil, é a estratégia de inovação de significado. Todas as vezes que essa dimensão veio pronta dos centros de pesquisa e desenvolvimento das matrizes, a milhares de quilômetros de distância dos mercados, assistimos a verdadeiras catástrofes. Há diversos exemplos recentes em companhias líderes. Optei por fazer um contraponto citando casos positivos, como o sucesso da jovialidade do novo Uno, agora imitado amplamente, ou de vários dos modelos Mitsubishi que, com ajustes locais, ocuparam o prestigioso lugar de veículo premium.

É da composição dessas três estratégias que se faz a inovação vencedora. São poucas as montadoras que perceberam e praticam isso. A boa surpresa é que, entre os newcomers, vários têm esta sensibilidade e estão trabalhando duro nos campos da tecnologia e do mercado, mas, principalmente, no campo do significado.

Está dada a largada! Em breve, veremos quem consegue seduzir os consumidores que sobrarem. Se as estratégias importadas das matrizes ou as que nasceram nos centros de inovação Brasil.

Publicado originalmente no portal
Automotive Business em junho de 2014

2

Dois anos depois, Inovar-Auto permanece em "panic mode"

*Paralisadas, empresas demoraram a tomar
medidas para atender o programa*

Dois anos é muito tempo. Ou pouco. É uma questão de ponto de vista. Para o Western Sydney Wanderers, time de futebol criado em 2012 na Austrália, foi o suficiente para que nascesse, estruturasse uma equipe e treinasse com tanto foco e intensidade a ponto de levar a taça da Liga dos Campeões da Ásia, em novembro.

Há alguns dias, ao comentar a própria saúde, o Papa Francisco anunciou, vejam vocês, que terá mais dois anos de vida. Justo ele, que assumiu a liderança dos católicos em março de 2013 e menos de dois anos depois conseguiu tornar-se um dos Papas mais amados e populares da história.

Agora, voltemos nosso olhar para o mundo dos negócios. O que dois anos representaram para o Inovar-Auto e os produtores dessa cadeia? Foi pouco? Muito? Que mudanças concretas ocorreram no mundo automotivo? Que efeitos positivos ou negativos tiveram nesse período as políticas industriais e de incentivo do governo Dilma?

A resposta é que, mais uma vez, o setor deixou o problema para amanhã. Durante os primeiros 25 meses do programa não vimos ajustes concretos na indústria. Há exceções, mas, de modo geral, nem as montadoras veteranas, para as quais os números e metas do programa tinham mais sentido, fizeram a lição de casa para se adequar. Imagine, então, o panorama nas recém-chegadas.

Apesar de virmos anunciando desde antes do lançamento do programa a urgência da tomada de ações, e alertando para as consequências que adviriam caso as montadoras não preparassem a casa, não fomos ouvidos. Os fornecedores, então. O que dizer deles? Olhavam para nós como se fôssemos extraterrestres. Dissemos a eles que o Inovar-Auto era uma oportunidade de se reposicionarem na arena competitiva e que deveriam correr e comporem-se rapidamente com seus clientes para absorver fatias de recursos da engenharia e do P&D.

No entanto, mais uma vez prevaleceu o "deixa pra lá". Colocou-se foco nas dúvidas, no espírito do "será que vai pegar?"; aquela já conhecida e decepcionante inércia brasileira preponderou. Mais parece um efeito anestésico que, lamentavelmente, costuma instalar-se em muitos dirigentes quando importantes novas regras aparecem diante deles. Como se tivessem todo um sistema imunológico pronto a entrar em ação diante da perspectiva de mudanças.

De fato, o Inovar-Auto representa profunda alteração nas regras. Sempre que isso ocorre, vêm a reboque grandes oportunidades para os mais competentes e adaptáveis. Por outro lado, quem não se mexeu percebe agora, diante dos cronogramas de seus compromissos e do avanço do programa, que a situação se complicou. Temos sido chamados por companhias de todos os portes que, aflitas diante da realidade e dos números, acionaram um verdadeiro "panic mode" em relação ao programa.

As metas do Inovar-Auto são arrojadas. É verdade. As recém-chegadas deveriam há tempos ter feito investimentos em inovação, eficiência energética e etapas produtivas. Várias das definições criadas pelo programa contemplavam os volumes e a realidade de quem já fabricava veículos no Brasil havia décadas, o que obrigava as recém-chegadas a um esforço ainda maior. Tirando as quatro ou cinco maiores montadoras, a realidade das demais é de produção de baixos volumes. Dezessete outros fabricantes estão diante do dilema de ter que nacionalizar pagando três vezes mais pelos componentes, e sem escala.

Felizmente, parte do governo, em especial as competentes equipes do Ministério do Desenvolvimento, Indústria e Comércio Exterior (MDIC) e do Ministério da Ciência, Tecnologia e Inovação (MCTI), tem tido sensibilidade e abertura para ouvir o setor privado e desenvolver e implantar ajustes. Outros grupos insistem em teorizar sobre conceitos já consagrados em manuais da Organização para a Cooperação e Desenvolvimento Econômico (OCDE) que tratam da inovação. Insistem em colocar em xeque a realidade da inovação que se faz aqui no Brasil, classificando-a como engenharia de rotina e defendendo o não enquadramento de boa parte do desenvolvimento experimental. Querem sufocar os incentivos. Corresponde a pisar no tubo de oxigênio de uma cadeia que sobrevive diante de um mercado em crise e assolada pela desindustrialização.

O Inovar-Auto funcionará agora (esperamos) tardiamente, em emergência, mas funcionará. As empresas despertam atrasadas e correm atrás de nacionalizar produtos e etapas produtivas. Avançam em soluções para ganhos efetivos de eficiência energética e, mesmo com a crise, abrem caminho para mais engenharia, mais ferramental e mais tecnologia aplicada. As áreas de tributos e de engenharia descobrem interesses comuns e passam a conversar e fazer estratégias juntas. As subsidiárias brasileiras das multinacionais estão se apoiando no programa, difícil de interpretar e entender, para convencer as matrizes a compartilhar mais engenharia e mais projetos. A nos deixarem desenvolver fornecedores aqui e comprar deles.

As empresas do tier 1 estão pensando em como se tornar tier 0,5 e, para isso, abrem as portas de seus laboratórios para as montadoras. Surgem também as primeiras propostas para atuar lado a lado com as fabricantes de veículos de forma a concretizar projetos e investimentos conjuntos. As importadoras começam a descobrir que há saídas bem mais econômicas, inteligentes e geradoras de resultados do que simplesmente depositar recursos no Fundo Nacional de Desenvolvimento Científico e Tecnológico (FNDCT), como se fosse um imposto a mais. Pare e pense: o quanto estaria sendo feito hoje, em plena crise, se não existisse o Inovar-Auto? O "panic mode" é real, mas ao menos está fazendo com que tudo isso comece a acontecer.

Publicado originalmente no portal
Automotive Business em dezembro de 2014

3

O triunvirato da indústria e da competitividade

Novos ministros trazem expectativas altas em meio a uma onda de pessimismo

Definidos os novos ministros e secretários, e são muitos, entramos em um período de expectativas em torno das mudanças. No que se refere à atividade industrial, e em especial ao setor automotivo, apenas três entre os 39 ministros nomeados podem, de fato, atuar em conjunto para resgatar a indústria... ou simplesmente mandar-nos todos para casa.

Claro que as empresas têm lição de casa a fazer e seus dirigentes deverão tomar medidas duras de redução de margens e de custos, afinal, acabou a fase da euforia e não sabemos se algo parecido voltará no futuro. Mas os governos, e em especial esses três ministérios, desempenham um papel central em um momento como o que vivenciamos. Não só no Brasil. Basta olhar para a Coreia ou para os países do norte da Europa. É nas decisões desse triunvirato que reside a desindustrialização ou o salvamento da competitividade, das fábricas e, consequentemente, do emprego.

Estamos falando dos excelentíssimos senhores Aldo Rebelo, ministro da Ciência, Tecnologia e Inovação, Armando Monteiro, do Ministério do Desenvolvimento, Indústria e Comércio Exterior, e do poderoso ministro da Fazenda, Joaquim Levy. Nunca antes a indústria torceu tanto para que os ocupantes dessas posições deem certo e se confirmem realmente como excelentíssimos. O que tem que ser feito por esses três mosqueteiros é sabido e, a julgar pelos discursos de posse e primeiros pronunciamentos, eles estão determinados a cumprir as tarefas. Bons sinais no horizonte, portanto. Eles sabem que, para salvar a indústria, serão necessários:

- Mais incentivos efetivos à inovação;
- A adequada gestão de programas de desenvolvimento da indústria e dos impostos que incidem sobre a produção;
- E, obviamente, que haja dinheiro para operar isso.

Se os três ministros orientarem sua inteligência, experiência e capacidade de articulação em favor da inovação e da recuperação da indústria, tudo pode mudar depressa. Está mais do que comprovado, inclusive por estudos que realizamos especificamente no setor automotivo, que quem inova mais vende mais. Mesmo em tempos bicudos, lançar veículos e manter-se conectado às demandas dos consumidores por meio de inovação permanente é vital para tomar fatias de mercado em épocas de reassentamento. Além disso, quem inova na crise sai dela primeiro, e mais forte. Notem que são as empresas mais inovadoras as primeiras a falar em recuperação.

Sem seu discurso, o ministro Rebelo falou em não deixar o Brasil virar uma "colônia científica." Lembrou que produtos e ciência podem dividir os povos e criar relações coloniais entre países. Falou em soberania nacional e destacou que a inovação protege o país. É de fato a indústria o setor que inova. Não há país forte sem indústria forte. E sabemos bem o quanto as matrizes internacionais adoram receber royalties. Excelente começo, ministro Rebelo!

O ministro Monteiro, ex-presidente da Confederação Nacional da Indústria (CNI), que conhece como ninguém as necessidades desse setor, também deu sinais positivos. Durante a cerimônia de posse ele afirmou que seu primeiro desafio será "fazer com que os instrumentos da política de fomento à inovação tenham alcance ampliado" e citou como exemplo a Lei do Bem. Aliás, ótimo exemplo. Das mais de 184 mil empresas do Brasil, apenas 1 mil utilizam esses incentivos para inovar.

Para que essas mudanças ocorram é preciso haver dinheiro. Entra aí o apoio do ministro Levy, e devemos estar otimistas também em relação a ele. Logo após a posse, Levy declarou que irá promover o aumento da eficiência produtiva e favorecer ganhos de competitividade. Sabemos que ele se opõe a incentivos setoriais e que precisa aumentar impostos. Mas, sensível e inteligente, é capaz de compreender o que é necessário restringir e o que faz a indústria andar. Certamente ele sabe que incentivos como os da Lei do Bem, embora pareçam renúncia fiscal, são, na verdade, investimentos para arrecadar mais. Afinal, quem inova vende mais, fatura mais e paga em média 30% de impostos a mais sobre esse aumento de receita.

Com relação ao Inovar-Auto, por exemplo, erra quem se refere a ele como incentivo setorial e, portanto, passível de corte. O Inovar-Auto é um programa de obrigatoriedade de localização, de eficiência energética e de inovação. E estes conceitos o novo ministro da Fazenda conhece bem.

O triunvirato sabe o que fazer. Em meio a uma enorme onda de pessimismo, ainda acho que vamos sair desse clima de crise antes do que imaginamos. Espero que não cantem para mim a música dos Mutantes: "Dizem que sou louco por pensar assim, se eu sou muito louco por eu ser feliz..."

Publicado originalmente no portal
Automotive Business em janeiro de 2015

4

A pilotagem do "drone Inovar-Auto"

*Empresas precisam parar de olhar
só para os custos e alcançar metas do programa*

Máquinas difíceis de pilotar, como helicópteros e veículos de alta potência, exercem fascínio enorme sobre nós engenheiros. Queremos controlá-las. Somos hipnotizados pelo chamado que emana delas: "Domine-me ou morra". Pois olhemos para o Inovar-Auto como se ele fosse um drone, e consideremos por esse prisma os resultados gerados.

Isso mesmo: a metáfora que usaremos é a de um aparelho sofisticado. Imagine um drone de seis hélices, movido e guiado pela variação de intensidade da energia colocada em cada um dos seis motores que as impulsionam. Os motores que mantêm o drone Inovar-Auto no alto, na rota e produzindo resultados são:

- Variação dos tipos e modelos de veículos produzidos, bem como o total de unidades de cada tipo;
- Índice de conteúdo nacional em cada desses veículos;
- Precificação;
- Investimento total em P&D ou em engenharia da empresa;
- Gestão tributária;
- Eficiência energética de cada modelo.

Sozinho, qualquer um desses pontos já seria suficientemente complexo de gerir. Imagine todos juntos e interligados em um programa. No tema eficiência energética, em especial, estão previstas multas milionárias para quem não cumprir as metas.

Deu para perceber o quão complicado é pilotar esse drone. Em equilíbrio instável, ele se desloca para um lado ou para o outro à menor variação da intensidade de um de seus motores. Para que se mantenha no alto é preciso monitorar o tempo todo cada um dos seis conjuntos de variáveis. Não individualmente, e sim a partir das interações, sempre combinando o todo. Um exercício para hábeis gestores, e uma sofisticada estratégia que se tornou arma competitiva em qualquer empresa que queira produzir para o setor automotivo no Brasil.

O problema é que, passados 34 meses da implantação do programa, aconteceu exatamente o que dizíamos lá no início, na época do lançamento, sem que nos dessem ouvidos. Algumas montadoras (poucas), mais atentas e inteligentes, pilotam felizes seu drones, enquanto outras até hoje reclamam e ficam esperando adiamentos e mudanças que não acontecerão. Enquanto as primeiras obtêm centenas de milhões de reais em resultados diretos da gestão do Inovar-Auto, as do segundo tipo correm atrás de remendar e fazer a toque de caixa o que deveriam ter feito há anos.

Ficou claro, finalmente, que pilotar o Inovar Auto não é tarefa para amadores. É um dos mais estruturados e bem formulados programas de governo que o setor já teve. Erraram os que consideraram que seria apenas mais uma demanda pouco abrangente e atribuíram a gestão às já desidratadas estruturas internas de engenharia. Elas não foram capazes de absorver.

As companhias vencedoras se estruturaram para gerir o programa, compuseram equipes de especialistas internos ou de consultores, e essas equipes monitoram cuidadosamente cada um dos seis pontos. Por meio de indicadores e painéis de controle especialmente estabelecidos, atuam ajustando esse conjunto de métricas e buscando sempre a melhor e mais balanceada solução.

Esse equilíbrio, o ótimo do conjunto, significa que cada componente opera em nível sub-ótimo. Representa, muitas vezes, ter que dizer não à produção de um modelo ou à comercialização de outro. Pode requerer até que se venda com prejuízo determinado veículo para conseguir o melhor resultado global do sistema.

Em nossos trabalhos de gestão, monitoramos os resultados a cada semana e disparamos continuamente ações de ajustes. Algumas mais simples, ligadas a definições diretas de portfólio ou volumes. Outras mais sofisticadas, envolvendo um conjunto de fornecedores estratégicos parceiros. Incluem-se aí as ICT (Instituição Científica e Tecnológica) e até mesmo, mais recentemente, startups que operam com soluções de engenharia.

As respostas nos resultados do programa nem sempre são imediatas. Como nos artefatos que usam rádio, há uma defasagem entre os comandos e as mudanças de rumo. Isso torna ainda mais importante o planejamento preciso e o mais antecipado possível.

O programa Inovar-Auto é estratégico e decisivo para os resultados das montadoras. Deve ser tratado pela alta direção – até mesmo, muitas vezes, pelo presidente, com atenção permanente e avaliação semanal de resultados. Como acontece frequentemente no Brasil, agora, às vésperas da catástrofe, fica-se chorando para que as regras sejam alteradas. Não acreditamos que isso vai acontecer. É bem mais provável que o drone descontrolado caia direto na cabeça destes gestores do improviso e do exclusivo foco em custos.

Publicado originalmente no portal
Automotive Business em setembro de 2015

5

Preparem-se para mais uma década perdida

O que acontece quando o governo decide suspender incentivos à inovação

Duas notícias curiosas num mesmo jornal nesses últimos dias. Em um caderno, o anúncio de que a MP 694, se aprovada no Congresso, suspenderá os já escassos incentivos à inovação. Em outro, descobre-se que a Câmara Municipal de São Paulo ameaça criar mais 660 cargos comissionados, ou seja, sem concurso público. É mais do que nunca o país dos paradoxos.

Já imaginaram se sua montadora pudesse implantar um centro de P,D&I empregando 660 engenheiros brasileiros? Pensaram na força desenvolvimentista de um time desses trabalhando em ganhos de produtividade por meio da inovação? Fortalecendo a tecnologia brasileira? Qualquer um de vocês, leitores, que precisam brigar durante anos para aprovar uma contratação na empresa onde trabalha, sabe bem do que estou falando.

São duas realidades completamente opostas e, no entanto, colocadas lado a lado. Uma máquina pública inchada, incompetente, crescendo cada vez mais e produzindo cada vez menos; e uma indústria sangrando, demitindo e lutando para sobreviver e pagar os absurdos impostos brasileiros, uma das maiores cargas tributárias do mundo.

A Lei 11.196/05 incentivava a inovação ao permitir a redução do imposto de renda e da CSLL (Contribuição Social sobre o Lucro Líquido) de empresas que demonstrassem estar investindo em P,D&I no Brasil. Empresas que, por meio de inovação, enfrentam riscos, promovem competitividade e alcançam desenvolvimento econômico. Não eram muitas. Apenas cerca de 950 das cerca de 4,77 milhões de empresas ativas no país conseguiam se enquadrar, superando todo tipo de questionamentos governamentais. Elas constituem o Brasil que nós, engenheiros, queremos. O Brasil capaz de competir, de crescer.

O pequeno pedaço do Brasil que dava certo. Refiro-me, além das montadoras e dos sistemistas, a diversas empresas de autopeças que inovam, como Sogefi, Meritor e Michelin, entre outras. Elas usavam a Lei do Bem e, graças aos incentivos, conseguiam preservar minimamente seus investimentos em inovação. Falo das empresas que nos orgulham. As Naturas, as Embraers, as BRFs, as Ambevs... Empresas industriais que acreditaram no Brasil e fazem bonito no mundo. Além disso, refiro-me àquelas que, como a Fiat, convenceram suas matrizes de que valeria a pena estabelecer centros de P,D&I no Brasil.

Fizeram as contas considerando os incentivos. Assumiram compromissos de retorno dos investimentos, contrataram engenheiros e pesquisadores brasileiros. Nada disso foi levado em conta pelos governantes na hora de mudar regras. Muitos deles nem sequer conhecem a Lei; não têm ideia de como é complexo e de quanto tempo leva o desenvolvimento de um novo produto.

Erraram feio. Equivocaram-se ao confundir incentivos à inovação com renúncia. Mostrei números em outros artigos e reafirmo: o que chamam de renúncia trata-se, na verdade, de investimentos que trazem rapidamente um aumento de arrecadação. Basta verificar quanto do faturamento de sua empresa é constituído por produtos com menos de três anos. Calcule esse montante e aplique 34% de impostos em cima – os impostos médios sobre faturamento.

Faça você mesmo a conta. Compare com o que obteve de renúncia pela Lei 11.196/05 no último ano. Encontrará uma proporção de aproximadamente sete vezes. Ou seja, para cada real ao qual o Governo "renunciou" em nome dos incentivos à inovação, captou sete em impostos diretos.

Além disso, é um dinheiro pequeno. Nossos levantamentos indicam que o total está perto de R$ 1 bilhão anual, em média, nos últimos anos. Não é certo dividir igualmente, mas, se o fizéssemos, estaríamos falando de cerca de um milhão por empresa, por ano. Olhemos para o Governo. Façamos uma viagem a Brasília e entremos em qualquer ministério. Vejamos o que acontece por lá. Vejamos como a maioria das pessoas trabalha. Pensemos em 20%, 30% de ganhos de eficiência. Uma ínfima parte do que os senhores ganharam para suas empresas em produtividade nos últimos dez anos. Será que era preciso destruir o Sistema Brasileiro de Inovação? Até quando os burocratas esperam que aceitemos esse tipo de afronta?

A inovação gera desenvolvimento econômico. Olhemos para a Coreia e para o que a revolução da inovação fez por aquele país. Há quarenta anos, a Coreia estava bem pior do que o Brasil se encontra hoje. A inovação gera riqueza, e quando se destrói a riqueza, destrói-se também a arrecadação de impostos. Condena-se à morte a indústria, e juntamente com ela o país no qual está instalada.

Os incentivos foram sancionados em 2005. Entre 2003 e 2013, o contingente de engenheiros empregados no Brasil passou de 146 mil para 273 mil, 88% a mais do que o crescimento do emprego de maneira geral. Agora assistiremos a mais uma era de desmanche da engenharia brasileira. De migração de técnicos e engenheiros para outras profissões e países. Delineia-se mais uma década perdida. É nisto que nosso país está se especializando: em perder décadas e posições competitivas.

"Parabéns" aos burocratas de Brasília!

Publicado originalmente no portal
Automotive Business em novembro de 2015

6

Lições de um Inovar-Auto que poderia ter dado certo

*Programa vai terminar com a sensação
de que poderia ter sido, mas não foi*

Estamos perto de 2017, último ano do Inovar-Auto, programa que ofereceu uma grande oportunidade para que o Brasil acelerasse efetivamente seu estágio de desenvolvimento e inovação no setor automotivo. Tudo indica, no entanto, que o regime automotivo chegará ao fim envolto na melancolia do "podia ter sido, mas não foi". E talvez não tenha uma segunda chance: a julgar pelos sinais que o governo interino vem emitindo, programas setoriais não andam bem cotados; pior ainda quando se baseiam em renúncia fiscal. São mínimas, portanto, as esperanças de um Inovar-Auto II.

Poderíamos – deveríamos – ter feito muito mais. O investimento mínimo em P&D&E&I (Pesquisa, Desenvolvimento, Engenharia e Inovação) previsto pelo programa girava em torno de R$ 1,4 bilhão por ano. Chega-se a esse número considerando a receita operacional líquida anual do setor em 2014, de R$ 129 bilhõess, dos quais 0,3% caberiam a P&D e 0,75% à engenharia. A inovação de verdade demorou a decolar e esses limites, aparentemente pequenos, foram atingidos com dificuldade por muitas das empresas que se dizem inovadoras.

É pouco diante dos desafios que temos pela frente em qualidade, produtividade e confiabilidade, sem falar no impacto ambiental em toda a cadeia da mobilidade. Temas para se investir em P&D no Brasil não faltam. Se compararmos com o outro extremo, então, a diferença tende a ser astronômica. De acordo com o VDA, sigla para a German Association of the Automotive Business, o investimento em P&D Auto na Alemanha em 2014 foi de € 19,7 bilhões! Perdemos de 56 a 1. Bem mais do que no futebol.

Outra nuvem cinzenta que paira sobre o programa é o panorama de derrota diante das representações movidas por outros países junto à OMC. Elas progrediram e vêm evidenciando que iniciativas como o Inovar-Auto podem ser vistas como medidas de proteção de mercado. Estamos, portanto, nos aproximando de um xeque-mate.

A maioria dos especialistas em direito internacional que ouvimos considera que perderemos nos tribunais; para eles, a melhor saída seria mesmo propor e realizar um acordo. Caminhar para uma solução que nos permitisse redução nas penalidades que serão certamente impostas ao Brasil e, ainda, negociar um prazo de adequação para se recompor. A derrota brasileira nos tribunais internacionais significaria que, quando houver retomada do mercado, os novos compradores de veículos serão disputados com montadoras recém-chegadas, em especial indústrias asiáticas com preço e qualidade extremamente competitivos.

A indústria brasileira poderia ter se tornado um polo automobilístico mais forte globalmente caso tivesse investido em engenharia, P&D e inovação competitiva. Infelizmente, prevaleceu a resistência às transformações. Claro, houve e há exceções, mas é possível contar nos dedos os acordos de cooperação e os projetos estruturados com o objetivo de extrair o máximo do programa.

As indústrias de autopeças, nas quais nasce boa parte da competitividade do setor, olharam criticamente as mudanças e blindaram-se em vez de desenvolverem projetos conjuntos, financiados pelas montadoras, como o programa permite. Ficaram sonhando com um Inovar-Peças que nunca fez o menor sentido. Nem para os técnicos nem para os especialistas do governo que conceberam – e conceberam bem – um programa de competitividade para a cadeia completa.

As importadoras optaram por depositar os recursos que poderiam financiar projetos de competitividade e inovação no misterioso Fundo Nacional para o Desenvolvimento Científico e Tecnológico, o FNDCT. Um fundo do governo sobre o qual ninguém tem qualquer controle.

Não se sabe sequer que destino é dado às centenas de milhões que para ele afluíram, configurando, inclusive, um problema no campo de compliance para essas empresas. Isso em um país no qual um número enorme de projetos inteligentes e de alto impacto na competitividade permanecem engavetados por falta de dinheiro em instituições de pesquisa, universidades e startups.

Sinto profundamente que um dos setores industriais mais importantes do país tenha perdido, mais uma vez, o bonde. Queria que fôssemos mais competitivos. Que as empresas que atuam no setor – todas elas – despertassem agora como quem perdeu a hora e corressem para implantar ações que gerem resultados no campo da competitividade. Que conseguissem não ser engolidas em pleno sono por dragões vindos do outro lado do mundo.

Publicado originalmente no portal
Automotive Business em junho de 2016

7

Você e suas escolhas, o Rota 2030 e o futuro de sua empresa

Não podemos deixar que nossa competitividade escape entre nossos dedos

Vivemos no Brasil um histórico momento de "tudo ou nada". No campo da política, ou as reformas passam ou o Governo perde a força. Na área da economia e das tecnologias, bem como nas múltiplas e diferentes dimensões que impactam nossas vidas, estamos diante de escolhas que podem significar vencer ou morrer. No que se refere aos negócios, e em especial à cadeia industrial auto, ou voltamos a dar lucro ou fechamos as portas. Ou conquistamos de volta nossa competitividade ou perderemos a capacidade de jogar no desafiador contexto internacional e de mercados globais, em especial no que se refere às autopeças.

Uma dessas decisões estratégicas que as empresas do setor precisam tomar agora é a de habilitar-se ou não ao programa de fomento à inovação Rota 2030. Não faz nenhum sentido pensar que inovar seja opcional; mesmo assim, ainda pairam dúvidas sobre o programa. Prova disso é que, no dia 5 de dezembro último, coordenamos, em conjunto com a AHK, a Câmara Brasil-Alemanha, um evento no IPT, Instituto de Pesquisas Tecnológicas, justamente para debater o assunto. Casa cheia, com mais de 90 participantes presentes e grande demonstração de interesse; ao mesmo tempo, um assustador desconhecimento por parte dos dirigentes sobre os detalhes do Rota e como impactará suas estratégias e sua capacidade de inovar e, portanto, de seguir competindo...

De forma muito resumida, os debates giraram em torno da percepção de que o Rota 2030 nos empurra de vez a assumirmos protagonismo no mundo da inovação, extraindo dele o máximo potencial. As principais conclusões do dia foram:

1) É hora das áreas técnicas (engenharia e inovação) se empoderarem e gerenciarem o programa.

Não podemos relegar apenas às áreas fiscal e aos controllers a condução das atividades conexas ao Rota 2030. As engenharias terão que tomar imediatamente para si a condução do programa para que ele e as inovações dele derivadas se tornem, de verdade, uma poderosa alavanca de competitividade. E não mais uma das desagradáveis obrigações fiscais e de prestação de contas.

2) Há que se implantar uma estratégia que combine as diferentes oportunidades.

Somente serão competitivas as empresas que usarem de maneira combinada e maximizada as várias ferramentas disponíveis de fomento à inovação. Antes, bastava comprar barato, produzir com baixo custo e vender bem. Atualmente, isso deixou de ser suficiente. Será preciso gerenciar todas as receitas e despesas possíveis, e o uso inteligente dos incentivos terá um papel central na gestão e nos resultados. São muitas as possibilidades para irrigar com recursos as engenharias e a inovação, e não é trivial combiná-las (Lei do Bem, bolsas, financiamentos subsidiados, etc.). O total de subsídios para quem fizer inovação pode chegar a cerca de 70% dos investimentos.

3) Dá muito trabalho e requer equipes dedicadas e especializadas.

Os quadros das empresas do Setor já deixaram de ser enxutos há muito tempo: estão desidratados. Mesmo assim, para usar adequadamente os incentivos a empresa terá que destacar pessoas específicas e treiná-las para fazer um bom trabalho. Mais para a frente verão que é um investimento altamente rentável, mas é difícil convencer a todos da necessidade de investir e ampliar custos com pessoal em um momento de tanta incerteza. Como resolver? Avaliamos que em uma montadora pequena terão que ser avaliados, classificados e gerenciados cerca de 25 mil lançamentos contábeis e cada um dos correspondentes projetos. É muito trabalho e será preciso contar com equipes dedicadas, nem que sejam externas (consultores ou terceiros especializados).

4) Será preciso escolher entre uma estratégia otimizada ou uma punhalada na competitividade.

O Rota obriga os dirigentes a pensar estrategicamente sobre incentivos e competitividade e gerenciá-los pensando mais em longo prazo. Algumas poucas empresas no Brasil fazem uso otimizado de incentivos, e são sempre as mesmas: Embraer, Petrobras, Natura, dentre outras. Não cito nenhuma do setor para não parecer injusto, mas sabemos que nossa indústria sempre fez uso moderado, e de certa forma passivo, dessas oportunidades. Chegou a hora de mudar isso, e o 2030 é o caminho. Aqui, mais uma vez, é tudo ou nada...

5) Chega de desculpas: temos enfim uma política de longo prazo.

O que vem sendo divulgado sobre o Programa 2030 é apenas uma terça parte da estratégia e da política industrial que foi criada. O programa prevê um horizonte de trabalho de 15 anos e põe fim às desculpas de falta de previsibilidade e de segurança para fazer investimentos. Temos finalmente uma base de política industrial para o setor e, sendo assim, desenvolver e buscar soluções tecnológicas avançadas será de sua responsabilidade.

Enfim, chegou a hora de arregaçar as mangas e mergulhar no trabalho empenhando-se para fazer a inovação acontecer. A transformá-la de fato em uma alavanca estratégica de competitividade. Ou, alternativamente, o Nada: preparar-se para contar aos netos a história de que foi você o último a deixar a fábrica, trancar os portões... Como centenas de vovôs da Kodak, Blockbuster, Nokia e muitas outras empresas devem estar contando a seus netos uma hora dessas.

Publicado originalmente no portal
Automotive Business em dezembro de 2018

8

2030: operar como plataformas

*A inspiração vem das grandes organizações
de sucesso do nosso tempo*

Recentemente, entrevistamos presidentes, ex-presidentes e dirigentes de P&D, inovação e estratégia de 12 das 20 montadoras que mais vendem automóveis no Brasil. Fizemos a eles as seguintes indagações: o Programa Rota 2030 leva o senhor/a senhora a pensar em um futuro a mais longo prazo no Brasil? (Lembrando que o Programa é composto por três ciclos de cinco anos cada.) Qual é a visão de futuro que o senhor/a senhora tem de sua companhia daqui a quinze anos e como ela estará estruturada nesse horizonte de tempo? Alguns dos entrevistados se deixaram levar pela tentação de discutir produto e não modelo de negócio, mas, peneiradas as respostas, um conceito aparece quase que uníssono entre eles: plataforma. Seremos plataforma.

A resposta vem claramente inspirada nas organizações de grande sucesso da atualidade no mundo. Elas estão longe de ser fábricas ou de simplesmente vender produtos; Amazon, Google, Spotify, Netflix e suas congêneres não se encaixam nas velhas categorias. Não são indústria nem prestação de serviços. São plataformas. No oriente do Ali Baba, da Xiaomi, da Samsung e muitas outras está acontecendo a mesma coisa. Entendemos que foi isso que esses dirigentes quiseram nos dizer. Mas haveria, de verdade, planos estabelecidos a respeito do que mudar para se aproximar desse modelo de negócios? Estariam os fabricantes dispostos a dar menos atenção às fábricas de automóveis, tão bem-sucedidas por tantos anos, e reformar profundamente as companhias? Os fabricantes tradicionais desapareceriam para dar lugar a organizações com essa nova configuração?

Antes de tentar responder a essas indagações vale discutir uma pergunta anterior: o que precisamos mudar, afinal, para nos tornarmos uma empresa-plataforma? É bem verdade que o termo "plataforma" foi adotado pela primeira vez pela própria indústria automobilística para designar o conjunto dos principais componentes do projeto de um veículo, o qual, por sua vez, dará origem aos diversos modelos. No entanto, esse conceito pouco tem a ver com o mais amplo significado atribuído às empresas que mencionamos há pouco, estruturadas em redes e focadas no que é importante para proporcionar experiências encantadoras para os clientes; empresas, enfim, *que operam como plataformas*. Esperamos que os dirigentes que mencionaram a guinada para as plataformas compreendam de que mudanças estão verdadeiramente falando.

Para o setor Auto, poderíamos destacar pelo menos **três transformações** que consideramos fundamentais.

A primeira é compreender que ser plataforma significa deslocar o foco original de produto que a empresa industrializava até então para os serviços que ela irá agregar. Mais: para a experiência que o cliente vivenciará ao longo de toda a jornada de compra e utilização do bem, de modo a criar real valor para ele. Tornar-se plataforma exigirá diversas e profundas mudanças. Novas tecnologias, design centrado na experiência do cliente, identificação rápida de tendências e técnicas ágeis de gestão, entre outras. Trata-se de uma mudança de paradigma essencial.

A segunda transformação consiste na identificação de parceiros estratégicos e na genuína disposição de construir sólidas parcerias. Para nós, "sólidas parcerias" quer dizer muito mais do que subjugar fornecedores ou mesmo engolir startups. Significa construir reais arranjos ganha-ganha com parceiros que tenham as competências necessárias para permitir à sua montadora uma elevação significativa na experiência do cliente.

Para completar a lista, **a terceira** mudança essencial diz respeito à cultura organizacional. Nada acontecerá se não forem revisados os valores organizacionais e as novas atitudes a eles alinhadas. Como falou o CEO da Microsoft, Satya Nadella: "Mudança de cultura não é uma abstração. É realmente avançar no caminho". É possível e necessário mudar a cultura das empresas. Revisitar corajosamente os valores (em geral considerados intocáveis) e ajustá-los, trabalhando em seguida as atitudes que devem ser substituídas ou incentivadas. A boa notícia é que temos tido sucesso com nossos programas MCAV, sigla para Mudança Cultural em Alta Velocidade e, portanto, uma das transformações que parece mais assustadora está ao alcance das empresas do setor.

Coragem! Quinze anos passam rápido!

Publicado originalmente no portal
Automotive Business em fevereiro de 2019

9

Tempo de despertar

Quem não inovar não sobreviverá

O Rota 2030 veio para estimular o planejamento da inovação e um pensamento estratégico de longo prazo. Um verdadeiro toque de despertar para os acostumados a viver do improviso. Aqueles que planejam o curto prazo e habituaram-se a viver o dia, pressionados pelo ambiente instável e inóspito de negócios do Brasil.

Basta olhar para trás. Nunca trabalhamos sob definições de futuro claras. Que projetos poderíamos desenvolver? Como se comportariam a economia e o mercado? Que incentivos ou desestímulos surgiriam? Fomos verdadeiros heróis da turbulência. As estratégias sempre andaram no fio da navalha. As decisões de investimentos em inovações só eram ouvidas se oferecessem retorno a curtíssimo prazo, e em forma de redução de custos. Ah, e desde que não apresentassem riscos... Fácil, não é? Segurança, eficiência energética, para quê?

As coisas mudaram. Não adianta atrasar a decisão de se habilitar ao 2030, como se fosse aquela soneca boa de cinco minutos a mais depois de um longo inverno adormecido. Quem não inovar não se tornará competitivo e, portanto, não sobreviverá. E não é de um futuro longínquo que estamos falando: é de amanhã. Quem quiser inovar terá que usar plenamente os incentivos existentes. Todos. Caso contrário, não haverá dinheiro que baste. O Rota nos leva a pensar 15 anos à frente. Nos faz escolher o que queremos ser e, consequentemente, o que acabaremos sendo. Tratores ou estrada; autopeças, sistemistas e montadoras, não importa; todos terão que planejar a inovação para subsistir.

Outro aspecto importante é que, considerando-se o capítulo dispêndios estratégicos (manufatura avançada, conectividade, mobilidade, autonomia veicular, etc.), mais um importante paradigma deverá ser superado. Não basta planejar: há que se preparar para planejar *juntos*, com fornecedores, instituições de ciência e tecnologia, clientes e até com concorrentes. É muita mudança, mas assim o Programa foi concebido. Aliás, muito bem concebido. Não estamos falando da regulamentação dos detalhes, e reconhecemos que há justas queixas em relação a esse ponto. Nos referimos à concepção central. Prova disso é que, há algumas semanas, atuamos como facilitadores em uma reunião estratégica de engenheiros especialistas, acadêmicos, dirigentes de empresas e estudiosos, com o objetivo de escolher caminhos e tipos de tecnologias e projetos que melhor atendessem ao interesse comum das organizações presentes. Isso possibilitaria uma ação mais ativa junto ao governo para definir as linhas de pesquisa que regerão os investimentos dos recursos destinados originalmente ao pagamento dos impostos sobre importação. Os famosos 2% de diferentes empresas, compartilhados por meio de um fundo. Foi formidável! Parecia um sonho ver o grupo trabalhando com foco estratégico, horizonte de 15 anos e, melhor, alinhados e aliados.

Um amigo biomédico me contou dia desses sobre um interessante experimento, realizado em um campo completamente diferente. Percebeu-se ao microscópio eletrônico que as células da epiderme de seres vivos tinham orientação e posicionamento diferentes em cada parte do tecido analisado. Algumas células estavam juntinhas, com pequenos espaços vazios entre elas, enquanto outras apresentavam-se esparsas. Algumas tinham orientação ou polaridade alinhada com outras; e havia as células totalmente desalinhadas. Essas duas variáveis, distância entre as células e alinhamento, compunham, em pares, quatro condições diversas de tecido: juntas e alinhadas; juntas e desalinhadas; esparsas e alinhadas; e, finalmente, esparsas e desalinhadas. Em seguida, pingaram-se gotas de ácido sobre diferentes partes do tecido e mediu-se o tempo de vida (resistência) de cada segmento. Adivinhem qual parte do tecido resistiu mais? A que apresentava as células juntas e alinhadas.

Muitos dirão que isso é intuitivo. Se é assim, por que não levar essa lição para o campo dos negócios? Por que não se unir e alinhar para fazer do 2030 o grande momento da estratégia nacional do setor? Mobilizar-se para, ativamente, polarizar investimentos do governo no que pode, de fato, assegurar competitividade à indústria no Brasil? O momento é propício para essa reflexão. Enquanto escrevo, fábricas inteiras sucumbem, fecham ou são vendidas no Brasil. Ficará mais caro salvá-las depois. Usemos o momento para planejar inovação e competitividade sustentável. Coragem!

Publicado originalmente no portal Automotive Business em abril de 2019

10

Lei do Bem viva

*Apoiar a inovação é uma das maneiras
mais efetivas de fomentar o desenvolvimento*

Inovação e tecnologia são estratégicas e, por isso, incentivadas pelos governos em todas as nações inovadoras. Sobre qual é a melhor maneira de fazer isso há múltiplas teorias e opiniões, mas em um ponto existe consenso em todo o mundo: apoiar a inovação é uma das mais efetivas formas de assegurar desenvolvimento econômico. Basta olhar o que fizeram e fazem países como Israel, Coreia, Japão, mais recentemente a China, e muitos outros. A despeito disso, no nosso Brasil há neste momento uma PEC (Proposta de Emenda à Constituição), a 186/2019, conhecida como PEC Emergencial, que prevê a eliminação dos incentivos fiscais à inovação. É isso mesmo que você leu. A morte das conhecidas Lei do Bem (11196/05), Lei da Informática, Embrapii e de outros mecanismos que, depois de muito sacrifício, se consagraram como essenciais para a inovação no Brasil.

A lógica por trás da participação dos governos na inovação é sempre a mesma e irrefutável: a inovação promove o emprego, a competitividade e a prosperidade. Para realizá-la carrega-se sempre uma parcela de risco. Governos que olham para o futuro dispõem-se a partilhar essa tomada de risco para assegurar os investimentos e intensificar a inovação nas empresas. Os instrumentos são as linhas de fomento. Os governantes sabem que empresas inovadoras seguirão empregando, produzindo e melhorando a qualidade de vida das pessoas.

Julgar e criticar os representantes que elegemos não resolve. Temos que aceitar se os deputados e senadores decidiram, por exemplo, anistiar 1,4 bilhão de reais em multas das igrejas e isentar o "setor" de impostos, mesmo reconhecendo que isso não gerará qualquer avanço no país. No entanto, temos o dever de levar informação e clareza onde aparentemente estão em falta. Apoiar os dirigentes e os legisladores do país para que atentem ao brutal equívoco que é classificar os incentivos à inovação como gastos e, muito pior, como desnecessários.

Explico tomando como base a Lei do Bem, talvez o mais democrático dos incentivos. Pode ser utilizada por empresas de qualquer tamanho ou setor e, depois de muito trabalho de aperfeiçoamento das leis do que a antecederam (PDTI/PDTA, siglas para Programa de Desenvolvimento da Tecnologia Industrial e Agrícola), tornou-se relativamente simples de usar. Segundo dados referentes a 2019, divulgados recentemente pelo MCTI, Ministério da Ciência, Tecnologia e Inovação, esse incentivo beneficia 2288 empresas. Em apenas quatro anos o número praticamente dobrou, fruto de divulgação e ação conjunta entre governo federal e comunidade empresarial. O mesmo relatório informa que foram realizados cerca de 12 mil projetos de inovação somente em 2019, com investimentos de 15 bilhões de reais por parte das empresas. Isso significa que houve engenheiros e pesquisadores brasileiros trabalhando e desenvolvendo tecnologia, soluções e inovação no Brasil.

No caso específico do assassinato da Lei do Bem, o engano em torno do papel da inovação é ainda mais gritante. Estudos realizados pelo CGEE, Centro de Gestão e Estudos Estratégicos, envolvendo empresas que inovam utilizando a Lei do Bem trouxeram conclusões interessantes. Essas empresas lançam produtos e serviços inovadores, e, com eles, recolhem quatro vezes mais impostos indiretos (ICMS, IPI, PIS e COFINS) do que os incentivos que a Lei do Bem lhes proporciona – antes que esses itens completem três anos de vida. Em outras palavras, o que receberam em incentivos para inovar é devolvido multiplicado por quatro por meio dos impostos pagos sobre as inovações que criaram. Incentivos da Lei do Bem não devem ser classificados como renúncia fiscal. São, sim, investimento governamental para arrecadar mais.

Justo neste momento no qual a humanidade reconhece que a sobrevivência está nas mãos dos cientistas e da inovação, caberá ao Poder Executivo a decisão paradoxal de quando e como esses incentivos serão encerrados.

Ainda há tempo para os governantes abrirem seus olhos para o impacto dessas medidas. Um país sem incentivos à inovação reduzirá rapidamente sua competitividade. Terá sua indústria e seus serviços gradualmente estagnados. Em um mundo dinâmico e rápido, onde tudo muda em meses, o estrago será ainda maior do que se pode imaginar. Os projetos de inovação nas multinacionais irão para o exterior. Os melhores cérebros brasileiros também migrarão para onde houver incentivos. Às nossas engenharias caberá somente resignar-se a produzir e adaptar o que vem de fora.

Esperamos que se faça a luz. Que os governantes percebam o erro e retrocedam como qualquer pessoa que ama e torce pelo progresso do país faria.

Publicado originalmente no portal Olhar Digital em abril de 2021

11

Crer para ver

*Já passou da hora de estancar
a desindustrialização do Brasil*

Seria interessante fazer as contas do que se perdeu no Brasil pelos erros de um governo que não acredita na importância de ter uma política industrial e de empresas que focaram apenas no curto prazo. É uma conta complexa e incômoda. Mostra erros seguidos de mais erros. Em nome do imediatismo, entregamos nossa indústria para a China, quebramos a cadeia inteira de fornecedores, desintegramos empregos e renda.

Qualquer estimativa, por mais grosseira que seja, evidencia o que dizemos. Segundo comunicado emitido pela Fenabrave (Federação Nacional da Distribuição de Veículos Automotores) em 2 de julho, somente no primeiro semestre deste ano a falta de componentes fez com que 201 mil veículos deixassem de ser vendidos. Em uma avaliação superficial, poderíamos assumir que cada veículo não vendido gerou perdas de 10 mil reais em impostos não recolhidos e da mesma quantia em lucros que as montadoras não receberam – isso em um cálculo rudimentar. De qualquer forma, estamos falando de 2 bi de impostos a menos e 2 bi de faturamento a menos. Nada mau SERIA COM L??? para um semestre: algo como 600 milhões de reais deixaram de circular mensalmente na economia.

É possível ir além, dividindo os 2 bilhões por 100 mil reais, número considerado referência de faturamento *per capita* na indústria, e assim, inferir o número de vagas que foram incineradas. Mas decidimos parar por aqui, certos de que, mesmo assim, receberemos duras críticas por esses cálculos. Não pela imprecisão, que admitimos, mas pela dura mensagem que eles transmitem: a de que trabalhamos em um país cujo governo e indústria operam olhando para os demonstrativos de resultados do período e são muito pouco desenvolvimentistas.

Esses números são apenas a ponta de um iceberg de décadas de destruição de valor, parte dele transferido para os colegas chineses, engenheiros e trabalhadores como nós. Só que do outro lado do mundo e operando em um ambiente de conquistas no futuro. Olhando para trás agora, perguntamos sinceramente aos nossos C-level, pedindo que respondam como brasileiros: será que valeu a pena a estratégia das montadoras de arrochar a cadeia? Será que foi uma decisão acertada focar em reduções e mais reduções de custos, sem limites, até que companhias que davam emprego havia 50 anos sucumbissem? Até que fábricas fechassem? Montadoras deixassem o país?

Aos governos que tivemos e temos, perguntamos quanto tempo mais há que se esperar para que se decida estancar a desindustrialização no Brasil. É arrepiante ouvir o governo falando em cortar incentivos à inovação. Aumentar impostos de uma indústria já combalida para pagar as contas de uma das máquinas públicas mais inchadas e ineficientes do mundo.

Estive dos dois lados por períodos quase equivalentes. Fui governo e fui indústria, e, como tal, posso assegurar que, nas esferas de governo e do mundo dos negócios, as lógicas são – precisam ser – completamente diferentes. Foi uma das maiores lições que aprendi. Não se pode gerir um ministério aplicando as máximas do lucro, gerenciando caixa e com visão de curto prazo. Não funciona. Governo não é empresa e muito menos banco. Um bom governo tem que assegurar desenvolvimento. Muito diverso das empresas, que devem gerar caixa, e de seus dirigentes, que perseguem bônus por resultados imediatos, sem qualquer preocupação com as consequências no futuro.

Há, sim, algumas raras exceções válidas, momentos de lucidez no governo, na maioria das vezes iniciativas de escalões técnicos e inferiores. Como o programa Rota 2030, por exemplo. Quando foi apresentado, nos deu a falsa esperança de que poderíamos planejar e inovar a longo prazo. O governo parecia enfim ter compreendido que esse tipo de incentivo não é renúncia fiscal, mas sim um esforço e investimento para aumentar a arrecadação e a sustentabilidade de sistemas industriais estratégicos para o país. As indústrias que acreditaram e investiram veem-se agora diante de governantes prontos a rasgar os decretos e descumprir o combinado. Enquanto na China os impostos da indústria que exporta são devolvidos ou zerados, aqui fazem-se malabarismos e maldades para aumentar as já altíssimas alíquotas. A China acreditou no desenvolvimento de sua indústria, investiu e assim tornou-se a maior potência do mundo, à frente inclusive dos Estados Unidos. Nós aqui estamos matando a indústria para ver o que acontece depois. Enquanto aqui vale o ver para crer, os inteligentes chineses creram para ver.

Publicado originalmente no portal
Automotive Business em julho de 2021

PARTE V

Uma educação para inovar

1

O que há de comum entre uma criança e um líder inovador?

*Não podemos deixar morrer
a inquietude e a curiosidade inatas*

"Quando eu tinha 8 anos e estava na escola primária, uma professora distribuiu entre nós, alunos, o desenho de um coelho que deveríamos colorir. As folhas eram mimeografadas, como se fazia na época, e todo mundo se animou. Os desenhos seriam expostos nas paredes das salas.

No dia seguinte, quando cheguei à aula, corri para procurar meu coelho. Andei por todas as salas e corredores, e nada. Fui perguntar para a professora se ele tinha caído. Para minha surpresa e decepção, ela disse que meu coelho não estava à mostra porque eu o tinha pintado de roxo. Coelhos não são roxos, argumentou ela.

Eu era uma criança tímida e fiquei com o rosto queimando de vergonha quando a professora disse aquilo. Todas as minhas amigas caçoaram de mim por ter pintado um coelho tão feio que não foi para o mural."

Essa história real veio à tona há algumas semanas, na forma de um depoimento espontâneo, durante o curso Innovation Belt, de formação de gestores de inovação, ministrado pela Pieracciani, a consultoria da qual sou sócio. Mesmo tendo se passado há mais de 25 anos, foi contada com detalhes vívidos, como se tivesse acontecido ontem, por uma jovem mulher que hoje trabalha numa das empresas mais inovadoras do país. Ela se emocionou ao relembrá-la, e quem ouviu também ficou tocado ao perceber quanto um episódio como aquele pode ser ao mesmo tempo comum e destruidor. No entanto, aquela garota, cuja forma diferente de ver o mundo foi punida por uma professora que acreditava estar fazendo o melhor para educá-la, conseguiu, milagrosamente, manter viva sua capacidade de inovar.

Situações como essa deixam marcas profundas nas crianças. É o primeiro e duríssimo choque entre a capacidade natural que elas têm de inovar e o inflexível mundo dos padrões. Ainda hoje, a mesma cena se repete todos os dias, milhares de vezes, nas escolas – e nas empresas. Inovadores são frequentemente sujeitos à dor da desilusão e à exclusão. As ideias que foram alvo desse julgamento acabam por morrer e, com elas, vai-se embora grande parte da capacidade de inovar de seus autores. Afinal, aprendemos o tempo todo que é preciso planejar para fazer certo. Arriscar o diferente e sonhar com o novo são traços de indisciplina, nas escolas e nas empresas. As pessoas são treinadas para tornarem-se frias gestoras de orçamentos, administradoras de padrões.

Veja que paradoxo: nesse mundo maluco em que vivemos e trabalhamos, as empresas mais bem-sucedidas são justamente as mais inovadoras. Ou seja, aquelas que buscam e valorizam as características de pessoas inovadoras em seus times. Justamente aquelas características que a escola convencional se esforça para podar nas crianças, porque se confundem com rebeldia e falta de atenção. No atual momento, em que há consenso sobre a necessidade de um país mais inovador, é importante nos organizarmos para criar e oferecer aos pais, professores e às crianças estratégias para manter viva a capacidade de inovar.

Todos nascemos inovadores. Quando crianças, temos essa capacidade à flor da pele. Ela também está presente nos líderes mais inovadores que conhecemos. De alguma forma, essas lideranças conseguiram preservar esse traço.

Acredito que é possível voltar a inovar como quando tínhamos 8 ou 10 anos de idade; quando sentíamos que era possível fazer melhor, o que nos instigava a sonhar, arriscar e transformar – atitudes típicas da personalidade inovadora; quando desenhávamos mais, ríamos mais. Quando uma simples cadeira tombada no chão virava um carro. Nossas brincadeiras, descobertas e emoções infantis eram, na verdade, inovação serial e de qualidade.

É isso que as empresas procuram nos profissionais de hoje.

Aprender foi fácil. Difícil é desaprender. Espero que consiga. Que recupere o inovador adormecido dentro de você e tenha sucesso!

Publicado originalmente no portal
Brasil Post em setembro de 2014

2

O que diferencia os inovadores são suas atitudes

Uma dica: as crianças têm e os adultos podem sufocar. E isso é péssimo para as empresas

O que faz com que inovadores sejam o que são? Em vez de ficar se perguntando o que eles têm que não temos, pare um instante e observe como agem. Você terá uma surpresa. O que torna Jeff Bezos, Pelé, Santos Dumont e Einstein tão extraordinários é um conjunto simples de maneiras de ser e fazer que você mesmo tinha quando criança.

Essa descoberta interessa muito ao mundo dos negócios, que busca desenfreadamente inovação e inovadores. Nossa tese é que eles estão "dentro de casa", nas próprias empresas. Trabalhamos há mais de 25 anos com algumas das organizações mais inovadoras do Brasil e do mundo. Interagindo o tempo todo com seus líderes, comprovamos que esses dirigentes têm em comum um conjunto de atitudes que faz fluir a inovação e coloca a eles e suas empresas à frente das demais. Em seu livro *DNA do Inovador* (HSM Editora), o pesquisador de Harvard Clayton M. Christensen faz alusão ao DNA do inovador e explica que se trata de DNA atitudinal. Com isso, o guru reforça a abordagem que criamos e defendemos na consultoria de que sou sócio: as atitudes fazem os inovadores. Condutas até que naturais. Presentes em todas as crianças, elas vão, no entanto, se perdendo na idade adulta em muitos de nós.

E que atitudes são essas?

A primeira é a capacidade de **sentir/perceber**. Os inovadores têm grande sensibilidade. Essa percepção aguçada do que ocorre ao seu redor os torna capazes de enxergar detalhes e circunstâncias que passam despercebidos pela maioria. Mais do que isso: permite-lhes identificar "vazios" que a inovação poderia ocupar.

A segunda atitude que diferencia os inovadores é a capacidade de **sonhar/criar**. Basta um resultado de pesquisa, a história de um cliente, para que o inovador já se ponha a imaginar e construir novas realidades. Não se contenta com o que está posto: deseja mais e consegue vislumbrar como será esse futuro.

Após perceber que algo pode mudar para melhor e imaginar como, os inovadores exibem uma terceira atitude: **acreditar e arriscar**. Não têm medo de experimentar o novo – pelo contrário, saboreiam o risco em busca da maior recompensa: o prazer da descoberta.

A quarta atitude é **transformar**. Deriva das anteriores e fecha o ciclo. Para ser inovação, tem que acontecer. Os inovadores mudam a si mesmos e o ambiente que os cerca o tempo todo. São agentes de mudanças.

Pena que em muitas empresas, inclusive algumas que adotam o discurso da inovação, essas atitudes sejam malvistas. Nelas, dizer que um gerente é "sensível" equivale a xingá-lo. O adjetivo "sonhador", então, desqualifica as pessoas para as missões mais difíceis. Essas empresas passaram décadas banindo riscos de todos os tipos. Evitam contratar transformadores. Temem que subvertam a disciplina e a ordem... Se, então, houver na empresa alguém ao mesmo tempo sensível, sonhador, ousado e questionador, nossa! Isso dá justa causa.

No entanto, se de fato desejarem a inovação, essas companhias terão que resgatar tais atitudes em sua gente. Terão que buscar, de verdade, os comportamentos que os funcionários tinham quando crianças. Indivíduos que encontram formas de preservar essas características invariavelmente se destacam. Boa parte do que foi taxado no passado como rebeldia e indisciplina terá que ser reconsiderado.

Com o objetivo de transformar empresas em usinas de inovação, parte do nosso trabalho tem sido descobrir essas atitudes nos adultos. Uso o verbo "descobrir" porque essas quatro atitudes estão lá, vivas, mas ocultas por um manto imposto a cada um de nós por uma educação inadequada, que nos moldou para deixarmos de lado nossa persona inovadora e nos tornarmos iguais. Robôs chamados gestores.

Temos pouco tempo. Se quisermos um país inovador e globalmente competitivo é preciso correr e mudar a realidade. E, talvez, o caminho mais efetivo seja educar nossas crianças, os inovadores que em breve liderarão o Brasil, para que preservem as poderosas atitudes que naturalmente têm. Sua capacidade de sentir, de sonhar, de arriscar e de transformar.

Publicado originalmente no portal
Brasil Post em setembro de 2014

3

A mágica de transformar sonhos em realidades

A história de um projeto para estimular as crianças a preservar sua capacidade de inovar

> *"As pessoas grandes aconselharam-me a deixar de lado os desenhos de jiboias abertas ou fechadas e a dedicar-me de preferência à geografia, à história, à matemática, à gramática. Foi assim que abandonei, aos seis anos, uma promissora carreira de pintor. (...) As pessoas grandes não compreendem nada sozinhas, e é cansativo, para as crianças, ficar toda hora explicando."*
>
> Extraído de *O Pequeno Príncipe*, de Antoine de Saint-Exupéry (ed. Agir)

Nos últimos anos, atuando com consultor para a inovação nas maiores empresas do Brasil, vivi rodeado de adultos. Meu trabalho, sob a batuta de líderes inspiradores e visionários, consistiu quase sempre em reacender a chama da inovação em equipes competentes, que, no entanto, atuavam de forma automática perseguindo metas em processos cristalizados e sem espaço para o novo.

Foi nesse cenário que as crianças entraram no meu radar de consultor. Observando-as, e comparando-as com os times com que trabalhávamos, dei-me conta, a certa altura, de que nelas a capacidade de inovar é inata e potente. Nos cursos de inovação que levávamos às corporações, era comum virem à tona depoimentos comoventes de pessoas sobre o cerceamento de sua criatividade quando pequenas, com reflexos duradouros e não raro traumáticos. Eu ainda não sabia, mas ali começava a nascer o projeto mais importante da minha trajetória profissional. Um projeto de educação para a inovação no qual as crianças são protagonistas, e que poderá contribuir para salvar a nossa competitividade como país.

No dia das crianças e na mesma semana em que foram comemorados o dia da inovação, da leitura e dos professores, 6 mil exemplares do livro chegaram gratuitamente às mãos de estudantes de escolas da rede pública, ONGs e entidades de apoio a crianças de todo o Brasil. Em São José dos Campos, graças ao apoio do Dr. Ozires Silva e da administração municipal, 20 mil tablets serão entregues a alunos das escolas da rede com a versão digital de *A Verdadeira Mágica* carregada. Estamos realizando palestras nas escolas que receberam o livro para reforçar o valor da inovação. Por meio de um hotsite, professores e pais podem baixar a obra sem custo e ter acesso ao conteúdo e às bases conceituais do livro. Pretendemos atingir 100 mil crianças nessa primeira fase. Aos poucos, formar uma revolucionária rede de ação para um Brasil mais inovador, envolvendo crianças, suas famílias e comunidades de professores.

Falamos com esses meninos e meninas sobre inovação. *A Verdadeira Mágica* conta a história de um garoto diante de um desafio que parece intransponível. Ele não desiste e, usando suas atitudes de inovador, identifica pessoas de diferentes perfis para ajudá-lo a solucionar o problema. Vai além: reúne essas pessoas em um time que, se estivéssemos numa organização, chamaríamos de "time de alto desempenho"! Disso resulta a "mágica". Vem o encantamento, a descoberta, o uauuuuu! O desfecho não vou contar...

Nosso leitor tem entre 8 e 12 anos e dispõe de uma enorme capacidade de inovar que está prestes a ser encoberta. Nas escolas, muitas vezes, as crianças começam a ser enjauladas em regras sem sentido, e o diferente perde a voz. É assim que se começa a sufocar as atitudes do inovador. Não porque os educadores e os pais sejam maus, e sim porque eles acham que estão fazendo o melhor para seus pequenos. Pretendemos avisá-los dos riscos desse engano, mostrando-lhes a importância de preservar e estimular tais características nas crianças. Dar-lhes a chance de, daqui a uma década, destacarem-se pela inovação, criando, por exemplo, novas vacinas e medicamentos, melhorando nossa qualidade de vida por meio dos produtos que utilizaremos, do alimento que comeremos e até da forma como aprenderemos.

O Brasil tem 18 milhões de crianças nessa faixa etária. Sabe-se lá quantos Santos Dumonts em potencial! Queremos contribuir para salvá-los. Se no livro *A Verdadeira Mágica* nosso pequeno herói descobre a inovação, quem sabe no volume 2 ele possa tornar-se um empreendedor... No 3, um líder transformador do bem. Ele terá, certamente, muito a dizer às nossas crianças!

Há um pouco de mim nesse projeto. Estudei em escolas públicas em Santo André, na Grande São Paulo. Aos 8 anos, ainda falava português com sotaque e era visto como "diferente" – minha família trocou a Itália pelo Brasil quando eu tinha 5 anos. Certa vez, durante uma situação caracterizada como "bagunça que eu liderava", fui trancafiado na sala do diretor e inquirido por um policial armado, que ameaçava me prender (eu era tão pequeno que, sentado, meus pés mal tocavam o chão). As lágrimas encharcaram minha camiseta. Após esse episódio, passei meses em profunda introspecção. Aprendi a lição de que o melhor, para mim, era ter "atitudes de adulto". Evoluímos, claro, mas não o suficiente para valorizar o direito supremo e a capacidade que as crianças têm de inovar e experimentar. De expressar-se, de fazer diferente, arriscar e ousar.

Às vezes me chamam de sonhador, mas não sou o único, como disse John Lennon. E meu sonho está vivo, sendo folheado e lido por milhares de crianças Brasil afora. Que esse sonho incentive o surgimento de futuros líderes inovadores, preparados para construir, de verdade, um país melhor. A verdadeira mágica.

Publicado originalmente no portal
Brasil Post em outubro de 2014

4

A escola inovadora do futuro precisa começar já

Uma reflexão sobre o que deveríamos aprender, e o que é desperdício de tempo e energia

Há alguns dias, assim que comecei uma palestra sobre Inovação e Educação para um grupo de educadores, uma senhora logo me interrompeu: "O que é para o senhor uma escola inovadora, afinal?"

Fechou a pergunta com essa palavrinha traiçoeira que sempre denota objeção e intenção de conflitar mais do que de aprender. Olhei para ela e, não sei por que, lembrei-me da força do trabalho e da paciência dos Jesuítas, esses condutores de educação e inovação do passado.

Transcorreram séculos, mas a luta para convencer pessoas a aderir às grandes mudanças ainda é aguerrida. Os jesuítas muitas vezes respondiam às perguntas e às objeções com outras perguntas. Dizem até que, certa vez, perguntaram a um deles:

– Padre, por que vocês respondem sempre com outras perguntas?

– Por que não?, teria respondido o jesuíta.

Bem, mas voltando à senhora em questão, respondi à moda dos jesuítas:

– A senhora se refere a Escolas para a Inovação, Escolas com Inovação ou Escolas da Inovação?

Ela fitou-me com raiva e disse:

– As três.

O tema é complexo e mudanças significativas exigirão abordagens sistêmicas. Vamos lá:

As **Escolas para a Inovação** são, a meu ver, aquelas que introduzem inovação em sua grade de disciplinas e até de láureas. Há algumas décadas, antes da incorporação por um grupo estrangeiro, a Universidade Anhembi

Morumbi, em São Paulo, percebeu antes das outras que estava se ampliando rapidamente a demanda por profissionais de áreas novas. Passou então a oferecer cursos de Gastronomia, Alta Costura, Turismo e outras profissões. Inovou na gama de formações.

As **Escolas com Inovação** colocam-se na vanguarda ao focalizar a forma de transmitir conhecimentos. Muitas usam hoje o poder da web e do conhecimento nela disponível para fazer isso. O Insper, em São Paulo, referência em ensino em administração e economia, é um exemplo.

As **Escolas da Inovação** miram a ciência. Buscam a produção de conhecimento que assegurará avanço tecnológico e econômico. Esse terceiro conjunto de escolas tem poderosos centros de pesquisa e laboratórios nos quais se desenvolve pesquisa básica e aplicada que leva o País adiante. O desafio reside aqui em aproximar essas instituições da indústria e do mundo dos negócios. Não é fácil, mas é um componente-chave na Revolução da Inovação. No Politecnico di Milano, tradicional instituição de pesquisa na Itália, por exemplo, praticamente não existe desenvolvimento sem um grupo de empresas interessadas patrocinando professores e alunos. O Senai e sua rede de institutos filiados busca fazer o mesmo por aqui.

Já deu para entender quão complexa é a dúvida da senhora perguntadora...

Todos nós reconhecemos que **a inovação se faz com pessoas e que as pessoas precisam de conhecimento**. A Revolução da Inovação requererá, portanto, profundas mudanças nas escolas, do jardim da infância à universidade. Exigirá corajosa reestruturação nos conteúdos, introdução de disciplinas novas e miscigenação de outras. Fará nascerem centenas de diferentes profissões que ainda não existem hoje, mas existirão quando esses jovens terminarem seus ciclos de aprendizado.

Esses conteúdos terão que ser vividos pelos alunos. Um aprendizado eficaz deve respeitar o princípio do 70/20/10. Ou seja, de tudo o que aprendemos, 70% foi experimentando; 20% foi interagindo com outras pessoas que sabiam mais do que nós; e apenas 10% foi assistindo a aulas tradicionais.

As escolas e, pior, as empresas investem pesadamente nos 10% achando que conseguirão profissionais melhores e mais inovadores... Pensem em quantos jovens estão sentados em salas de aula neste exato momento.

Muitas vezes os vejo tarde da noite nos pontos de ônibus, com mochilas e cadernos embaixo dos braços, exaustos, voltando para casa sem nada terem efetivamente aprendido. Que brutal desperdício de tempo e dinheiro bem diante de nossos narizes!

Por fim, a Revolução da Inovação no campo da Educação criará uma realidade na qual todo esse aprendizado será canalizado para descobertas que gerem melhoria da vida das pessoas, do ambiente, do mundo em que vivemos. A indústria, em comunhão com essas escolas do futuro, alimentará o desenvolvimento científico com desafios; ao mesmo tempo, oferecerá suporte e infraestrutura para pesquisas.

Não será fácil aceitar e incorporar mudanças tão profundas. A única alternativa é que os jovens, bem como os empregadores que admitirão esses profissionais, demandem tais transformações.

Que haja espaço para modelos alternativos de escolas como as que mencionei acima. Quem sabe uma escola que acompanhe pessoas de 4 a 50 anos, provendo conhecimento e experiências construtivas e capacitadoras de aprendizado que apoiem profissionais brasileiros no caminho para se tornarem verdadeiros campeões do mundo.

Publicado originalmente no portal
Brasil Post em abril de 2015

5

O automóvel e a mistura de antropologia e engenharia

*Boa educação é essencial para formar
jovens capacitados para o novo mundo*

Procura-se professor de antropologia para lecionar no curso de engenharia automobilística.

Esse anúncio poderia até ter parecido estranho dez anos atrás, mas nos dias de hoje, não faz sentido pensar em uma engenharia automobilística que se restrinja a mecânica, a produção e a eletrônica. Não será possível mudar o conceito dos veículos sem preparar nossos engenheiros para projetar algo completamente novo. Algo que seja muito mais do que um meio de transporte e de lazer, mas um produto que se torne parte indissociável de nós, como o celular hoje.

Mas desenhar e produzir algo inteiramente novo? De onde virão as ideias, os insights, as perguntas que vão gerar as inovações dos próximos anos, seja na indústria automobilística ou em quaisquer outros segmentos? Da pesquisa básica? Do desenvolvimento experimental? Dos algoritmos e do data analysis?

Minha resposta a isso é que as inovações dos próximos anos começarão a nascer no ambiente mais estimulante, mais miscigenado, mas permissivo à tentativa e ao erro que existe. Esse ambiente é a escola. Do ensino fundamental à engenharia automobilística.

É na escola que deveríamos nos permitir experimentar de forma ousada, acertar, comemorar, tentar, errar, corrigir, tentar de novo, errar de novo, não desistir. Devemos pensar na educação e nas escolas como incubadoras de inovações. Como fábricas-laboratório que criem a partir de perguntas sem respostas. Este sonho de uma nova educação e de uma escola reeditada para ensinar a inovar talvez tenha se distanciado ainda mais no momento em que o governo propôs seu plano de reforma para o ensino médio, no mês passado.

Explico o porquê. A educação é o tema mais sério e impactante para o futuro da nossa nação. Da capacidade de empreender e inovar de nossos jovens é que dependerá a inserção competitiva do Brasil. Mesmo assim, o MEC dá claras evidências de que não sabe o que está fazendo. A barbeiragem mais recente foi flexibilizar as aulas de educação física e educação artística no currículo obrigatório das escolas.

OK, o atual ministro da Educação, Mendonça Filho, veio a público com mil explicações e disse que nenhuma disciplina está excluída nem incluída, por enquanto. Falou, falou, mas o fato é que, a valer o que diz a Medida Provisória apresentada pelo governo (e nem estamos tratando aqui do absurdo que é reformar a educação por Medida Provisória), só cursariam essas duas disciplinas os jovens que as escolhessem.

Parece que os atuais gestores da educação estão pensando na formação dos nossos jovens como se eles fossem robozinhos sendo preparados para empregos tradicionais em empresas tradicionais, que valorizam as ciências exatas e as abordagens técnicas. Empregos esses que talvez nem sequer existam nos próximos anos. Por outro lado, as ciências humanas, o espírito artístico – essa educação, sim, pode torná-los capazes de vencer. Deveríamos estimular conteúdos que realmente façam a diferença para essas crianças. Economia colaborativa e criativa, gestão da diversidade, por exemplo.

Em alguma medida, vivi isso na pele. Quando eu era criança, as aulas de artes eram as minhas preferidas. Era nelas que eu me realizava, compreendia a essência humana. Gostava também das aulas de educação física. O esporte me ensinou o que sei sobre disciplina, competitividade, respeito aos adversários e, principalmente, sobre como buscar melhoria contínua. Características que, anos depois, fizeram de mim um engenheiro atento aos processos e à qualidade dos produtos.

Logo que entrei no mundo corporativo fiquei fascinado ao descobrir que as organizações são sistemas vivos, complexos, dotados de alma e onde se estabelece uma teia de relações. Mudei de carreira e me dediquei à administração. Fiz mestrado na área de humanas, buscando entender as reações das pessoas diante de grandes programas de mudança. Só então, depois dos 30 anos, encontrei a real satisfação plena no trabalho e reconheci minha vocação. Hoje faço bem o que faço, e só faço bem porque gosto de fazer. Como dizia Ulysses Guimarães, o grande segredo é transformar o dever em prazer, e, no mundo do trabalho, essa é a regra que separa o perdedor do homem de sucesso.

Estamos errando ao reduzir o ensino médio às disciplinas duras. Deveríamos fortalecer a educação sensível, a educação para a arte. Deveríamos valorizar a nossa história, a história brasileira, em toda a sua riqueza, com seu belíssimo folclore, sua cultura e suas tradições. E capacitar jovens para um mundo novo, no qual as experiências humanas estarão no centro dos negócios e talvez não existam mais fábricas como as conhecemos hoje. Definitivamente isso não se faz colocando em segundo plano as artes e os esportes.

Publicado originalmente no portal
Automotive Business em novembro de 2016

6

Educação para vencer, não para servir

A importância da disciplina Projeto de Vida para os nossos jovens

Educação, educação, educação. Todos concordamos que é a solução para colocar o Brasil onde ele merece estar em termos de desenvolvimento humano e qualidade de vida. Agora, no que você pensa quando se fala em educação? Na educação formal, por meio de disciplinas como matemática, português, etc.? Nos bons modos e na educação que recebemos dos pais? Nas boas práticas, quando pensamos em hábitos e costumes? Na cultura? O que é afinal educação, e que tipo de educação pode fazer maior diferença?

Refleti sobre isso na semana passada após um evento do qual participei ao lado de pessoas com pouca educação formal, mas extremamente bem-sucedidas. Fiquei me perguntando que diferença dominar a aritmética poderia ter feito para aquelas pessoas que chegavam de helicópteros e Lamborghinis.

A verdade é que existem vários tipos de educação. Uma dessas categorias ganha grande destaque se pensarmos em prosperidade. Explico: as pessoas de sucesso que conheci naquela ocasião, todas, indistintamente, haviam mostrado grande determinação ao longo da vida, além de uma clara habilidade de planejar os próximos passos e realizar conquistas alinhadas a seus projetos pessoais.

Pensei, na hora, nas famílias americanas, que organizam sua vida para que os jovens saiam de casa aos 18 anos – o que talvez ajude a explicar por que os Estados Unidos são a potência que são. Até o cinema contribui para esse tipo de educação: qualquer filme americano traz fortes mensagens, subliminares ou explícitas, de sucesso associado a planejamento de vida.

Talvez seja esta a categoria de educação que poderia empurrar nossa juventude adiante, mas está em falta. Um tipo de educação que, espera-se, venha de casa, pelo exemplo dos pais, você dirá. Eu mesmo tive pai e mãe determinados, que imigraram para nos dar uma boa qualidade de vida tendo saído do nada. Eles foram nossos professores na disciplina Projeto de Vida. Mostraram a mim e aos meus irmãos o quanto era importante estabelecer metas e lutar firmemente para alcançá-las. Ensinaram-nos a ter perseverança, resiliência, fé. A fazer planos e não desviar deles.

E as crianças que não têm uma família estruturada ou pais exemplares?

A boa notícia é que São Paulo e Espírito Santo incluíram na grade do currículo escolar a disciplina Projeto de Vida, uma das competências definidas pela BNCC, a Base Nacional Comum Curricular. Como diz Rodolfo Ribeiro, fundador da startup 7waves, aplicativo para ajudar as pessoas a realizar seus planos pessoais, "o brasileiro é procrastinador: nem pular as sete ondas no réveillon a maioria consegue. Param na segunda ou na terceira onda". É verdade. Torço muito para que essa educação chegue às muitas crianças que não podem contar com pais professores particulares em casa. Se fôssemos todos melhores em projetos de vida, saúde e criminalidade no Brasil seguramente estariam em patamares mais dignos.

No que se refere às empresas e à sua atual preocupação com ESG, conjunto de práticas sociais, ambientais e de governança de uma organização, também encontramos afinidades com a educação para Projeto de Vida. O Banco do Brasil nos ofereceu um exemplo dessa conexão ao capacitar 1000 jovens em desenvolvimento de softwares – e contratar, em paralelo, uma capacitação em Projeto de Vida para estes mesmos alunos. O BB quer que eles sirvam – e vençam.

Outro caso que mostra o impacto de ajudar as pessoas a planejarem suas vidas é o da escola SPTech, uma faculdade voltada para o ensino de tecnologia. Em entrevista que realizei recentemente com seus sócios, eles atribuíram diretamente o sucesso do negócio ao acompanhamento socioemocional dos vestibulandos e alunos. Seria maravilhoso se conseguissem resolver a escassez da força de trabalho em tecnologia e, ao mesmo tempo, preparar jovens determinados a vencer. Nos dois exemplos citados, a tecnologia faz grande diferença como plataforma capaz de disseminar esses ensinamentos.

Olhando para trás, para tudo o que aprendi em muitos anos de bancos escolares, me vem um gosto amargo, a sensação de que boa parte do que nos ensinam interessa aos outros, ao sistema. É uma educação para que nos encaixemos no mercado de trabalho e possamos servir. Quando o que deveríamos ter é uma educação para vencer.

Publicado originalmente no portal Olhar Digital em abril de 2022

PARTE VI

A inovação e as emoções

1

Veículos passam por ressignificação

*Revolução no setor não é guiada
apenas pela tecnologia*

A crise do setor automotivo não é somente de mercado. Está em curso uma clara revolução envolvendo o significado dos veículos e quem primeiro compreender essa nova realidade e melhor se adaptar a ela colherá os resultados.

Há sinais claros de que, quando a economia se recuperar e o mercado voltar a se movimentar, mudanças em outras dimensões continuarão castigando as montadoras, como, por exemplo, a sociocultural. Talvez nem todas as empresas sejam afetadas, mas certamente as menos conectadas à importância do significado dos produtos e à Inovação Guiada pelo Design sofrerão mais. Não me refiro ao design como estética. Longe disso. Aqui o termo se refere à concepção de veículos capazes de despertar emoções positivas nos clientes. Veículos capazes de provocar paixões. Essa abordagem está consolidada e operacional, com grande sucesso, em diversos de nossos clientes – e prova disso é que, mesmo na crise, determinados veículos vendem bem, outros não.

Uma evidência das mudanças no que os automóveis representam para as pessoas é a grande dificuldade que empresas começam a enfrentar na contratação de jovens candidatos que dirijam. Estamos acompanhando há meses a luta de uma confecção para preencher uma vaga aberta para gerente da área de desenvolvimento de produtos na indústria da moda. O mesmo tem acontecido em empresas que lidam com vendas e assistência técnica. Notem: não é que esses jovens precisem ter carro próprio. Como são vagas que exigem locomoção permanente, as empresas oferecem veículos corporativos aos funcionários. O problema é que boa parte dos jovens não tem nem sequer carteira de motorista.

Eles acham que já existem carros demais circulando pelas ruas das grandes cidades brasileiras e que não há motivos para tirar habilitação. Preferem se deslocar de ônibus, metrô e alguns de bike – uma tendência, especialmente em cidades como São Paulo, que vêm investindo na construção de ciclovias. Curioso pensar que o sonho dos adolescentes da minha geração era tirar a carteira no mesmo dia em que completávamos os tão esperados 18 anos.

Como se vê, a revolução do setor automotivo já começou. E, diferentemente de tudo o que aprendemos no passado no campo da inovação, o motor principal dessa transformação não é a tecnologia. A nosso ver, é o significado que comandará a revolução da mobilidade. É ele que ditará a velocidade da mudança.

Não estão convencidos? O que pensariam se uma montadora decidisse lançar um modelo de veículo sem acessórios eletrônicos e que, ainda por cima, não tivesse direção assistida nem carpetes? Um carro esportivo, mas com motor pequeno, mais leve e bem mais barato? Parece que não faz muito sentido, não é? Errado! Estou falando do Alfa 4C, que já é considerado o grande sucesso do relançamento da marca Alfa Romeo no mundo.

Na concepção desse carro, a marca italiana, historicamente associada às corridas no início da era das competições e da Fórmula 1, abandonou sua estratégia de concorrer com veículos também esportivos, porém custosos; alemães, principalmente. Os donos desses carros querem de alguma forma exibir poder e riqueza. A Alfa foi em busca de um significado completamente diferente: o prazer de dirigir. Mirou pessoas que amam guiar seus carros. Que gostam de responsividade. O Alfa 4C tem uma relação peso-potência comparável à de modelos muito mais caros, como, por exemplo, as máquinas da Ferrari, mas custa algo em torno de 57 mil dólares. Seus apaixonados compradores não exibem luxo, mas sim seu amor por guiar. O modelo foi lançado em 2013 e em poucas semanas tinha vendido um ano inteiro de sua produção.

É hora de inovar no jeito de inovar. Somente a tecnologia não oferece respostas aos novos desejos íntimos dos compradores. Tampouco adianta usar os ultrapassados métodos de grupos de foco e pesquisas quali e quanti, esperando que deles saia um veículo de sucesso. Se antes era importante ouvir o cliente, agora é imprescindível viver o cliente, sentir o cliente e descobrir, com a ajuda de intérpretes, quais relações afetivas comporão o significado dos veículos do futuro. Isso é que fará com que compradores apaixonados se esqueçam da crise e coloquem a mão no bolso.

Publicado originalmente no portal
Automotive Business em março de 2016

2

Empresas precisam de inteligência emocional

Ter empatia com consumidor é essencial para o sucesso

Uma nova maneira de fazer inovação desafia múltiplos segmentos da indústria, entre os quais o da mobilidade. A revolução consiste em colocar a experiência do cliente com produtos e serviços no centro das estratégias dos fabricantes ao. A abordagem de Ux – do inglês user experience – trata de focar menos o desempenho técnico dos produtos, que se torna cada vez mais uma commodity, e passar a considerar as emoções do utilizador (tradução que prefiro a "usuário"). As empresas que desenvolveram essa inteligência emocional, além da competência técnica, saíram na frente e já percebem lucros e vantagens competitivas.

Elas têm como objetivo facilitar a vida do cliente. Não criam produtos, mas benefícios. Inventariam as emoções durante toda a jornada desde o primeiro contato até o descarte e, baseados nas furiosas mudanças socioculturais do nosso tempo, projetam suas inovações. No caso específico das indústrias, a serviceirização é uma das principais estratégias.

Tradicionalmente, indústrias produzem bens. Hoje, porém, é fácil copiá-los, inclusive no que diz respeito ao desempenho técnico. Em questão de dias alguém consegue fazer algo igual. Para inovar na experiência, não é mais suficiente ouvir o cliente; será preciso "vivê-lo". Basear-se no conceito de empatia do psicólogo americano Carl Rogers (1902-1987), precursor da psicologia humanista: "Ser empático é ver o mundo com os olhos do outro, e não o nosso mundo refletido nos olhos dele". Esse raciocínio leva a inovações que ultrapassam as fronteiras do produto.

O frotista que compra um caminhão MAN em alguns países da América Latina, por exemplo, recebe treinamento gratuito de condução econômica para seus motoristas. Disso resulta economia de combustível e de custos de manutenção;

há aumento de até 40% na durabilidade da embreagem, por exemplo. Chegar a essa estratégia foi simples: a MAN pensou no problema do cliente.

No Brasil, a Consul explicita sua estratégia de inovar em Ux por meio das campanhas "Bem pensado: transformando seu Ihhh em Ahhh..." (veja abaixo). São claramente produtos inovadores, centrados nas emoções do cliente. Em um dos exemplos, o da geladeira, uma câmera oculta, como se fosse uma formiguinha escondida dentro do refrigerador, observa as emoções de uma mulher que tenta acomodar uma garrafa de vinho. O máximo em empatia e inteligência emocional.

As inovações no campo das experiências levam em conta a definição da proposta de valor. Para ser bem-sucedida, qualquer oferta de produto, serviço ou solução que se faça a um cliente deve cobrir três campos:

1) Suas dores. As pessoas têm desconfortos. Se o produto ou serviço puder resolvê-los, ponto para a empresa.
2) Trabalhos que deveriam ser realizados. Se o produto ou serviço absorve uma tarefa chata do cliente, aumentam as chances de sucesso.
3) As expectativas desse cliente, explícitas ou não, derivadas das mudanças na rotina e no estilo de vida. Um produto ou serviço que contemple esse desejo sairá na frente.

A estratégia de empatia, de projetos centrados nas emoções dos utilizadores, tem trazido novo fôlego para as empresas. No entanto, por incrível que pareça, ainda estamos longe disso em diversos campos da mobilidade, e mesmo em várias de nossas experiências cotidianas. Vivemos em um mundo ainda cheio de dores. Se tem dúvidas, pergunte ao médico que foi sorteado para sair do voo da United porque a companhia vendeu bilhetes a mais. Após recusar-se a sair, acabou arrastado para fora da aeronave. Ruim para ele, péssimo para a empresa, que perdeu no mesmo dia 3,5 bilhões de reais em valor de mercado.

Outro exemplo? Ninguém no planeta sairia de casa, em sã consciência, para abastecer o carro em um posto de gasolina. Ao mesmo tempo, há milhões de veículos parados nos shoppings e em condomínios residenciais e de trabalho que poderiam estar sendo abastecidos sem envolvimento direto do proprietário. O valor poderia ser controlado e debitado diretamente no cartão por meio do celular.

Carros, aliás, poderiam ser transformados para possibilitar o aproveitamento total do tempo a bordo. Nossos e-mails e mensagens poderiam aparecer projetados em um canto do para-brisas e ser respondidos por comandos de voz. Dispositivos anti-enjoo nos permitiriam, quando passageiros, evitar situações desagradáveis. Não são mudanças mirabolantes: estão centradas na realidade de cada um de nós. Afinal, o que estressa no trânsito é o tempo perdido a bordo. Em car-offices isso não aconteceria. Vivemos na era dos nano segundos, e somos obrigados a sacrificar horas. Queremos nosso tempo de volta.

Imagine este diálogo entre duas pessoas em um elevador:

"Nossa, ontem, com a chuva, passei duas horas dentro do carro..."

O outro pergunta: *"E aí, que tal? Foi produtivo?"*

"Super!", responde o primeiro.

Tenho fé em que isso vai acontecer. E não vai demorar.

Publicado originalmente no portal
Automotive Business em abril de 2017

3

"Bom dia! Vim aqui hoje para falar sobre arte."

Agora que desempenho se tornou commodity, o desafio será deslocar o olhar para as emoções

Com essa frase, e projetando o slide do teto da Capela Sistina com afrescos de Leonardo da Vinci, abri há poucas semanas uma palestra para uma centena de dirigentes de uma gigante empresa multinacional. Foi divertido perceber as reações de surpresa nos olhos daqueles altos executivos.

O que eu propus ali foi uma conexão não usual entre desenvolvimento de produtos e o mundo da arte. Sugeri que o P,D&I – pesquisa, desenvolvimento e inovação – avance para esse campo, já que os produtos estão cada vez mais parecidos, ou, dito de outra maneira, já que desempenho técnico se tornou commodity. Acredito firmemente que a busca por diferenciais competitivos deve se dar no campo das emoções que conectam produtos aos seus beneficiários. Como se as empresas tivessem que desenvolver, além da competência técnica, uma inteligência emocional. Isso mesmo. As pessoas não compram mais apenas produtos! Elas compram benefícios. Há sentimentos em jogo.

Em outras palavras, quem gosta de realizar reparos domésticos não compra uma furadeira. Muito menos uma broca. Compra a possibilidade de embelezar a casa ao pendurar quadros, por exemplo, e, assim, ouvir elogios da(o) parceira(o). Quem compra um celular na verdade está investindo em uma vida mais fácil, algo com estilo e significado – e isso se estende ao universo das capinhas... O mundo migra para uma realidade do "tudo como um benefício".

Disso deriva o interesse das empresas em entender cada vez mais profundamente o comportamento das pessoas e trabalhar no campo da Ux (experiência do usuário; no entanto, prefiro "beneficiário" ou "utilizador" à tradução habitual).

Uma bicicleta é um produto, o adolescente é um utilizador e o passeio de bicicleta é a experiência. É desse momento – o passeio – que cada vez mais ouviremos falar. É nesse campo que desenvolveremos as grandes inovações. Pois é na conexão direta entre utilizador e produto que entram em jogo as emoções.

Fica para trás o foco no desempenho. Deixa de ser relevante saber quantos anos durará a bicicleta, qual seu peso, quantas marchas oferece, como são seus acabamentos. Tudo isso é copiável em questão de dias por qualquer concorrente. A única alternativa para criar diferenciais não replicáveis é preencher o coração e a mente dos clientes com uma enxurrada de emoções. Fazê-los apaixonar-se por esses produtos, colocar a mão no bolso e comprar, gerando margens para as empresas e movimentando a economia. É disso que precisamos.

Há um universo enorme de emoções positivas a serem trabalhadas nesse nosso Brasilzão. Tanto no que se refere a produtos quanto a serviços. Os produtos serão personalizados; afinal, nada mexe mais com a emoção do que algo feito especialmente para você, nesse mundo de muita informação e pouquíssimo afeto. No que se refere a serviços, a tecnologia e a comunicação imperarão. Considere os sentimentos em uma simples ida ao supermercado, por exemplo. Já pensou que a compra de um pote de Nutella exige que você movimente esse objeto seis vezes? Da prateleira para o carrinho, caixa, carrinho, carro, elevador, casa... Quando contarmos aos netos que era assim no nosso tempo, vão rir de nós. Para eles, a própria despensa avisará o fornecedor, e os produtos serão repostos em suas casas.

Dirigentes à moda antiga tendem a focar nos produtos. Deslocar seu olhar para as emoções é um grande desafio. Todos nós – me incluo entre esses dinossauros – aprendemos que o importante era o projeto. Que o jogo se ganhava nas especificações. Que o conhecimento técnico era o combustível para inovar. Pior: nesse antigo faroeste da inovação, sensibilidade era sinônimo de fraqueza. E as emoções pertenciam a outras searas, não ao mundo dos negócios.

Poderíamos ter percebido a importância das emoções antes. Houve prenúncios, todos com grande sucesso. Lee Iacocca, por exemplo, o criador do Mustang, um dos maiores ícones inovadores da indústria automobilística, em 1964, era psicólogo e engenheiro. Ele costumava dizer que usava muito mais a psicologia, para entender os compradores e lidar com os malucos do mundo dos negócios, do que a engenharia, para dar conta dos parafusos e das peças dos veículos.

Bem, ok, mas e a arte? O que ela tem a ver com tudo isso? Ora, se o eixo da inovação está se deslocando para o campo das emoções; se a relação afetiva entre utilizadores e produtos passa a valer mais do que o desempenho, temos que aprender coisas novas em campos novos. No mundo da arte, a utilidade não tem importância diante das emoções. As transações são movidas a paixão. Ninguém compra arte em função de características técnicas.

Podemos considerar, portanto, que finalmente a arte se conecta ao mundo dos negócios. Seja no que se refere ao desenvolvimento de produtos que apaixonam, seja na forma de ver a própria gestão como combinação de técnicas, talento e inspiração.

Afinal, fazer pessoas apaixonadas e felizes com nosso trabalho é talvez a maneira mais honesta e verdadeira de contribuirmos com a sociedade, e a forma mais direta para deixarmos o mundo melhor.

Publicado originalmente no portal
Brasil Post em julho de 2017

4

De Detroit para as Samanthas do Vale do Silício

*Indústria precisa questionar
qual será o seu papel no futuro*

É ao mesmo tempo doloroso e instigante constatar que a indústria de automóveis, uma das mais importantes da história, precise se reinventar. Sofre múltiplas ameaças o berço de relevantes avanços da gestão e, consequentemente, do desenvolvimento da sociedade. Mudanças socioculturais, novas tecnologias e soluções eletrônicas de baixo custo colocam em xeque o automóvel e o que ele sempre representou para muitos de nós.

Recentemente aconteceu em São Francisco, na Califórnia, o Singularity University Global Summit 2017, evento que reuniu cerca de 1500 dos maiores líderes e estudiosos de inovação do mundo. A Singularity é um polo promotor de inovação e de mudanças globais. Entre seus patrocinadores estão Google e NASA, a agência espacial norte-americana.

Trata-se de uma escola diferente daquelas em que eu e provavelmente você, leitor, estudamos. De maneira inovadora, a instituição trabalha para acelerar o desenvolvimento de líderes e empreendedores que resolverão os problemas do mundo fazendo uso de tecnologias exponenciais, aquelas que proporcionam crescimento vertiginoso de empresas e negócios. Alguns exemplos: inteligência artificial, nanotecnologia, robótica e biologia digital.

Duas dentre as muitas lições que se pode extrair do evento falam diretamente, a meu ver, com a reinvenção da indústria automotiva. Como pesquisador no campo da inovação, sugiro que olhemos para elas na busca por caminhos que nos levem a encontrar um novo significado para o automóvel. São dois conceitos expressos pelo craque da inovação Peter Diamandis, co-fundador e chairman da Singularity University:

"O que antes era atribuição do governo, atualmente empresas podem fazer. O que antes era algo reservado às empresas, atualmente qualquer pessoa pode fazer."

Com o avanço da tecnologia, nossa capacidade de liderar mudanças e nosso alcance está se ampliando. Somos muito mais poderosos do que nossos pais e avós no que se refere ao impacto que podemos causar em nossa comunidade e, por que não, no mundo. As possibilidades e transformações se tornaram mais rápidas. Quase não existe limite ao que podemos imaginar e fazer. Nos tornamos todos super-homens capazes de realizar o que no passado eram apenas sonhos presentes em desenhos animados. Se tínhamos a ideia de que transporte de massa é foco do setor público, que fabricar automóveis é coisa da indústria organizada e que carros dizem respeito à propriedade e a indivíduos, estávamos bem enganados....

"A tecnologia nos torna mais inteligentes."

A inteligência artificial saiu do campo conceitual e está sendo aplicada diretamente em soluções concretas, como na medicina. Por meio de enormes bancos de dados e máquinas capazes de processar sofisticados algoritmos em nanossegundos é possível fazer diagnósticos, disparar comandos, identificar mudanças de comportamento e alavancar centenas de vezes a produtividade. Em alguns serviços e rotinas de nosso dia a dia, já não sabemos mais ao certo se estamos interagindo com máquinas ou seres humanos. Como no filme Ela (2014), de Spike Jonze, no qual Theodore, um escritor solitário, desenvolve uma relação especial com o novo sistema operacional do seu computador e acaba se apaixonando por uma entidade intuitiva e sensível chamada Samantha que era, na verdade, apenas a voz do programa.

Uma verdadeira explosão de redes e sensores nos tornará parte de algo muito maior. Ainda não sabemos bem o que será, mas já intuímos que superará a nossa mera dimensão de indivíduos. A previsão é que haja 5 bilhões de mentes se conectando nos próximos anos. Saberemos de tudo, a qualquer hora e em qualquer lugar.

Diante de transformações tão importantes, é bom que nos perguntemos como vamos nos deslocar. Dentro de que tipo de veículo. Com qual nível de interação. E, principalmente, que papel restará nessa nova realidade aos automóveis que construímos hoje. Enquanto não encontramos as respostas, podemos ir pensando em dotar nossos veículos de sons e sensações capazes de despertar paixões em seus usuários. Criar verdadeiros elos entre os proprietários e as nossas "Samanthas", fortes o suficiente para que não consigam viver sem elas. Justificando, talvez agora e em uma nova escala, a máxima de que brasileiros são apaixonados por carros.

Publicado originalmente no portal
Automotive Business em outubro de 2017

5

Bruxas, coelhos, aromas e as vendas na Black Friday

O comércio eletrônico será capaz de replicar o prazer de comprar nas lojas físicas?

Comprar provoca, em cada um de nós, uma poderosa emoção. Mente quem se declara acima disso. Engana-se também aquele que diz que compra pura e friamente para suprir suas necessidades. Não existe isso. Existem disfarces e desculpas para não dizer que somos, de verdade, escravos de nossos impulsos e emoções, como que se devêssemos ter vergonha disso.

Algumas bobagens que ouvimos o tempo todo: troco de carro porque quero um veículo mais seguro para transportar a minha família. Ou porque agora viajo mais a trabalho. Compro ternos novos para melhorar minha imagem na empresa. Ou ainda: resolvi investir em uma prancha de surfe ou bike porque quero cuidar da minha saúde. Um monte de abobrinhas. Comprar é um tremendo prazer e continuará sendo assim por muitos e muitos séculos.

Lembra-se de como eram os shoppings quando criança, na época de Natal? Recorda-se dos cheiros, das cores, da música de fundo? Pois é deste turbilhão de estímulos e dessas emoções que estamos falando. Dia desses ouvi um discurso acalorado de um cliente CEO tentando me convencer de que tinha comprado, em regime de compartilhamento, uma quota de um helicóptero, cujo investimento se pagaria pela economia de tempo e pelo aumento da capacidade de trabalho que o "bem" proporcionaria. Ora, que bobagem! Os nossos amigos em volta, fingindo acreditar, era mais ridículo ainda.

Comprar é, e continuará sendo, um tremendo prazer. Os americanos mais pragmáticos e menos puritanos têm um ditado popular que diz: *"The only difference between men and boys is the price of their toys"*. Traduzindo: a única diferença entre homens e meninos é o preço de seus brinquedos. Pura verdade! Comprar é uma satisfação que reúne sensação de poder, conquista, indulgência, propriedade, vaidade e outras dimensões humanas não muito nobres, mas que certamente fazem nosso coração bater mais forte.

Falando de emoções, assim como um cálice de vinho ou um par de latinhas de cerveja pode funcionar como amplificador e aumentar ainda mais o prazer de uma conversa entre amigos, o desejo de adquirir algo novo pode ser turbinado por uma série de truques, no bom sentido. Modelos maravilhosas(os), com roupas sexy, aromas instigantes, decoração de vitrines e lojas são algumas das excelentes técnicas praticadas pelo mercado. Nessa mesma linha estratégica estão incluídos os amplificadores: Papai Noel – o rei das emoções e das compras, o coelho da Páscoa, o pai e a mãe em seus dias, os namorados, entre outros.

Não satisfeitos, importamos diretamente do fraco folclore americano o Dia das Bruxas – ou Halloween. Difícil de entender e, para muitos, até de falar. Não importa. Maquiagem, abóboras e brincadeiras embalam o período e, obviamente, as compras! Isso mesmo, compras... Ou vendas por outra perspectiva, a de negócios.

A sensação de levar vantagem também é um poderoso estimulante. Mais recentemente fomos ainda mais longe e aprendemos a viver a Black Friday. Uma das possíveis causas do nome é atribuída ao fato de os vendedores e profissionais do varejo terem que trabalhar o dobro para dar conta do pico de vendas do período. De fato, o conceito das liquidações e de produtos abaixo do custo para renovação dos estoques na América vem sendo, de alguma forma, implantado no Brasil, mesmo não tendo por aqui difundida a celebração do Dia de Ação de Graças, que é referência para o feriado nos Estados Unidos.

Esta conversa e a mágica de turbinar emoções e vender mais fica mais complicada quando falamos em e-commerce. Por intermédio de uma tela de computador, ainda é difícil – por enquanto, repito, por enquanto – exalar aromas e criar ambiência favorável. Iremos superar essas barreiras em pouco tempo com a realidade ampliada e outras ferramentas, mas não é certamente fácil reproduzir a sensação de caminhar por ruas iluminadas segurando as mãos de nossos pais como fazíamos quando crianças na época de Natal.

Quais serão então os motivadores de compras nessa situação diante de uma tela de computador? E o que pode fazer a diferença nas vendas eletrônicas durante a Black Friday? Estudo recente da Salesforce procurou justamente analisar o comportamento dos consumidores em compras digitais. As conclusões dizem respeito a diferentes marcas e varejistas, independentemente do tamanho ou segmento.

Foram 500 milhões de consumidores e 1,4 bilhão de visitas no comércio eletrônico em todo o mundo. Considerando preços iguais, uma das perguntas foi por que você escolheria cada canal? Os entrevistados disseram (60% deles) que a qualidade dos produtos é o principal motivo de compra diretamente das marcas. Uma parcela de 57% declarou que os serviços ao consumidor são os principais atrativos para comprar dos varejistas. E, para 56%, os preços dos marketplaces são os motivadores de compras.

Nada de emoção, portanto. Estaríamos mudando para um mundo frio? De compras racionais e robóticas? Estou certo que não. Que emoção então deveria uma marca, um varejista ou um marketplace passar por meio de uma tela? Filmes, sons e movimentos bem feitos podem se tornar uma ferramenta para isso. Há, no entanto, uma dimensão emocional ainda pouco explorada e que poderia servir como amplificador, mesmo a longa distância: o descobrir e aprender.

Poucas coisas dão tamanha satisfação ao homem quanto o novo, a descoberta. É possível emocionar ensinando. Os portais podem passar a ser amáveis "professores". Os avatares podem ser admirados pela capacidade de ensinar o que não sabemos. Encontrá-los pode ser, sim, emocionante. Tem dúvidas? Então pense. Por que as pessoas enchem as lojas da Apple pelo mundo? O que as leva a entrar? A enfrentar filas? Se não o aprender?

Você sabe como surgiu o Dia das Bruxas? Por que a sexta-feira negra tem esse nome feio se todos vão comprar e vender? O que deve se dizer às crianças? Aos seus filhos? E se eu, carinhosamente, com clareza e objetividade te ensinar tudo isso, você me agradeceria comprando algo de mim?

Pense nisso e boas compras no Black Friday!

Publicado originalmente no portal
Olhar Digital em novembro de 2018

6

Que emoções sua empresa desperta nas pessoas?

Por mais que falemos em tecnologia, o eixo da inovação está se deslocando para o fator humano

No fundo, todos nós nos realizamos no trabalho quando provocamos emoções positivas à nossa volta.

Com essa frase provocativa abri minha palestra para um grupo de cerca de 200 startups há alguns dias. Esse mesmo público tinha passado a maior parte do evento discutindo tecnologias, investimentos, modelos de negócio e planos de crescimento; olharam para mim com certa estranheza quando afirmei categoricamente que as emoções são mais importantes do que tudo aquilo que eles viviam discutindo. Acredito firmemente que não trabalhamos para criar empresas que apenas cresçam, deem lucros e possam depois ser vendidas como valiosa mercadoria. Tampouco saímos da cama de manhã para rechear de dinheiro o bolso dos acionistas.

No fundo, todos nós nos realizamos no trabalho quando provocamos emoções positivas à nossa volta. Quando maravilhamos a sociedade e os clientes, nessa ordem. Quando oferecemos produtos e serviços que trazem de volta o "entusiasmo infantil". O gênio do cinema Steven Spielberg, durante o lançamento dos serviços de streaming Apple TV+, soltou a seguinte frase carregada de conteúdo: "Ficar maravilhado é nosso direito humano". Levando esse conceito para o mundo dos negócios e das startups, compreendemos que o que vale é como impactamos as pessoas e o mundo. E a componente capaz de provocar isso tudo é a emoção.

Por mais que se fale de tecnologias, o centro das ações da inovação está se deslocando, cada vez mais, para fatores eminentemente humanos. Na década de 1950 as inovações tinham foco em moléculas e substâncias e aconteciam quase exclusivamente em ambientes de laboratórios. Nos anos

1970 a atenção se voltou para produtos inovadores; eletrodomésticos, por exemplo. Em 2000 ganharam a cena os apps e as TIC.

Em 2020 o foco será o coração das pessoas, suas emoções. Essa é a tese da Inovação Emocional, que criamos em nossa consultoria. Ela vem sendo reforçada dia após dia por líderes abertos a compreender melhor o significado e a importância da empatia. São os mesmos líderes que realizam enorme esforço para melhorar as paupérrimas experiências que suas empresas entregam aos clientes. Eles percebem o que para nós é claro: a busca por ideias está cedendo espaço para uma ênfase em emoções. As ideias viraram commodities, mas a sensibilidade não.

O ambiente de negócios se dá conta de que existe outra dimensão na qual é possível inovar. Não mais aquela dimensão em que se inova para resolver as "dores" das pessoas, como se elas fossem sacos de problemas ambulantes. A inovação-solução, aquela que funciona como se cobríssemos um machucado com esparadrapo, será sucedida nas empresas verdadeiramente revolucionárias, as usinas de inovação, por transformações que atuam como indutoras de felicidade.

Quem mais se aproxima dessa nossa abordagem é o professor Roberto Verganti, do Centro de Design e Inovação do Politecnico di Milano. Para ele, "as pessoas são guiadas por seus propósitos e não por suas necessidades". O professor Verganti destaca nos produtos e serviços o que ele chamou de "significado", e isso tem tudo a ver com emoções.

Exemplifica sua tese com o Alfa Romeo 4C, um extraordinário sucesso de vendas. Ao oferecer ao cliente um carro puramente esportivo e desprovido de luxos, diferente de tudo o que existe no mercado, o fabricante ativou nas pessoas um sonho muitas vezes adormecido, o de ser piloto. Enquanto os carros alemães colocam no centro do projeto a máquina, à qual se conecta o homem, a Alfa colocou o condutor no coração do projeto e pôs a máquina para servi-lo. Inovação baseada puramente em emoções. A Nest, fabricante de termostatos inteligentes (vejam bem, termostatos; nada poderia ser mais chato e técnico) desenvolveu aparelhos que aprendem com os donos das casas e se autoprogramam para máximo conforto e mínimo consumo de energia. Conquistaram o coração das pessoas e, acreditem, em 2014 a empresa foi adquirida pela Google por 3,2 bilhões de dólares.

A Inovação Emocional, diferentemente da tecnológica, está ao alcance de todos. Cada um de nós cria significados o tempo todo. Gerentes, artistas, estudantes, cientistas, fabricantes de produtos ou prestadores de serviços, todos provocamos emoções, boas ou ruins, nas pessoas. Podemos, portanto, levar felicidade e encantamento, aliviar a dor, abrir oportunidades e impactar a vida dos outros, desde que encontremos sintonias emocionais. O caminho mais direto para isso é deixar de pensar no que temos que fazer para ganhar dinheiro e passar a refletir sobre o que amaríamos que as pessoas amassem.

"Não se trata de modelo de negócios, e sim de criar valor para outras pessoas", define Jack Ma, o homem mais rico da China e dono do gigante de e-commerce Alibaba. Na apresentação em que Steve Jobs anuncia o lançamento do primeiro iPhone, em 2007, é visível a explosão de emoções no enorme público. As pessoas vão ao delírio como em um show de rock. Ele não estava lançando novas tecnologias, mas sim a emoção de ter "sua vida em suas mãos". Se aprimorarmos nossa capacidade de desenvolver inovação emocional, poderemos presentear as pessoas e o mundo, o tempo todo, com produtos adorados.

Você já se perguntou hoje que emoções sua empresa está gerando nas pessoas?

Publicado originalmente no portal
Olhar Digital em abril de 2019

7

Caçadores de emoções

São elas que transformam o simples existir em viver de verdade

Os inovadores sempre foram profissionais programados para enfrentar dificuldades, solucionar desafios e conceber produtos. Mais recentemente, combinar e aplicar tecnologias. E, assim, construir – na acepção da palavra – mais qualidade de vida e um mundo melhor. Mas tudo mudou de repente, e o modo de fazer e o foco principal da inovação não foram poupados. Boa parte das mais significativas inovações sequer envolve, propriamente, produtos. No novo lugar de destaque está a experiência vivida pelo consumidor, a Ux (user experience).

Desde uma ponte gigantesca unindo duas margens de um rio até um dispositivo para facilitar a preparação de alimentos na cozinha, todas essas realizações, até pouco tempo atrás, passavam pela mesma lógica "engenheirística": problema, desenvolvimento de solução, cálculos e dimensionamento, especificação, protótipo de solução, testes, e, finalmente, melhoria da vida das pessoas.

Nós engenheiros, em especial, aprendemos nas escolas a enfrentar e resolver problemas complexos. Nos ensinaram também que as barreiras são superadas com a criação e o desenvolvimento de produtos. Minha história profissional é um bom exemplo. Ao longo de diversos anos de minha carreira eu sabia tudo sobre um assunto absolutamente específico: pneus. Projetávamos e construíamos o "melhor pneu possível", com toda a engenharia (cálculos, materiais, processos de produção) à disposição à época, e colocávamos no mercado. E vendia, vendia muito! A realidade dos negócios era outra. Se por acaso um consumidor não achasse o pneu bom, isso era considerado um problema pontual; muitas vezes, a culpa era atribuída ao próprio cliente, que não utilizou bem o produto ou não entendia nada de pneus – miopia nossa, mais grave ainda.

Uma história assim pode até parecer mentira aos olhos das gerações X, Y e Z. Para elas, e no mundo de hoje, inovar tem a ver com o poder e a autonomia do consumidor, com tecnologia da informação e aplicativos e, sobretudo, com as emoções. Isso mesmo. Descortina-se um espaço gigante para inovar: os laços emocionais que conectam pessoas e soluções, sejam elas produtos, aplicativos ou mesmo a "fria" ponte que citamos anteriormente. Quer um exemplo? Participamos recentemente do projeto de um prédio de apartamentos no qual as garagens, em vez de espaços escuros e sem qualquer acabamento, foram planejadas para ser um lugar agradável, ajardinado, pintado e iluminado. Com muito pouco conseguiu-se acender a chama da paixão nos compradores. O conceito do produto se expandiu.

Inicialmente isso se deu pela dimensão "serviços associados" – a chamada servitização ou serviceirização. Mas a coisa não parou por aí, e os produtos ocuparam o campo fértil das emoções que são capazes de gerar, e que estão presentes em qualquer relação de compra. Podemos dizer que ganharam alma.

Mas como um produto inovador pode causar algum tipo de emoção, ou melhor, paixão?

Bem, as pessoas não compram apenas para suprir necessidades. Ao menos não quando há milhares de ofertas e opções o tempo todo, e para todo o tipo de produto. Elas "compram" o significado das coisas e buscam conexão direta entre este significado e o seu propósito de vida. O trabalho dos inovadores e projetistas ficou bem mais complexo. Em lugar dos exercícios de dimensionamento, de estabelecer formas e características de uso – algo racional e quantificável –, entra a empatia, que pode ser definida como a capacidade de sentir no lugar do outro. Em especial no mundo auto, onde o campo emocional é vastíssimo, não se trata mais de projetar um veículo de alta qualidade e belo, mas de encontrar significados capazes de falar diretamente ao coração dos compradores ou locatários. Para isso será preciso desvendar o que passa na mente de cada tipo de consumidor, a cada momento e em cada realidade específica dos mercados. Em outras palavras, o que está processando a fabulosa máquina de sentir e interpretar do consumidor: seu cérebro.

Os inovadores ganham, assim, um papel cada vez mais nobre. De caçadores e projetistas de emoções. Parafraseando meu amigo Laurentino Bifaretti: "São as emoções, afinal, o elemento-chave capaz de, nas pessoas, transformar o simples existir em viver de verdade".

Publicado originalmente no portal
Automotive Business em setembro de 2020

8

As emoções vão pilotar o futuro

*Todos os sentimentos que cabem na ação
de dirigir ou estar dentro de um carro*

"Mobilidade" é um termo totalmente inadequado para a nossa indústria. Não há ser humano que se sinta confortável com a definição de "deslocamento do ponto A ao ponto B". Não somos carga viva. Somos gente sensível, movida a emoções, e mais: que nunca esteve, em toda a história, tão vulnerável. Os veículos sempre foram muito mais que máquinas. São fontes de alegria, realização, prazer.

Ok, o cenário de veículos leves, de dois lugares, elétricos, ultraconectados e velozes, que aparecem na sua frente vazios na hora em que você sai na rua já é ponto pacífico. Mas queria saber se, ao projetar todo esse contexto inteligente e tecnológico, estamos pensando no homem que ficará lá dentro.

Não me refiro à ergonomia, como fazíamos antigamente ao estabelecer o tipo de posição do motorista e dos passageiros quando sentados, mas sim a quão confortável estará a mente das pessoas ao adquirirem o veículo ou se deslocarem com ele. Será que se satisfarão contratando um plano de utilização? Como fica a alegria de estar com a família toda (pets inclusos) dentro do habitáculo conversando? O prazer de acelerar e dirigir? De buscar a namorada para dar uma volta? A sensação de liberdade, de conquista? Erramos, nós, engenheiros, ao cunhar o termo "mobilidade", frio e racional. Ninguém se interessará por isso. A não ser que seja apenas para deslocar-se até a estrada mais próxima, onde um carro de verdade, potente, barulhento, com câmbio mecânico de preferência, esteja aguardando para proporcionar-lhe felicidade.

Parece que, mais uma vez, esquecemos a abordagem da inovação guiada pelo design, que por sua vez deu origem ao conceito de Inovação Emocional. Criado por nós, esse conceito sugere projetar e inovar levando em conta as emoções que conectam pessoas e objetos. Vemos centenas de técnicos desenhando cenários de mobilidade do futuro de olho apenas nas tecnologias. Parecem se esquecer dos aspectos humanos. De maneira insensível, ocupam-se dos aspectos racionais, como se fossem os principais requisitos de inovação. A derrota da indústria, nesse caso, será implacável. Perderemos a guerra por termos colocado ao centro dos projetos a tecnologia e não o homem. Esquecemos que é para a felicidade dele que toda essa parafernália existe. Engenheiros encantados com soluções e desprezando as emoções.

Não seria a primeira vez. A tecnologia apenas roubou o lugar que no passado era das máquinas, que tantas vezes conquistaram destaque na inovação, mas, ao final, nenhum homem de carne e osso se interessava genuinamente por elas – a não ser seus projetistas.

A inovação emocional foca no significado das soluções desenvolvidas para o homem. Em seus valores, memórias, sensações e, em especial, no propósito de cada indivíduo. Considera que o ato de compra tem uma forte componente emocional. Não fosse assim, o que explicaria o sucesso do Prius, um veículo caro, de desempenho mediano e com design pouco atraente, e que ainda assim vende milhões de unidades e tem fã-clubes pelo mundo todo? É a prova de que, cada vez mais, o consumidor não leva em conta apenas o desempenho, que remeteria a "o que comprar", mas sim orienta-se para o "por que comprar". Os projetos desenvolvidos com base no significado envolvem intérpretes (pessoas sensíveis e descoladas, capazes de identificar as emoções em jogo nas relações das pessoas com os objetos) e compreendem uma metodologia específica na qual as tecnologias serão mais úteis se o objetivo for gerar emoções.

O universo nos deu um puxão de orelhas recentemente. Para estarmos mais atentos e humanísticos em tudo o que fazemos. Esperamos o setor auto não finja não ter escutado.

Publicado originalmente no portal
Automotive Business em outubro de 2020

9

Sem emoção não há solução

*A profunda relação entre o amor
pelo que fazemos e nosso desempenho*

Em um momento no qual fábricas fecham, mudanças profundas ameaçam o inteiro setor auto e nos vemos afogados em notícias e reportagens sobre o assunto, resolvemos falar de amor. Isso mesmo, não se assuste. De amor entre as pessoas e seu trabalho. E, para os que seguirem trabalhando na indústria, da importância de valorizar e engajar-se ao máximo com a sua ocupação. Afinal, sem emoção não há solução. Nem realização pessoal e, muito menos, chances de prosperidade.

O setor auto é provavelmente onde encontramos o maior número de profissionais apaixonados desde crianças pelo produto que fabricam. Ao menos os técnicos da minha geração, que passaram a adolescência desenhando carros e motos e sonhando com eles. Muitos escolheram engenharia mecânica como profissão justamente em homenagem a essas máquinas maravilhosas. Assim como na medicina, a vocação brotou quando brincávamos com estetoscópios ou carrinhos e nos acompanhou ao longo da vida. A admiração por ídolos do automobilismo, como Henry Ford, Giorgetto Giugiaro, Colin Chapman, da Lotus, John Cooper e muitos outros, atravessou gerações.

A paixão pela profissão é o caminho para a realização no campo profissional. Bem, isso todos sabemos. Há, no entanto, uma segunda dimensão importante a considerar quando existe amor entre as pessoas e o que realizam: o desempenho. Já viu alguém muito bom no trabalho que não ame o que faz? Quem ama o que faz, faz melhor o que faz, independentemente da formação acadêmica ou do histórico profissional anterior.

Em qualquer ambiente, é fácil perceber aquele profissional que é feliz em seu trabalho. Pode ser em uma repartição pública, em uma loja, fábrica, não importa. As pessoas apaixonadas são como estrelas alfa no meio da constelação: destacam-se, brilham visivelmente mais que as outras, seja qual for o entorno. Ulysses Guimarães referia-se a "fazer do seu dever o seu prazer".

No campo das historinhas educativas conta-se que havia três operários trabalhando em uma construção e um passante perguntou o que estavam fazendo. O primeiro, contrariado, respondeu asperamente que assentava tijolos; o segundo respondeu que estava elevando paredes; já o terceiro, orgulhoso, estufou o peito e abriu um sorriso de satisfação antes de exclamar que trabalhava na edificação de uma grande catedral. Os três cumpriam a mesma tarefa, porém estabeleceram conexões emocionais totalmente diferentes com seu trabalho. Os resultados acabariam sendo diferentes para eles mesmos, para os produtos e para a sociedade em geral.

Os tempos mudaram, você poderia dizer. Em parte, sim, mas nem por isso perde força a tese do amor entre o trabalho e as pessoas. Isso vale especialmente para as novas gerações, muito mais exigentes e conscienciosas na hora de escolher o que vão fazer e para quem irão trabalhar. Dia desses, lendo uma entrevista com um competente presidente de montadora, confirmei esse raciocínio. A repórter conhecia a trajetória do executivo, que incluía passagens por setores muito diversos, e, no final da reportagem, fez a implacável pergunta: o senhor era apaixonado por carros desde criança? O executivo, serena e inteligentemente, respondeu que sua grande paixão era trabalhar em negócios de alta complexidade, e que a companhia dirigida por ele enfrentava, naquele momento, imensos e diferentes desafios.

Com isso, mostrou que cabe a cada um de nós identificar o que amar em nosso trabalho. Nossa motivação depende da perspectiva que escolhemos em relação ao que fazemos. Assim, qualquer trabalho será passível de ser amado, da mais simples função à mais glamorosa. A responsabilidade pela escolha é nossa. Sempre será nosso o papel de ligar o motorzinho interno da paixão e, então, derramar o máximo de emoções e inspiração sobre nossas atividades do dia a dia. Isso não é somente receita para a realização de um trabalho de altíssima qualidade: é também o caminho para a felicidade no trabalho.

Publicado originalmente no portal
Automotive Business em fevereiro de 2021

10

Propósito, dados e mais pessoas felizes

Quando a experiência do cliente se torna o centro do negócio, a organização se descola da concorrência e sobe a outro patamar

A tecnologia e os lagos de dados que têm se formado a partir dos registros das interações entre pessoas e empresas podem dizer muito sobre as preferências dos clientes e o que os faz felizes. Permitem também sentir o pulso desses mesmos indivíduos, agrupá-los e compreendê-los o tempo todo e ao longo de toda a jornada de contato com a marca, como todos sabemos. Mais do que medir o desempenho, porém, permitem monitorar emoções. O que poucos dirigentes perceberam é que isso tem muito a ver com o momento que vivemos, em que, cada vez mais, empresas precisam ter clareza sobre seu propósito.

É comum ver dirigentes em busca de um enunciado teórico que nem eles mesmos sabem explicar. Seria muito mais simples se procurassem compreender melhor o impacto de seus produtos ou serviços na vida de quem se interessa por eles ou os adquire. Há sempre uma conexão direta entre a experiência que as empresas proporcionam e sua razão de existir – em outras palavras, seu propósito.

É preciso reconhecer também que muitas empresas chegaram até aqui sem nunca terem explicitado um propósito. Em todas elas, no entanto, sempre houve um certo "motor principal", que não pode ser chamado de propósito. É uma espécie de foco prático, estabelecido uma camada abaixo, em um nível mais operacional.

O que move algumas é a paixão pelos produtos que fabricam; conheci o CEO de uma indústria de alimentos, por exemplo, que se fechava por uma semana inteira em um hotel na Itália somente provando biscoitos. Em outras, o motor pode ser o clássico, ou seja, lucro – o tal do retorno para os acionistas. Empresas podem buscar, predominantemente, ampliar sua participação de mercado e crescer, bater um concorrente acirrado, preparar-se para serem compradas, enfim, outros tantos e diversos alvos.

Esses objetivos normalmente são identificáveis no discurso das organizações, em suas pessoas, escolhas e atitudes, e os regentes dessa melodia são seus principais líderes. Procure perceber. São metas centradas na própria empresa. Nenhuma evidencia uma razão de existir ou contribuir para a sociedade e para o mundo. É como se a empresa estivesse combinando algo intramuros, ignorando o mundo lá fora.

Em outra categoria, completamente diferente, algumas poucas organizações conseguem, de fato, colocar a experiência que proporcionam aos clientes no centro de suas ações. Sabem que existem para eles. Entenderam que fazer seus clientes felizes – muitas pessoas felizes – é a melhor forma de melhorar a sociedade e o mundo e uma ótima razão de ser. Sabem também que é o caminho mais direto, lógico e fácil para que os funcionários entendam por que estão ali e coloquem um pouco mais de alma em seu trabalho.

Obviamente, para conseguir fazer os clientes felizes será preciso que as empresas e seus dirigentes se tornem muito mais humildes, empáticos e que, principalmente, desenvolvam sua capacidade de ouvir – e aí joga um papel fundamental a tecnologia, uma tecnologia humanizante. Nas escolas americanas, por exemplo, que buscavam proporcionar uma alimentação mais saudável aos alunos, o simples fato de servir as maçãs fatiadas, mais fáceis de comer, fez aumentar em 60% o consumo da fruta. Nesse sentido, há nas empresas uma mina de ouro pronta a ser garimpada: as centrais de atendimento aos consumidores. Os conteúdos que vêm de lá são um riquíssimo veio para nutrir transformações que façam a sociedade mais feliz. No entanto, raramente os dirigentes sabem o que se passa nessas centrais. Deveriam ter como meta convertê-las em centrais de elogios. Sentarem-se uma vez por semana em uma posição dessas, fazendo-se passar por atendente e ouvindo com mente e coração abertos o que as pessoas têm a dizer. Nada novo. Tony Hsieh, o CEO da Zappos, um simples e-commerce de calçados comprado pela Amazon por 1,2 bilhão de dólares, já fazia isso – movido pelo verdadeiro propósito que permeava a organização, o de fazer as pessoas felizes.

Assim, estabelecer o propósito de uma empresa pode ser mais simples do que parece. Basta apontar o telescópio para a mente e o coração das pessoas. Compreendendo-as poderemos responder a muitas perguntas, dentre as quais por que existimos, nossa razão de ser e como espalhar felicidade pelo mundo.

Publicado originalmente no portal
Olhar Digital em maio de 2021

11

Menos medalhas, mais qualidade no atendimento

*Cuidar dos pontos críticos da jornada do cliente
é zelar pelo futuro do negócio*

Muitos empresários e profissionais autônomos do setor de serviços ainda acreditam que precisam se desenvolver apenas na parte técnica. Colocam toda a atenção no aprimoramento do currículo e esquecem-se do restante. Isso deixou de ser suficiente há muito tempo. Vivemos o mundo BANI, acrônimo criado pelo escritor e futurólogo Jamais Cascio para Brittle (frágil), Anxious (ansioso), Nonlinear (onde as decisões, ou a falta delas, leva a consequências inesperadas) e Incomprehensible (incompreensível). Portanto, tudo o que está em volta de um serviço técnico de alta qualidade tornou-se ainda mais importante.

Essa máxima aplica-se a bancos, logística e, especialmente, aos serviços para a pessoa, com a pessoa e na pessoa. Em outras palavras, todas as categorias passaram a ser mais ampla e profundamente avaliadas. Entraram em campo as emoções antes, durante e depois do processo. Médicos, advogados e outros profissionais liberais terão que entender que seus cursos e títulos acadêmicos se tornaram apenas parte da avaliação que seus clientes farão antes de contratá-los. Conta a experiência completa: a organização desde a marcação da consulta ou reunião, a recepção, o cadastro, a pontualidade.

Na era dos nanossegundos, tornou-se inadmissível que um profissional faça um paciente ou um cliente esperar, às vezes por até 40 minutos, apenas por causa de sua desorganização. Todos nós passamos a exigir um atendimento mais profissional em todos os sentidos. Exigimos bom uso de nosso valioso tempo e não aceitamos ser tratados como mais um item em um estoque, fila, no caso, de pessoas que optaram pelo serviço. As grandes cidades estão cheias de profissionais supergraduados, e a diferenciação virá do tipo de experiência que proporcionam a seus clientes. Em uma brincadeira com fundo de verdade, poderíamos pensar nesta conversa entre duas pessoas:

– Fui ao médico ontem!
– Nossa, que legal! Foi divertido?

Claro que a imagem é um pouco caricata, mas o entorno que compõe a jornada de prestação de qualquer serviço conta pontos, sim. Mais do que isso; como a conquista de novos clientes funciona muito na base do boca a boca, quem indicaria o serviço deixará de fazê-lo ao primeiro sinal de desorganização ou de estrutura de apoio amadora. É como ir a um restaurante ótimo e, no final, pedir um cafezinho e receber uma bebida fria e intragável, costuma dizer um advogado que conhecemos.

A boa notícia é que para compor a outra porção do serviço são exigidas competências muito mais acessíveis do que as necessárias para se tornar um mestre ou doutor. Basta analisar toda a relação (jornada) do cliente, desde o primeiro instante, e empaticamente organizar os processos de suporte. Chamamos processo de suporte todas as atividades executadas excluindo-se o atendimento propriamente dito. Exemplo: um bom atendimento telefônico desde o primeiro contato, uma adequada e meticulosa organização da agenda e tudo mais que pode despertar alguma emoção, boa ou ruim, no cliente. A tecnologia está se ocupando de absorver boa parte dessa etapa com os check-ins antecipados, o envio de documentos via aplicativos e mesmo com o uso da inteligência artificial para conhecer melhor o consumidor antes da prestação do serviço.

De qualquer maneira, é bom os grandes técnicos, mesmo os superpreparados, terem claro que ser considerado competente requer mais do que superioridade técnica. Por mais sofisticado que seja seu currículo, a médio prazo perderá clientes e receita se não souber cuidar de toda a jornada com o mesmo zelo que dedicou à sua formação.

Publicado originalmente no portal Olhar Digital em julho de 2021

12

A impessoalidade nas empresas

*O que você sente quando procura
se comunicar com uma empresa e
descobre que ela é mais uma "phoneless"?*

Não para de crescer a quantidade de empresas que não mais oferece um número de telefone aos clientes que desejarem fazer contato. Nelas, o único meio de comunicação é o e-mail. Já escrevi sobre isto outras vezes: penso que, em algumas posições-chave nas empresas, por mais que avancem a tecnologia e as soluções tecnológicas, *gente é insubstituível*. Especialmente no Brasil, um país conhecido mundialmente pelo calor humano de seu povo.

Muitos anos atrás, quando os restaurantes de fast-food começaram a pedir aos clientes que limpassem suas bandejas, ou ainda nos pedágios, quando foram implantados os mecanismos de cobrança automática, tive vontade de aderir a movimentos que diziam não a essas soluções, com a bandeira de preservar os postos de trabalho.

Em um tempo em que 40 milhões de brasileiros nem estudam nem trabalham e ouvem falar em "era pós-emprego", ter que lidar com o mundo via e-mail não pode ser bom sinal. Empresas competitivas não sobreviverão sem a inteligência emocional que as máquinas e a linguagem fria dos e-mails e do zap ainda não conseguem transmitir. Não há comparação entre escrever uma mensagem que você, cliente, não sabe quando nem por quem será respondida e conectar-se direta e emocionalmente com uma pessoa do outro lado.

O próprio conceito de cidades e empresas inteligentes tem sido acertadamente colocado em xeque nos últimos tempos. Em artigo publicado na *Exame* em 29/09/2021, Carolina Riveira afirma que "o conceito de cidades inteligentes, as *smart cities*, virou quase folclórico ao ser muitas vezes associado a uma imagem um tanto quanto futurista de metrópoles com portas que se abrem sozinhas e carros autônomos. Mas a pandemia – e a necessidade de reinventar espaços para as próximas crises – tornou esse debate urgente como nunca". Nesse mesmo artigo, especialistas destacam a importância de que a cidade seja capaz de ouvir os seus cidadãos. Ora, se as cidades, para serem inteligentes, precisam conhecer quem nelas habita, saber por que moram onde moram e como vivem; se, para isso, têm que se conectar e ouvir essas pessoas, como empresas que se isolam de seus clientes atrás da barreira do e-mail podem se considerar espertas?

Sempre haverá quem defenda essa conduta alegando custos, racionalidade e facilidade de gestão, mas nunca com o argumento da inteligência. Está em jogo aí, inclusive, uma questão mais profunda, especificamente ligada ao design dos produtos e serviços que tais empresas entregam. Quem irá reforçar o significado desses produtos e serviços? Um e-mail automático? Interagir diretamente com quem faz uso do que produzimos ainda é a única alternativa que funciona para descobrir e pôr em prática o que, de verdade, as pessoas esperam. Ainda mais em um mundo cada vez mais marcado pelas ansiedades e angústias de seus habitantes, nós!

Passamos por uma fase FOMO (sigla inglesa para "medo de perder alguma coisa importante", em tradução livre) e agora entramos na fase FOBO ("medo de ter sempre uma melhor opção" do que aquela que escolhemos). Até aí ok. Agora, querer eliminar o relacionamento com os clientes sob o pretexto de que já estaríamos em um estágio chamado JOMO ("alegria por estarmos perdendo algo"), isso está mais difícil de aceitar. Estou certo de que uma porta automática pode ser útil e bacana em algumas circunstâncias. No entanto, quando temos um problema a ser resolvido, qualquer um de nós esperaria que outro ser humano nos abrisse a porta.

Claro, podem dizer que minha visão é "old school", coisa de quem não sabe interpretar os novos tempos. Ou, ainda, de alguém que sempre foi fascinado por pessoas. Mesmo assim, nas startups que mentoro ou nas quais invisto, sigo recomendando que sempre haja alguém, preferencialmente alguém que goste de gente, para atender pessoalmente aos clientes e críticos. Nas startups, ouvir as pessoas tem dado bons resultados. Ajuda os empreendedores a aprender rápido e com eficácia – por mais complicados que sejam os humanos.

Para terminar, é paradoxal ouvir empresas que falam cada vez mais em diversidade e inclusão, mas querem eliminar o ser humano da cena. Vê-las defender nobres propósitos, mas isolar os cidadãos. Custo a crer em um mundo melhor enquanto nossa comunicação se restringir a máquinas e mensagens por escrito.

Publicado originalmente no portal
Olhar Digital em janeiro de 2022

13

A verdadeira mágica

*A inovação aproxima
as pessoas da felicidade*

A reação das pessoas diante de uma apresentação de mágica é a mesma de quando se deparam com as inovações e as incríveis soluções tecnológicas e experiências que por vezes se apresentam no nosso dia a dia. Uma cara amiga comprou um carro novo e contou-me da emoção que teve ao apertar o botão da ignição. Fascínio, encantamento, felicidade.

Sendo assim, uma maneira de definir a inovação poderia ser esta: um caminho para aproximar as pessoas da felicidade. E não se trata apenas de produtos e serviços. É muito mais do que isso: inovação pode significar tempo livre, paz. Eu, por exemplo, estou muito contente com minha maravilhosa solução tecnológica para praticar a meditação.

Martin Barre, ex-guitarrista do Jethro Tull, uma das maiores bandas de rock progressivo, que tanta felicidade provocou e provoca até hoje, declarou em uma entrevista recente que "a inovação está em meu coração". Disse ainda que se sentiu muito feliz ao regravar de um jeito inteiramente novo músicas que tocavam ao vivo nos anos 1970. Mostrou que inovação pode conectar corações e fazer as pessoas felizes.

Quando nasce um novo produto encantador e nós, habitantes do planeta, ficamos felizes, quem o criou lucra e fica feliz, a economia se desenvolve e os empregados ficam felizes, e o país arrecada mais e os governantes ficam felizes.

A inovação é uma verdadeira mágica capaz de criar algo que vem ocupar um espaço vazio, que sequer sabíamos que existia, em nossos corações e mentes.

Há muita coisa em comum entre mágica e inovação. Existe, porém, uma diferença essencial. Enquanto a primeira se resume a truques, a outra acontece para valer e muda o mundo.

Produtos gerados a partir de novas tecnologias, como internet das coisas, nuvem, computação avançada, microeletrônica, novas indústrias agora "aditivas" e muito mais, criam um cenário surpreendente e completamente mágico.

Tecnologias novas e desconhecidas serviram historicamente aos truques de magia. Mas a verdadeira mágica acontece quando essas tecnologias passam a ser dominadas e aplicadas por um grande número de pessoas e equipes inovadoras. Nem a inovação nem a mágica são ações solitárias: são processos interativos, fecundativos, em que uma ideia inicial é posteriormente "polinizada" pelas equipes de realização. A bagagem cultural e o conhecimento específico de cada um dos vários integrantes se compõem para criar, de fato, a inovação e fechar o ciclo. Aí acontece o verdadeiro passe.

Uma das grandes inovações que vivemos que é no campo da manufatura. Nele, caminhamos para sistemas flexíveis que combinam diferentes máquinas em diferentes locais e são capazes de produzir qualquer coisa que possamos imaginar. Um poderoso "empurrão" na direção de uma inovação mais colaborativa e sistêmica que requererá especialistas em materiais, designers, programadores, engenheiros e técnicos especializados em ensaios e testes para que ao final a mágica realmente aconteça.

O mundo da inovação será também, oxalá, um mundo no qual trabalharemos de modo muito diferente. Precisaremos cada vez mais de integração, mesmo que estejamos fisicamente distantes uns dos outros. As regras de colaboração, que até há pouco tempo exigiam relacionamentos diretos construídos no dia a dia no refeitório das empresas, terão que dar lugar a novos caminhos para gerar confiança, entrega mútua e trabalho em equipe.

Haverá grandes desafios, mas em troca estou convencido de que podemos esperar muita magia e felicidade.

Publicado originalmente no portal
Olhar Digital em junho de 2022

PARTE VII

Ensaios sobre a pandemia para todas as horas

1

Carta aberta ao Exmo. Sr. Presidente da República Jair Bolsonaro e Ministros

Sr. Presidente da República, Jair Messias Bolsonaro, Sr. Ministro da Ciência, Tecnologia, Inovações e Comunicações, Marcos C. Pontes, e Sr. Ministro da Economia, Paulo Guedes.

O momento crítico que atravessamos requer ações corajosas e diferenciadas. As empresas precisam de ajuda para sobreviver à mais dura crise da história do Brasil.

Ao mesmo tempo, a catástrofe nos mostra quão importantes são a ciência, a inovação e a engenharia. Nossas vidas e as de nossos entes queridos estão nas mãos dos profissionais de saúde, obviamente, mas também dependem das empresas que empregam cientistas e inovam. Restaram poucas. Muitos projetos e parcela significativa de nossos cérebros mais inovadores migraram para as matrizes das multinacionais ou para países que oferecem incentivos mais significativos à inovação. No Brasil, empreendedores e dirigentes empenhados em desenvolver soluções lutam para superar as barreiras impostas aos financiamentos pelos bancos de fomento. Pouco mais de 1.000 empresas em um universo de 194.000 – considerando-se apenas as que operam em regime de lucro real – fazem uso da principal lei de incentivos à inovação, a Lei do Bem. Elas enfrentam atrasos na avaliação de seus projetos e, mais grave, a insegurança permanente em relação ao juízo de avaliadores, que não reconhecem etapas da engenharia intrínsecas à inovação como passíveis de incentivo. Temerosos, esses avaliadores caem em uma armadilha, armada por eles próprios, de preciosismos sem sentido.

Vivemos um tempo de guerra, em que é preciso expor-se mais. Deixar de lado as burocracias que nos impedem de salvar vidas, empregos e economia. Tempo de reforçar a inovação e apoiar as empresas, em especial aquelas que tomam risco e inovam. Que empregam técnicos e engenheiros brasileiros e, por isso, são capazes de promover rápido desenvolvimento econômico.

Graças à excelente iniciativa do programa governamental "Todos para todos", as empresas estão mobilizadas, oferecendo serviços, produtos e amplo apoio sem qualquer custo para o Governo. De outra parte, listamos, a seguir, medidas simples, viáveis e multissetoriais que propomos que o Governo tome imediatamente em relação à Lei do Bem. Não são ideias nossas, mas sim a compilação dos resultados de entrevistas realizadas desde o início da pandemia com 63 empresas que utilizam os incentivos para inovar. Mudanças de impacto rápido, que reforçariam a capacidade de as empresas seguirem inovando. Tais medidas teriam reflexos diretos na manutenção de empregos qualificados, salvaguardariam investimentos em novos produtos e serviços e, consequentemente, assegurariam uma retomada mais acelerada da arrecadação, que por certo ficará abaixo de todos os recordes históricos.

Estudos realizados recentemente pelo CGEE, Centro de Gestão de Estudos Estratégicos, que tem contrato de gestão com o MCTIC, Ministério da Ciência, Tecnologia, Inovações e Comunicações, demonstraram que a cada real em renúncia fiscal pela Lei do Bem corresponde uma arrecadação de quatro reais em impostos indiretos, gerados em função dos novos produtos lançados. A seguir, os cenários que se desenham no horizonte e as medidas propostas para amenizá-los:

10 É evidente que muitas empresas encerrarão seus exercícios 2020 e 2021 com prejuízo fiscal em função do forte desaquecimento da economia, não poderão, portanto, usufruir dos benefícios na forma como são atualmente concedidos.

Medida proposta: **possibilitar a essas empresas utilizar os benefícios fiscais não tomados por conta do prejuízo, registrando-os como auferíveis e reservando-os para uso futuro na volta do lucro, ao longo dos próximos cinco anos. A mesma** lógica, aliás, já implantada em outro benefício, o Rota 2030, e no registro de patentes.

2) Investimentos em inovação e novos processos e equipamentos, que requerem desenvolvimento tecnológico, serão freados na crise. Pesquisadores e engenheiros serão demitidos.

Medida proposta: **elevar a base de dedução adicional prevista na Lei do Bem, que vai até 100%, para 150%, fixa para os próximos três períodos. Essa nova base estaria condicionada a não haver demissões no quadro técnico. Em outras palavras, manutenção ou ampliação do quadro de pesquisadores nos três próximos anos-base (considerando-se como referência o ano-base 2019).**

3) As avaliações realizadas pelos CAT, Comitês de Apoio Técnico, têm se caracterizado por um rigor exagerado e acadêmico. Têm excluido dos incentivos o que é engenharia intrínseca a projetos de inovação e melhorias contínuas, como se tais investimentos secundários fossem. Isso não condiz com a realidade da inovação que ocorre nas empresas e não reconhece nem valoriza a inovação concreta e verdadeiramente brasileira.

Medida proposta: **conscientizar e treinar os integrantes dos CAT para que projetos considerados como "de engenharia", na interpretação dos avaliadores do MCTIC, passem a ser classificados como incentiváveis (vide Rota 2030 – projetos de desenvolvimento/engenharia).**

4) Valores correspondentes a incentivos de propriedade intelectual são provisionados na parte B do Lalur, mas não usufruídos.

Medida proposta: **liberar os valores provisionados na parte B do Lalur referentes a patentes e cultivares para aproveitamento imediato, sem necessidade de aguardar o longuíssimo prazo para deferimento por parte do INPI.**

5) Os incentivos fiscais são atualmente classificados pelas empresas como abaixo da linha de resultados. Não interessam, portanto, aos gestores que são avaliados por EBITDA.

   Medida proposta: **regulamentar para que os incentivos sejam considerados como redutores das despesas de inovação e, portanto, lançados acima da linha de resultados. Tal classificação bastaria para ampliar consideravelmente a base de empresas que utilizam a Lei do Bem.**

6) As inovações de grande porte exigem investimentos antes, durante e depois do novo processo ou produto. Isso usualmente é não passível de incentivos por ser considerado investimento em ativos.

   Medida proposta: **regulamentar que os custos de desenvolvimento (não incorporados aos ativos) possam ser computados como dispêndios para inovação. Muito importante para os casos nos quais os desenvolvimentos necessitem de grandes volumes de pesquisa em campo para alcançar resultados efetivos.**

7) Hoje os desenvolvimentos em conjunto são incentiváveis apenas se envolverem empresas de pequeno porte. Não corresponde à realidade das inovações mais representativas, que acabam não incentivadas.

   Medida proposta: **permitir o co-desenvolvimento entre empresas de qualquer porte, e não apenas EPPs, ICTs e MEs. Criar mecanismo de controle e separação dos investimentos para cada uma das empresas envolvidas, de modo a assegurar que nesses projetos haja uma dedução adicional limitada à metade dos dispêndios para cada empresa, eliminando a possibilidade de fruição em duplicidade.**

8) As empresas sob regime de tributação com base no lucro presumido (a maioria hoje em nosso País) não têm direito de acesso a esse mecanismo de fomento à inovação, e não são incentivadas a inovar. A restrição atual afasta dessas empresas as oportunidades de desenvolvimento (ou sobrevivência) que a inovação pode oferecer.

Medida proposta: **estender os benefícios para empresas em regime de lucro presumido. Dessa maneira, a Lei do Bem se tornaria um mecanismo de renúncia fiscal verdadeiramente democrático do ponto de vista econômico e concorrencial.**

É hora de agir. De assegurar medidas em tempo recorde e injetar ânimo nas empresas para que sigam inovando. Os recursos disponíveis graças à Lei do Bem somam cerca de um bilhão de reais, valor não representativo comparativamente a outras subvenções. Inovar faz parte da estratégia de qualquer país. Em especial em um momento de retomada da economia pós-crise.

Valter Pieracciani
Julio Cesar Piccaro

Publicado originalmente no portal
Automotive Business em abril de 2020

2

Nunca mais seremos os mesmos

*Mais conscientes do ar entrando em nossos pulmões saudáveis,
quero crer que viveremos de outra maneira
quando tudo isso passar*

A humanidade passa por um abrandamento forçado. Antes da pandemia, as novas gerações gritaram, mas não demos importância. O Planeta manifestou-se com incidentes de fogo e água, e nada. Seguimos acelerando, em busca de mais e mais velocidade, sem limites. No que se refere às comunicações, não estamos felizes com o que temos. Queremos algo 1.000 vezes mais rápido, a quinta geração de internet móvel (5G), por exemplo. Planeja-se enviar mais 20 mil satélites ao espaço, de onde eles nos bombardearão com ondas eletromagnéticas. O objetivo: fazer mais e em menos tempo. Até que, surpreendentemente, o tempo que tanto queríamos ganhar derreteu-se, como no famoso quadro Relógios Derretidos, de Salvador Dalí.

Com nossos relógios derretidos, fomos aprisionados em nossas casas e submetidos a um recondicionamento mental. Um treinamento tão poderoso quanto inesperado. Nele, aprendemos lições importantes sobre um novo ritmo e estilo de vida. O "curso" forçado nos capacitou a escalonar nossos horários de trabalho e a nos deslocar menos, reduzindo congestionamentos nas grandes cidades. Nos ajudou a controlar a ansiedade, a tolerar pacientemente os caprichos do(a) companheiro(a) com quem vivemos. Mostrou-nos que é possível "desterceirizar" a educação das crianças, estudar pela internet, realizar a faxina doméstica ou ao menos valorizar mais quem sempre a fez por nós. Nos ensinou a transformar nossa casa em um ambiente de trabalho produtivo e, certamente, a valorizar menos o dinheiro. Estamos aprendendo até a identificar as fake news. Uma verdadeira revolução sociocultural. Caiu a ditadura da superprodutividade, das milhares de decisões por minuto. Quando tudo isso tiver passado, quero acreditar que a vida estilo "corrida de cavalos" que vivemos até agora terá cedido lugar a uma convivência mais consciente. Que respeite o tempo e nos permita perceber o valor de cada respiração dos nossos pulmões em saudável funcionamento.

Logo nos primeiros dias de quarentena, veio à minha mente o movimento Slow, que vi nascer ao vivo em 1986 quando morava na Itália. Começou como um protesto quando a rede McDonald's quis abrir em Roma sua primeira loja. Dizíamos, nós italianos, à época: "Aqui não! Aqui ninguém tem pressa de comer!" O Slow não conseguiu muitos adeptos pelo mundo simplesmente por pregar algo impensável antes desta quarentena planetária: sabedoria, calma e o equilíbrio em todas as suas dimensões. Em 2004 essa forma de pensar foi elevada a filosofia de vida por Carl Honoré em seu livro *In Praise of Slowness*, no qual nos ensina a tomar as rédeas do ritmo de nossas vidas.

Nem ele nem ninguém podia sequer imaginar que existiria a covid-19, mas sua forma de pensar de repente virou a única realidade. O Slow passa a ser aplicado a quase tudo que realizamos, em especial o Slow Work. Quinze anos depois estamos todos trancados, descobrindo e nos surpreendendo com o modo slow. Mais conscientes, sensíveis e procurando estender ao máximo o tempo e a alegria dos pequenos rituais e prazeres do cotidiano. Certamente mais espiritualizados. Pena que à força. De uma forma dolorosa. Com mortes e medo do invisível. Mas o universo foi sábio ao encontrar uma maneira rápida e eficaz de nos ensinar algo que, pensávamos, não gostaríamos de aprender. A sociedade e a economia foram desaceleradas a quase zero. Viver com saúde e com felicidade genuína tornou-se nosso mais importante desejo.

Nunca mais jornadas intermináveis de trabalho e vidas direcionadas exclusivamente a obter mais e mais dinheiro, conquistas e sucesso. É o que se espera na bonança que se seguirá a esta tempestade. A não ser que realmente a humanidade seja muito limitada, a ponto de não mudar. Eu estou certo de que nunca mais serei o mesmo. E você?

Publicado originalmente no portal Olhar Digital em junho de 2020

3

O que funciona em gestão agora

*Atitudes que fazem a diferença no desempenho
das empresas em meio à tempestade*

Em meio à enxurrada de posts, lives e publicações típicas destes dias, todas falando basicamente as mesmas coisas, trazemos algo aplicável. Baseamo-nos, para isso, em uma pesquisa que realizamos e que acabou de "sair do forno". Um painel com especialistas para discutir as ações das empresas que estão superando com sucesso a crise.

Aplicamos neste trabalho técnicas de design thinking e ferramentas de inovação. Nosso material de trabalho foi uma espécie de inventário de providências e decisões tomadas por uma amostragem de 72 empresas-clientes ativas. Levantamos e classificamos o que cada uma fez nos últimos meses (desde início de março) em meio à tempestade. Demos atenção especial ao que, na avaliação dos dirigentes dessas companhias, melhor funcionou. As medidas tomadas foram classificadas e organizadas segundo sua natureza e os efeitos que cada família resultante surtiu. Dois terços das empresas são de porte médio, e nelas a liderança teve autonomia e pôde tomar providências rápidas. A amostra abrangeu indústria, serviços e varejo.

Identificamos 18 medidas eficazes. Muitas delas são tradicionais, bastante conhecidas de todos nós, e por isso não as reportaremos aqui. Referimo-nos a recomendações como: salvar o caixa, reduzir custos, renegociar contratos e outras um tanto quanto clássicas da administração de crises. No entanto, dois conjuntos de atitudes, ao nosso ver, fizeram toda a diferença.

1) Estabelecer rapidamente uma liderança baseada em confiança, ou reforçar esse traço em empresas que consideraram já ter tal característica; e
2) Assegurar máxima resiliência em lugar de meramente força.

Características aliás, que, como verão a seguir, são primas-irmãs.

1) Liderança baseada em confiança

O fio da costura perfeita, quando se trata de tecido empresarial, é a confiança. Em um momento de crise profunda como o que vivemos, é ela que une ou deixa que se desmanche tudo o que foi construído por décadas. Vale para dentro de sua empresa, em relação aos colaboradores, e para fora, em todas as direções e relações: com fornecedores, clientes e até mesmo concorrentes, com quem podemos estabelecer laços de cooperação. A costura resistente à força de separação e ao tempo é feita quando cremos uns nos outros. E você, líder, é a agulha que conduz esse fio. Suas atitudes falarão por você e transmitirão confiança e capacidade de superação ou, ao contrário, medo e paralisia. Isso é especialmente importante em um momento no qual estamos todos superfragilizados. O líder confiante, em si mesmo e nas equipes, conseguiu nos últimos tempos canalizar energias boas para encontrar alternativas e seguir fechando negócios. Outros ficaram, por exemplo, pedindo às pessoas que acionassem suas câmeras de surpresa, uma medida para avaliá-las no home office.

Convido você a refletir sobre uma frase atribuída ao general Norman Schwarzkopf, comandante das forças de coalizão na Guerra do Golfo: "Só existe uma maneira de confiar nas pessoas: confiando nelas". O raciocínio se choca frontalmente com o dito popular brasileiro segundo o qual se deve "confiar desconfiando". A pergunta é: de que lado você se posiciona? A pesquisa mostrou que, nas empresas vencedoras, os líderes optaram por acreditar nas equipes, em sua capacidade de superação, em quem está a sua volta, credores inclusive.

2) Resiliência é mais importante do que força

Lendo o título desta segunda estratégia que recomendamos, você certamente se lembrará de Nassim N. Taleb, autor do livro Antifrágil: coisas que se beneficiam com o caos. É verdade! Suas lições sobre assegurar agilidade extrema e saber aguentar firmemente os revezes durante crises e momentos fora de controle emerge como característica-chave na era COVID. O livro foi escrito em 2014, mas poucas empresas compreenderam e ajustaram suas culturas e processos decisórios, e de trabalho, a essa postura. Raras mudaram a forma como encaram adversidades, sem tentar superá-las pela reação, mas sim pela aceitação e pelo aprendizado. Com menos formalismo e mais capacidade de "abraçar" e lidar com o inesperado. Quando se trata de agilidade, um dos pontos de destaque é, por exemplo, a capacidade de articulação e a realização de ações conjuntas com os canais de varejo, no caso das indústrias, e vice-versa. Ficou claro em nosso estudo quais eram as organizações mais "antifrágeis" e, elas simplesmente, pularam na frente quando avaliadas por seus resultados.

Percebeu por que essas duas estratégias se correlacionam e se conectam a você, líder?

Esperamos muito que sim e que possa adotá-las imediatamente.

Para terminar, poderíamos enxergar o conceito da "antifragilidade" também na poesia de Fernando Sabino.

"De tudo ficaram três coisas... A certeza de que estamos começando... A certeza de que é preciso continuar... A certeza de que podemos ser interrompidos antes de terminar... Façamos da interrupção um caminho novo... Da queda um passo de dança... Do medo, uma escada... Do sonho uma ponte."

Publicado originalmente na revista
Costura Perfeita em junho de 2020

4

Reconversão Produtiva: a transformação que a pandemia trouxe para a indústria

Frutos da necessidade, novos arranjos comprovam o valor da flexibilidade no mundo dos negócios

Fizemos muitas descobertas graças à pandemia. Aprendemos que é possível trabalhar de casa e que precisamos de muito menos para ser felizes. Tivemos também lições de solidariedade e até de protocolos sanitários. O mundo inteiro está aprendendo e mudando.

Nesse cenário, a indústria e o setor da mobilidade têm diante de si uma grande oportunidade. Refiro-me aos rearranjos industriais e à reconversão produtiva. O segmento, que já vinha desidratado e clamando por mudanças, entrará com tudo nessa transformação.

A grande conquista aconteceu quando, por necessidade, fábricas de automóveis se viram montando respiradores hospitalares, fábricas de filtros ensaiaram fazer máscaras e outras empresas, para se salvar e gerar caixa, tentaram combinações variadas fora do seu sagrado "core", produzindo o que nunca pensaram em fazer antes.

Isso ateou fogo em crenças antigas de inviabilidade e quebrou travas de flexibilidade. Ficou claro que seria possível seccionar os processos em unidades de transformação e geração de valor e, recombinando-os, manufaturar múltiplos produtos. Quais? Justamente aqueles que o mercado demanda a cada momento ou realidade. Se assim for, descobriremos ainda que não faz qualquer sentido que três metalúrgicas de porte médio, dotadas de equipamentos similares e, pior, situadas em um raio de dez quilômetros de distância umas das outras operem com 80% de capacidade ociosa, baixando preços para sobreviver e lutando em um oceano vermelho de sangue. Todas sairão perdedoras, e quem ganhará será a China.

A reconversão produtiva poderia ampliar a quantidade de linhas de itens diferentes. Uma possibilidade seria iniciar lentamente a diversificação, migrando para máquinas e implementos agrícolas (um mercado crescente e similar) e, na sequência, para outros equipamentos até atingir um portfólio amplo de produtos, com base em dados de inteligência de mercado atualizada permanentemente. Em um plano paralelo, o foco estaria em otimizar o uso do parque já instalado por meio de uma espécie de "uberização" de processos produtivos e etapas de transformação e geração de valor. Uma espécie de "desmonte das linhas de montagem" e amplificação do leque de empresas e empreendedores que, com uma marca e um projeto na mão, iriam à caça de etapas produtivas de transformação, dispostos a pagar por elas o que realmente valem.

Acha que estou "viajando"? Gostaria de acreditar em tudo isso? Então apresento a você a Casper, um "fabricante" americano de colchões. Seu único diferencial é ter bolado um sistema de vácuo com o qual sugam o ar de dentro do colchão, compactando-o a tal ponto que pode ser embalado em uma caixa. Isso torna possível enviá-lo para qualquer lugar pelas redes de entrega comuns. Pois bem, essa empresa, de apenas quatro anos de idade, fatura 400 milhões de dólares por ano, emprega 600 funcionários e é avaliada em 1.1 bilhão de dólares. A Casper não fabrica nada, não estoca nada, não envia nada. Absolutamente tudo é feito por uma rede de parceiros, cada um entregando sua parcela de valor na cadeia do negócio. Este sistema de encolhimento dos colchões poderia estar, portanto, dentro de sua fábrica, rendendo-lhe receita. Nasce um novo paradigma industrial no qual a pergunta não é mais o que você produz, mas sim qual é o seu catálogo de processos de transformação ou adição de valor. Em quais é competitivo, flexível, rápido?

Você, que me lê agora, é capaz de responder isso sobre sua empresa atualmente?

Se a resposta for não, acelere. Quanto às demandas e a como se conectar com elas, não se preocupe: a tecnologia se encarregará de fazer o encaixe. Uma espécie de "tinder" entre empreendedores e suas ideias, marketing, marcas e projetos de produtos e quem pode transformar materiais, montar e adicionar valor.

Quando, no meio da pandemia, ouvi os governantes se referirem pela primeira vez ao plano Marshall, me enchi de expectativas. A reconversão da indústria bélica para produtos de consumo foi, de fato, uma grande e exitosa transformação. Não era o que imaginei: falava-se apenas de outro aspecto daquele movimento histórico, as grandes obras de infraestrutura. Quem sabe não haja um despertar também para políticas públicas e incentivos fiscais que possam salvar nossa combalida indústria. Estamos ainda em tempo e, como dizia Ayrton Senna, brasileiro não desiste nunca.

Publicado originalmente no portal
Automotive Business em junho de 2020

5

Tempo de aprender ambidestria

Nas grandes crises, precisamos agir ao mesmo tempo como gladiadores na arena cotidiana e estrategistas do futuro

Devemos planejar desde já o nosso futuro de longo prazo e começar a construí-lo? Ou o melhor é se concentrar na sobrevivência neste momento jamais visto na história?

Foi maravilhoso ter participado do AB Plan, evento de planejamento da Automotive Business que reúne especialistas e dirigentes de empresas para compartilhar visões e discutir estratégias. Me conectei à plataforma de reuniões certo de que seria superinteressante ouvir esses profissionais falando de planos em um momento tão desafiador, com a saída de uma empresa do calibre da Ford, a GM parada por falta de componentes, o dólar a seis reais e um novo *lockdown*, anunciado na véspera. Tinha certeza de que viveria emoções fortes. Essa expectativa foi amplamente superada.

Me preparei para relatar ações de curto prazo que nossos clientes vêm tomando e que têm lhes proporcionado sucesso. Mais do que isso: crescimento em plena pandemia. Separei algumas experiências emblemáticas para compartilhar e aguardei a minha vez – eu seria o último convidado a falar.

Durante os debates iniciais, a âncora do evento, Giovanna Riato, perguntou logo de cara quais seriam as características essenciais para os profissionais do setor neste momento. No gráfico gerado a partir das respostas da maioria, apareceram três muito afinadas com a mensagem que eu havia preparado: coragem, agilidade e flexibilidade. Obviamente, adorei!

Camilo Adas, presidente da SAE, destacou a importância de pensarmos no longo prazo. De construirmos nosso futuro para o Brasil, lançando mão de nossas competências, vocações energéticas e da força da competente engenharia local. Opinião com a qual compactuo totalmente e que tenho inclusive defendido em várias circunstâncias. É uma visão estimulante, que nos impulsiona e nos convida a trabalhar com cenários, projeções, roadmaps tecnológicos. Que nos faz pensar nas nossas capacidades centrais e no mercado gigante adormecido que o Brasil, desde que me conheço como gente, sempre foi.

Todos concordamos com o que ouvimos, e nossas mentes e corações viajaram para um futuro promissor, daqui a uns dez anos. Os debates seguiram com ricas contribuições. Falou-se de veículos pesados, de eletrificação, de custos, etc. Nessa hora, olhei por um segundo para a janela e vi que um forte temporal, desses que desabam todo final de dia, se aproximava rapidamente. Trazia consigo, como sempre, uma sensação de temor e incerteza. Coincidentemente, naquele exato momento outro participante, desta vez um empresário, pediu a palavra. Breve e cirúrgico, provocou em todos nós uma guinada mental de 180 graus. Com o pragmatismo dos empresários, apresentou-se rapidamente e, em seguida, disse mais ou menos o seguinte:

"Informação e planejamento são valiosíssimos para nós. No entanto, eu queria saber dos senhores o que acham que seria melhor eu fazer amanhã: colocar todos os nossos funcionários em férias outra vez ou demitir de imediato mais da metade deles. Preciso decidir!"

Lá fora, as nuvens tinham encostado e uma chuva densa, cinza e barulhenta começou a cair. A fala do empresário soou como um despertador. Um tremendo choque causado pela dura realidade pandêmica na qual tentamos sobreviver.

É claro que, entre as duas visões alternativas, não há uma adequada e outra inadequada. O que temos que enxergar é apenas a dura realidade. Não se pode escolher uma ou outra: o curtíssimo e o longo prazos têm que guiar nossas decisões simultaneamente. Não haverá futuro a planejar se o negócio não sobreviver. Assim como não existirá prosperidade sem uma estratégia. Será preciso pensar com a direita e a canhota. Aprender a usar estes dois chapéus: o do gladiador na arena do dia a dia e a do visionário estrategista capaz de desenhar o futuro.

Em busca dessa ambidestria, líderes e suas equipes talvez possam dividir o dia em dois períodos, dedicando um deles ao presente complexo e outro ao futuro desejado, ou então separar equipes em função dos prazos que cada tipo de decisões envolve. Enfim, encontrar imediatamente arranjos que permitam assobiar e chupar cana ao mesmo tempo, como se diz no popular. A realidade exige ações no curto prazo. O momento requer velocidade e movimentos dramáticos – alianças com concorrentes, por exemplo. Há que se cuidar da energização das equipes, de abrir-se e de criar conexões, dentro (ideias internas) e fora da empresa (conexões com startups). Serão atitudes de sobrevivência. No restante do tempo, não se deve abrir mão de planejar o futuro um pouco mais distante.

Muitas vezes no Brasil fomos considerados bons improvisadores, maleáveis e capazes de criar com pouco; e fomos criticados por isso. Agora, em tempos nos quais ninguém sabe absolutamente nada, é hora de investir nessas características como positivas e salvadoras

Publicado originalmente no portal
Automotive Business em março de 2021

6

Freio ou acelerador?

*Em tempos de imprevisibilidade, a intuição e
o reflexo poderão ajudar o setor auto a se reerguer*

Imagine-se ao volante de um bólido superpossante em um circuito que nem você nem ninguém conhece. É dada a bandeirada e começa a prova, com diversos carros e pilotos. Ninguém sabe em que velocidade poderá entrar em cada curva: o reflexo e a habilidade de cada competidor na direção é que farão a diferença. Uns brecarão mais do que deviam. Outros sairão da pista por excesso de velocidade.

Pois é essa a realidade que a pandemia nos impôs no mundo dos negócios. Muito mais reflexo e intuição do que previsibilidade e planejamento. Ninguém consegue precisar com que intensidade a economia retomará. As multinacionais deixando o Brasil, por exemplo, estão provavelmente brecando demais. Há sinais disso. Olhemos para os preços dos carros novos. Segundo a plataforma de precificação de veículos Checkprice, o preço médio dos zero-quilômetro subiu de 20 a 25% em 2021. Claro que, por parte dos fabricantes, deve haver muitas explicações, sendo a alta do dólar e dos insumos talvez a mais robusta. Mas há outra causa admitida: a falta de veículos. Em reportagem publicada no caderno de economia do jornal *O Estado de São Paulo* em 22 de abril passado lia-se que "as montadoras têm atrasado a entrega de pedidos no varejo e também no atacado (frotistas), ocasionando relevante alta dos preços dos veículos novos no mercado".

Tudo bem: faltaram componentes e ficou difícil programar e produzir em meio à pandemia. O que surpreende positivamente, porém, é que a demanda aparentemente se manteve. Nesse cenário, e considerando que não há como revogar a lei da oferta e da procura, surgiu uma condição favorável a um ajuste para cima nos preços. Em economia isso se chama teoria das filas. Filas crescentes indicam possibilidade de aumentos de preços. No popular Brasil, evoca aquela palavrinha chata inventada nos anos 1980: ágio – um termo que só apareceu no vocabulário por causa desses desequilíbrios entre oferta e procura. As locadoras também correram e subiram o valor das diárias, mesmo em contratos de longo prazo. Da mesma forma, elas têm uma boa justificativa: com a falta de veículos novos haverá que se fazer frente a maiores custos de manutenção dos mais rodados. Em meio a isso tudo, fábricas, e não só do setor auto, fecham plantas no Brasil e dispensam trabalhadores, engrossando o tsunami do desemprego. Um verdadeiro maremoto de paradoxos.

Cabe outra consideração interessante: não é todo mundo que está comprando carros. Deve haver uma grande parcela da população, mais sensata e precavida, que segue à espera de uma definição mais clara dos cenários para só então investir em um bem desse valor. Pode-se prever, portanto, que estaria fermentando uma demanda reprimida, pronta a irromper assim que houver mais previsibilidade e uma mínima melhora dos indicadores econômicos. Em outras palavras, vem mais disposição de compra por aí. Um caminho natural seria os fabricantes empregarem e investirem, acelerando ainda mais o círculo virtuoso de uma retomada da economia. Resta saber se estão dispostos a isso. Se aceitam renunciar aos (um tanto quanto artificiais e certamente transitórios) aumentos nas margens gerados por uma escassez de produtos.

Neste momento, torcemos para que os dirigentes de todos os setores escolham produzir e crescer. Só isso nos prepararia para quando essa histórica fase passar. Alguns poucos economistas com visão menos turbada pelas questões políticas já defendem esta tese. Em outra direção, totalmente diferente, mas com os mesmos ingredientes, há mais evidências. O ecossistema de inovação e as startups brasileiras não param de prosperar e receber investimentos. Enfim, para quem quiser ver, há várias provas de que é hora de pisar fundo no pedal do acelerador agora. Passar com tudo por cima das dificuldades e das desculpas para deixar de investir no Brasil.

Publicado originalmente no portal
Automotive Business em maio de 2021

PARTE VIII

Visões de futuro e razões para ter esperança

1

Em 2016, você deveria ser mais grato e menos rancoroso

Desejos de ano-novo que valem para todos os anos

Tristeza não combina com Ano Novo. Mesmo assim, tenho percebido, no meu entorno, um montão de pessoas desanimadas.

Desânimo tem a ver com alma. De fato, a palavra **anima** (pronuncia-se ânima) é originária do latim e significa alma. Essas pessoas desanimadas deixaram de acordar suas almas para o ano que se inicia. Hoje proponho um bom coquetel energético para despertar almas.

Experimente olhar ao seu redor. Observe atentamente as pessoas que você conhece. Haverá muitas sem energia, como se suas almas permanecessem adormecidas a maior parte do tempo. É como se elas acordassem de manhã e levassem seus corpos até o ambiente de trabalho, meio absortas e desengajadas. À noite, levam o próprio corpo de volta. Elas esperam ansiosamente que chegue a hora de ir para casa. Não porque tenham algo espetacular para fazer, mas simplesmente para dormir. Os sábios do hinduísmo têm uma explicação para isso: quando se adormece, o corpo fica imóvel e em segundo plano, e a alma consegue finalmente se manifestar em sonhos.

Descobri a receita desse energético da alma no verão de 1979. Tinha acabado de me formar engenheiro mecânico e o mundo, para mim, era um grande mecanismo no qual nós, pessoas e organizações, éramos as engrenagens. Meus pais me presentearam com uma viagem para o Havaí, lugar que eu, surfista apaixonado, sonhava conhecer.

Jovem e em busca de descobertas, fui parar no meio de um ritual revelador, cujo impacto tem me acompanhado ao longo de toda a minha trajetória profissional e, claro, inevitavelmente, da minha vida pessoal. Entendi a receita do energético da alma. Lá vai: doses iguais e abundantes de perdão, gratidão e amor. Misture e tome várias vezes ao dia.

O ritual do qual participei era uma cerimônia ancestral de purificação chamada Ho'oponopono. Em havaiano, "Hoo" significa "causa" e "Ponopono" quer dizer "perfeição". Portanto, Ho'oponopono pode ser interpretado como uma oportunidade de corrigir erros e retomar a vida livre deles, por meio – justamente – do perdão, da gratidão e do amor. O ritual incluía meditação, cânticos antigos e a repetição do mantra "me perdoe, te amo, sou grato". As expressões fizeram todo o sentido para mim, pois estavam diretamente relacionadas às quatro virtudes de Jesus: compaixão, humildade, amor e gratidão.

No Ho'oponopono, parte-se do princípio de que somos 100% responsáveis por tudo o que nos acontece e por todos que nos circundam. O que ocorre em nossas vidas deriva do que há em nosso coração e em nossa alma, ou seja, vem de dentro para fora.

Lembro-me até hoje de como saí diferente daquela vivência, naquela praia. Foi como se tivesse sentido o despertar de algo interior: o sabor e a força da tolerância, da gratidão às bênçãos que a vida me dá e do amor às pessoas que me cercam (ainda que tudo isso seja work in progress, sempre).

Neste ano duríssimo que se desenha, acredito que cada um de nós deveria se dedicar mais ao exercício do perdão, da gratidão e do amor. Tomar diariamente o energético "me perdoe, te amo, sou grato".

Desculpar-se e expressar gratidão são, diferentemente do que parece, atitudes que realizamos para nós mesmos e não para os outros. **São libertadoras e purificadoras para quem as pratica.**

No ano passado, um amigo especialista em energia vital reforçou em mim a crença de que a gratidão é sagrada, e de que até mesmo a palavra "obrigado" é mal-empregada em nossa cultura. Ela sinaliza que nos sentimos "obrigados", isto é, devendo obrigações, quando alguém faz algo por nós. Comecei a ver uma interpretação mercantilista nisso. Uma espécie de troca, quando gratidão, na verdade, nada tem a ver com isso. Alguém nos passa energia positiva, fazendo algo de bom por nós, e respondemos com uma palavra tão pesada? Quem é obrigado a fazer algo o faz com energia negativa. As crianças são obrigadas a comer espinafre e a cumprimentar desconhecidos, mesmo quando não querem; elas, sim, poderiam dizer, ao final do ato, 'obrigado'.

Em todos os outros casos, o que poderíamos dizer é: "gratidão". Ou "graças", já que acabamos de receber uma delas. Bem fazem os espanhóis e os italianos, que agradecem com as palavras "Gracias!" e "Grazie!", respectivamente. Hoje em dia, sempre que recebo uma dádiva, procuro mudar minha energia interior e dizer "sou grato", porque é realmente como me sinto.

O Brasil e o mundo de **hoje tentam nos empurrar para longe da gratidão, do perdão e do amor**. Estamos construindo uma sociedade alimentada pela intolerância, pelo ódio e pela ingratidão. Vemos essa postura todos os dias no ambiente empresarial e social.

Há alguns estudiosos do Ho'oponopono no Brasil. Neste começo de ano, convidamos um deles a conduzir esse ritual com nosso time de consultores. Espero sinceramente que, mais uma vez, o milagre se realize e saiamos todos mais preparados para perdoar, amar e agradecer. Vamos precisar muito disso em 2016, e é meu sincero voto para todos nós e para este ano que entra.

Publicado originalmente no portal
Brasil Post em janeiro de 2016

2

De volta para o futuro: lições de empreendedores e de startups vencedoras

Os bastidores surpreendentes de um projeto que reuniu jovens empolgados e executivos de cabelos brancos

Como você imagina que será o mundo dos negócios do futuro?

Ou, quem sabe, já em 2020? Em meio à hiperacelerada revolução que vivemos?

Nos últimos tempos, meu time de consultores e eu vimos cursando um verdadeiro MBA no assunto. Nada de futurologia, não: mundo real. Aprendizado concreto que se dá do convívio direto e intenso com os jovens líderes da transformação que está moldando um novo ambiente de negócios.

Uma de nossas mais recentes "viagens de aprendizado ao futuro" começou quando um grande banco abriu as portas para startups se inscreverem em um Programa de Inovação Aberta e nos contratou para apoiá-lo. Atuamos de ponta a ponta nesse Programa, desde a chamada das empresas até a preparação das vencedoras. Ali, encontramos as mesmas lições que já tinham emergido em diversos outros trabalhos de inovação aberta que estruturamos. Como, por exemplo, o programa da Oi, às vésperas da última Copa do Mundo, do qual nasceram startups que hoje são milionárias.

Mas voltemos ao banco. Das mais de 500 startups que se candidataram, foram selecionadas 45. Esse grupo formou um ecossistema rico em projetos instigantes, criativos, viáveis! O passo seguinte foi reunir as finalistas em um centro de convenções em São Paulo para uma imersão, misturando os empreendedores a mentores, especialistas do banco e investidores. Imaginem a cena: um montão de jovens, a maioria vestindo camisetas evocativas de maratonas de inovação que acontecem por todo o Brasil, e das quais participaram; eles circulavam em meio à alta direção do Banco, investidores, professores e outros executivos classicamente vestidos... Uma verdadeira "feijoada tecnológica e de inovação".

As empresas iniciantes escolhidas apresentaram seus projetos pessoalmente e foram novamente avaliadas.

Mergulhado naquele caldeirão, me senti aterrissando em uma ilha isolada onde as práticas são diferentes das convenções do trabalho que 99% dos executivos vivem hoje. Tudo o que vi, ouvi e senti me faz acreditar que o mundo de negócios, muito em breve, será regido por novos padrões de pensamento e comportamento.

1. Trabalho em rede, com forte interação e troca de informações, sem pudor, sobre os segredos dos negócios. Nesse novo mundo predomina a máxima que diz: "Você será copiado". Em vez de proteger suas estratégias com muros e cadeados, os jovens preferem confiar e investir na própria capacidade de re-inovar. Pensam assim: "Ok, quando eu for copiado, acelero e passo para a próxima!" Falam abertamente sobre suas formas de atuação e estratégias, perguntam tudo aos concorrentes e respondem tudo quando são perguntados.

2. Valorização dos cabelos brancos. Chamava atenção a forte concentração de times de idades mistas. Os jovens querem mesmo é criar, e fazem isso muito bem. Porém, na hora de tocar o negócio que inventaram, buscam executivos mais experientes. Garotos cheios de energia criativa e veteranos transbordando vitalidade são uma combinação vitoriosa no novo ambiente de negócios que virá.

3. Ascensão da economia colaborativa. Claro que os jovens estão focados no próprio negócio. No entanto, dedicam um tempo significativo a colaborar gratuitamente com outros empreendedores. É uma atitude consciente e se estende inclusive à concorrência. É natural nessa nova realidade se conectar e compartilhar.

4. Paixão pelo que fazem. Os criadores das startups amam o que fazem e, talvez por isso, trabalham muito. Extraem de seu trabalho uma energia que realimenta sua paixão, produzindo um círculo virtuoso. Cansaço é uma palavra que não existe no vocabulário deles.

5. Capacitação técnica virou commodity. Para se destacar, não basta dominar tecnologias: é preciso ser capaz de inovar com elas. Domínio tecnológico é, simplesmente, um pré-requisito. Todos tinham. Até porque, na esfera das empresas, não existe mais nenhuma que possa abrir mão da tecnologia. Quem não se digitalizar estará rapidamente fora do jogo. As melhores perspectivas de sucesso e riqueza atualmente estão ligadas a tecnologia e digitalização. Trata-se, reconhecidamente, do novo petróleo.

6. Estudo mais eficiente. Os jovens empreendedores haviam mergulhado profundamente nos assuntos de que gostavam e, dessa forma, tinham aprendido com mais eficácia. São insuperáveis nas disciplinas de seu interesse. Mesmo tendo abandonado a escola, vários deles alcançaram grande sucesso – mais até: são reconhecidamente os que mais sabem sobre determinados temas. Fica o recado para a escola tradicional: de que adianta oferecer quase duas dezenas de disciplinas no Ensino Médio quando, comprovadamente, o interesse é o grande motor do aprendizado?

7. Coragem de tentar. E errar, se for o caso. Todos eram empreendedores seriais e a maioria, apesar da pouca idade, já tinha pelo menos um fracasso nas costas. Pensa que desanimaram? De jeito nenhum! O que deu errado também era matéria-prima – e valiosa – nas trocas entre os finalistas. Os próprios avaliadores consideravam os erros do passado tão valiosos quanto os acertos.

Saí daquele encontro contagiado pela força e pela energia daqueles empreendedores. Tivemos uma clara visão do futuro. Futuro, aliás, que pertence a quem aprender rapidamente a fazer negócios como aqueles 45 finalistas.

Publicado originalmente no portal
Brasil Post em março de 2016

3

O futuro de antigamente

Às vezes parece que não, mas ainda temos muito o que inventar e inovar

Recentemente, a propósito do Dia do Índio, fiquei imaginando como terá sido o choque de inovação que esse povo sofreu.

Vivendo tranquilos e integrados à natureza, de um dia para o outro os índios descobriram que não podiam mais viver sem espelhos, armas de fogo, ferramentas sofisticadas. Novos produtos e processos revolucionariam para sempre suas vidas. No Brasil, como descreve o antropólogo Darcy Ribeiro em sua obra-prima, *O Povo Brasileiro*, o choque de culturas – ou, talvez fosse melhor dizer, de estágios de avanço tecnológico – pôs fim à paz que existia até então e redefiniu a realidade, deixando marcas na sociedade brasileira até os dias de hoje.

À primeira vista, pode parecer exagerado, mas acredito que o momento de transformação que vivemos hoje é tão intenso que permite um paralelo com o choque da chegada dos portugueses às terras indígenas. Em breve teremos que nos entender com uma realidade completamente diferente daquela na qual crescemos e nos desenvolvemos. Nessa nova fotografia do mundo, destacam-se os aplicativos e a tecnologia.

Você poderia dizer, com razão, que a história da humanidade é marcada por inovações, e que sempre houve mudanças. Verdade. Aristóteles, o filósofo, referindo-se às inovações de sua época, saiu-se com esta: "Agora que todos os bens para o conforto do homem foram inventados, só nos resta dedicarmo-nos ao espírito". Imaginem a sensação de inovação que reinava na Grécia Antiga para um pensador genial como Aristóteles sentir-se dessa maneira no século 4 antes de Cristo.

Se o homem inova continuamente, você prosseguirá, onde está a novidade? Eu responderei: na velocidade com que as inovações vêm ocorrendo. Tenho alguns exemplos.

As tecnologias financeiras e os aplicativos impactarão violentamente o setor bancário. Estima-se que em cinco anos o dinheiro em espécie desaparecerá.

As indústrias, tal como as conhecemos, serão invadidas pela Internet das Coisas, por impressoras 3D e por sistemas de produção ciberfísicos. Vão virar outra coisa: fábricas 4.0, nome que designa a quarta revolução industrial.

Na educação, a gamificação e a realidade ampliada substituirão os métodos de ensino que conhecemos. Em termos de conteúdo, é praticamente impossível prever o que teremos que ensinar às nossas crianças para que possam exercer profissões que nem sequer existem ainda.

Na saúde, microssensores inseridos em cápsulas que engoliremos entrarão em funcionamento dentro do nosso corpo, captando nossos sinais vitais e enviando-os para o celular do médico que nos acompanha.

A agricultura de precisão revolucionará nossas fazendas. E a capacidade de processar velozmente uma massa gigantesca de dados, à primeira vista dissociados, simplesmente riscará do nosso dicionário a palavra imprevisibilidade.

Não é futurologia. Tudo isso chegará depressa. Em poucos anos, esses e outros segmentos da nossa realidade serão reconfigurados. Teremos que mudar nossos modelos mentais.

Em um mundo em ebulição, será preciso desaprender muito do que aprendemos. No campo da gestão, por exemplo, valerá mais a adaptabilidade do que ter claras estratégias. Será mais importante a velocidade com que se incorpora a inovação, lidando com startups, do que ser hábil em reduzir custos. A capacidade de atuar em rede fará muito mais diferença do que saber gerenciar legiões de empregados. Gigantes terão que se reinventar partindo do zero e recriando-se sob uma lógica digital.

Nenhuma lei irá nos proteger da invasão da inovação, exatamente como ocorreu com os índios. As leis não conseguem acompanhar o ritmo das inovações e serão superadas pela dinâmica de mercado e do que é visto como valor pelos consumidores. Uber, VRBO e tantos outros são exemplos.

Em minha adolescência, na transição entre os anos sessenta e setenta, sentia intensamente um desejo de revolução. Achei que tinha vivido uma das maiores transformações da sociedade quando nós, jovens, assumimos o papel de protagonistas e nos rebelamos contra as regras sociais.

Não podia imaginar que 45 anos depois viveria outra tempestade social, bem diferente. Não mais coletiva, mas feita por indivíduos solitários e enamorados de suas criações tecnológicas. Se, no passado, clamava por mudanças, hoje, confesso, estou um pouco assustado com o que elas trazem para nossas vidas.

Mas não adianta temer: é preciso abraçar a inovação. Afinal, como cantou Renato Russo em sua música Índios:

"Quem me dera, ao menos uma vez,
Explicar o que ninguém consegue entender:
Que o que aconteceu ainda está por vir
E o futuro não é mais como era antigamente."

Publicado originalmente no portal
Brasil Post em maio de 2016

4
Mais dia, menos dia, todos seremos consultores

O modelo de negócios das consultorias se irradia para todos os serviços. Ele pode redefinir o mercado

É inevitável: mais dia, menos dia, seremos todos consultores. Não me refiro ao nome da profissão. Não. A denominação "consultor" já é usada comumente hoje em dia. Chega a ser curioso para alguém que, como eu, exerce a profissão há 30 anos. Quando, em rodas de apresentações, todos falam suas profissões e eu me apresento como consultor, vejo a interrogação que aparece no rosto das pessoas. Afinal, eu poderia ser um vendedor de cosméticos, que hoje chamam-se consultores. Ou talvez um corretor de imóveis, profissão importante, cujos profissionais hoje em dia chamam-se "consultores imobiliários", ou até mesmo cartomante, um consultor sentimental. O título é usado à exaustão e não é disto que estou falando.

Refiro-me à tendência de que o modelo de contratação praticado no negócio consultoria se expanda para todos os serviços, e mais: que reconfigure as antigas estruturas de empregos e empregados.

Olhe em volta. A destruição da economia no Brasil empurrou uma legião de pessoas competentes para fora do mercado de trabalho. Milhares de profissionais em transição de carreira, no dia seguinte ao desligamento, colocam o endereço de suas casas em um cartão de visitas sob o título "consultor". Isso não é novidade, mas nunca antes ocorreu de forma tão intensa.

Expandindo essa fotografia para o mundo do trabalho, consultoria e o que chamávamos de emprego se misturam. Antes do que imaginamos, todos seremos acionados para realizar alguma tarefa de nossa especialidade, provavelmente por meio de aplicativos – como, aliás, já se faz hoje, ainda em pequena escala – e poderemos (ou não) ser escolhidos para aquele trabalho. Em outras palavras, as empresas contratarão serviços profissionais de todo tipo por meio da internet e em um processo de leilão reverso. Explico: preciso de um layout para minha fábrica, do desenvolvimento de um software ou de consultoria para meu negócio? Entro na web, detalho meu problema ou minha necessidade em aplicativos gratuitos, criados especialmente para cada serviço, e profissionais do mundo todo, diretamente de suas casas, candidatam-se a serem "meus funcionários" enquanto durar o job.

Nos Estados Unidos, paramédicos já realizam pré-consultas a distância. Estúdios de Hollywood contratam equipes em diferentes continentes para executar etapas distintas da edição de filmes. Já não existe "longe demais"; o conceito de tempo e espaço foi reinventado.

Recentemente, um amigo, dono de serviços técnicos, reduziu drasticamente seu custo e seus prazos na execução de projetos ao contratar "tarefeiros" para a etapa inicial. Trata-se normalmente de tarefas simples, que, porém, consumem muitas horas-homem das equipes. Neste caso, por 30 dólares, ele conseguiu que o trabalho fosse feito por alguém do leste europeu que jamais conhecerá.

O resultado? Tinha a qualidade necessária para a continuidade dos trabalhos.

Você pode estar se perguntando: será a morte da excelência?

Creio que não e vou detalhar por quê.

A primeira pergunta a fazer é: o que determinará a escolha de uns e não de outros? Os eleitos serão aqueles que, pela equação qualidade/preço oferecida na execução de trabalhos anteriores, ficarem mais bem ranqueados nas lojas virtuais de serviços. Ou seja, ainda terá valor a experiência de cada um de nós. Uma espécie de meritocracia fria e forçada.

Além disso, nem todas as etapas dos processos poderão ser cumpridas por profissionais contratados a distância, sem conhecimento específico nem envolvimento com o cliente. Parte do valor percebido pelo cliente final em qualquer serviço diz respeito às emoções, e estas não viajam pela web. Sempre haverá espaço para aqueles cujos diferenciais sejam a criatividade, a sensibilidade e a experiência anterior.

Talvez isso represente o final do negócio da consultoria tal como ele é hoje. Pense nas horas-homem disponíveis de professores universitários (muitos já são consultores), dos profissionais em transição de carreira e ainda das pessoas aposentadas – dirigentes de empresas de consultoria tradicionais, inclusive. Considere ainda o aumento na expectativa de vida dessa turma.

Somando-se toda essa força de trabalho, a disponibilidade de serviços especializados no mundo é algumas vezes superior à demanda e ao tamanho do inteiro mercado de consultoria atual. Bastaria conectá-los.

Brigar com os fatos e os números pode ser a reação natural, mas não é a reação correta.

A reação correta, na minha opinião, é nos prepararmos para trabalhar em rede, escolhidos pelas áreas de especialidade e avaliados pela excelência dos trabalhos que realizamos.

Para isso, é preciso que saibamos em que somos superiores e invistamos na busca permanente do conhecimento de vanguarda.

Há pouco tempo, meu time de consultores e eu testemunhamos a contratação de uma startup por um grande cliente. A startup fora criada por um jovem de 21 anos que, desde os 16, investia em seu melhor talento: produzir tecnologia de realidade virtual. Seu nível de conhecimento específico era tão profundo que, quando isso ficou evidente, ele desbancou a concorrência.

Em vez de nos queixarmos ou acharmos que isso não chegará até nós, o melhor é cuidarmos de ser cada vez melhores no que fazemos.

Publicado originalmente no portal
Brasil Post em julho de 2016

5

Seja protagonista rumo à modernidade gasosa

Precisamos nos preparar para um estágio além da liquidez prevista por Zygmunt Bauman

Está cada vez mais presente nos livros e artigos que falam de inovação a profecia de que em breve viveremos em um mundo sem empresa, sem emprego e sem dinheiro em circulação. Nesse novo mundo, o dinheiro será substituído por bitcoins e blockchains, novas tecnologias que já estão operacionais.

As empresas darão lugar a redes de cooperação, integrando startups, células produtivas, fornecedores e freelancers totalmente conectados. As organizações tal como as conhecemos hoje vão desaparecer, dando lugar simplesmente a projetos e missões.

O emprego também vai sumir. Seremos todos "você SA na nuvem". Cada um de nós estará à disposição lá, com sua história e especialidade.

Plataformas eletrônicas sofisticadas serão encarregadas de nos encontrar, negociar conosco e de nos contratar, cada qual do seu canto do mundo, para montar um automóvel, escrever um livro, criar um novo serviço de saúde etc.

O governo também deveria se preocupar com seu papel e com a observância de regras absurdas por parte de uma população cada vez mais informada, mais ágil e mobilizada pelas redes sociais.

O Estado terá um papel completamente diferente do que exerce hoje. Não será mais possível massacrar os cidadãos com impostos escorchantes e continuar a prestar serviços medíocres. Não poderá impor a repressão econômica que vivemos no Brasil em 2016.

No novo mundo que se desenha, a reação natural será ignorar solenemente os governos criando soluções rápidas, baratas e funcionais para setores que seriam classicamente estatais. Uma espécie de hiperprivatização.

Você será capaz de sobreviver nesse cenário – não no sentido biológico, mas empresarial e econômico, realizando-se, trabalhando e progredindo?

O sociólogo polonês Zygmunt Bauman, morto no princípio de janeiro, já tinha previsto nosso atual mundo de relações líquidas, em contraste com o modelo conhecido.

No caso das empresas, tal modelo contempla solidez, prédios, metros quadrados, número de funcionários. Não será mais assim. Convém pensarmos em um mundo gasoso, um estágio além da liquidez de Bauman.

Os sobreviventes desse mundo gasoso serão homens e mulheres com maior adaptabilidade, não mais os mais poderosos.

Price Pritchett, estudioso das relações organizacionais, defende que a adaptabilidade pode ser medida, mesmo no mundo gasoso, por quatro características:

- **Tolerância ao estresse.** Diante das perdas que normalmente acompanham as mudanças, há pessoas que reagem entrando em depressão ou adoecendo. Outras mantêm-se em alerta e equilibradas mesmo em meio à tempestade. Aprendem a trabalhar na chuva.
- **Tolerância ao risco.** Você aceitaria, depois de um treinamento, pular de paraquedas? Tem gente que gosta de se arriscar, quer saia vencedor, quer perdedor.
- **Flexibilidade.** É a característica da pessoa que é capaz de rever seus pontos diante de uma argumentação bem conduzida. Ela sabe se ajustar.
- Por fim, chegamos à característica que mais nos parece importante: **a capacidade de inovar, de criar soluções novas e melhorar o que se faz.** É isso que, ao nosso ver, fará diferença de verdade no mundo gasoso.

Não se trata de ser Steve Jobs, nem de congregar pessoas extraordinárias como ele ao seu lado. Ter capacidade de inovar significa apenas saber usar um potencial que existe dentro de cada um de nós: o dom de não se conformar com as coisas como elas são e buscar alternativas para melhorá-las. A capacidade de criar.

Durante muito tempo, inovação teve a ver, principalmente, com pesquisa e desenvolvimento. Em outras palavras, com ciência: descobertas de novas moléculas, tecnologias, invenções.

Porém, o mundo mudou e pode-se dizer tranquilamente que a inovação está muito mais perto de nós do que há 30 anos. É só pensar na efervescência das startups; nas tecnologias acessíveis e baratas; nos fab labs, onde você leva sua ideia e sai rapidamente com um protótipo. Tudo isso poderia ser facilmente chamado de revolução da inovação.

É preciso que sejamos motoristas nessa viagem, não apenas passageiros.

Peter Drucker, um dos maiores gurus da gestão de todos os tempos, dizia que a inovação deriva das dificuldades. Que não se inova quando tudo corre bem. Afirmou também que, se queremos algo novo, precisamos parar de fazer algo velho. Esta frase, em especial, mostra a sensibilidade do autor para a profunda reestruturação que vimos vivendo depois de sua partida, em 2005.

De fato, a inovação vencedora não consiste mais em criar novos produtos ou serviços.

Não se trata mais de melhorar substancialmente o que está em volta de nós a partir de como é feito agora.

É repensar as maneiras e as soluções para gerar valores completamente diferentes dos atuais para o cliente. Inovar no significado, no design e na concepção dos produtos e serviços, com foco no que o consumidor de hoje e de amanhã realmente valorizará.

Publicado originalmente no portal
Brasil Post em janeiro de 2017

6

Você, seu trabalho e as organizações-caravela

O futuro pertence aos modelos organizacionais baseados em rede e em inovação aberta

Diante de um futuro em radical transformação, não faz nenhum sentido pensar que as organizações e o emprego continuarão tal como hoje. Vai haver mudança e das grandes.

Você já se perguntou como serão as empresas dos próximos 15 anos? Quem trabalhará nelas? Como serão as relações entre elas e seus trabalhadores? A remuneração? A meritocracia, tão exaltada atualmente pelas empresas vencedoras? E o mais intrigante: o engajamento. Será possível a existência de organizações sem vínculos claros?

Caberá a cada um de nós a escolha entre queixar-se da redução do número de vagas ou abraçar um futuro cujos prenúncios já estão bem vívidos. A febre das startups, por exemplo, e a energia que grandes empresas investem em tentar acompanhar – mesmo que de maneira atabalhoada – esse movimento é um dos indicadores mais claros da transformação a caminho.

Pensando nisso, nos vem sempre à mente uma experiência que vivemos há quatro anos, e que nos abriu os olhos para uma nova possível realidade do mundo do trabalho.

Foi em 2014, antes da Copa do Mundo no Brasil. Uma empresa, nossa cliente em consultoria, precisava desenvolver aplicativos para celular, em diversos idiomas, que pudessem ser ofertados aos estrangeiros que viriam para os jogos. O problema era que o projeto estava atrasado, ao bom estilo brasileiro de deixar para a última hora.

A solução seria contratar cerca de 50 desenvolvedores adicionais. Nossa proposta alternativa foi estruturar, em quinze dias, um processo de inovação aberta que atraísse pequenas empresas, universidades e hackers.

Haveria prêmios em dinheiro e participação nos resultados para quem desenvolvesse e entregasse em tempo o que a empresa precisava. Houve forte oposição, como sempre: "Isso não vai funcionar"; "Vamos ter que gastar com divulgação", etc. Ao final, porém, nossa proposta foi aceita, mais por desespero do que por convicção.

Estruturamos o processo e obtivemos resultados fabulosos. Jovens hackers, professores universitários e alunos, pequenas empresas, braços de grandes empresas, desempregados especialistas, tudo junto e misturado, puseram-se imediatamente a trabalhar, cheios de energia e motivados pela perspectiva de tornarem-se fornecedores e "sócios" de uma grande empresa.

A divulgação? Nossa! Esse ponto espantou até a nós mesmos. Em uma verdadeira epidemia viral, alguém que ficava sabendo do concurso mandava o edital a um colega, que por sua vez enviava ao professor, que avisava a empresa para a qual dava consultoria e assim por diante. Foram mais de dois mil acessos nas primeiras três semanas.

Resultado: entre centenas de projetos enviados, mais de quarenta foram selecionados. Coisas incríveis. Cinco foram escolhidos e acelerados. Problema da empresa resolvido.

Motivados ao extremo, aqueles profissionais trabalharam de maneira totalmente diferente do que se fossem funcionários cientes da demissão certa ao final daquele período de sobrecarga. Os competidores trabalharam sábados e domingos, em alta velocidade e produtividade, superengajados. Não com a empresa, mas com o desafio e o projeto.

Muda a perspectiva de engajamento, e isso precisa ser compreendido. Naquela ilha de eficiência, estávamos, talvez, diante da mais profunda, rápida e verdadeira reforma trabalhista.

Para nós, esse é o desenho do futuro do trabalho e das organizações. Sistemas abertos, mas, ao mesmo tempo, centrados em desafios claros e compartilhados. Relações transitórias, mas carregadas de força e alinhamento. Muitos "você s/a" configurados como organizações temporárias, mas superpoderosas. E, o melhor, todos sem máscaras, podendo ser quem eram de verdade. Felizes.

Bem, passados alguns anos, emerge agora, com força total, o conceito de open corp ou open business, modelo organizacional calcado nas ideias de rede e de colaboração aberta. Essas estruturas partem da premissa de que os resultados serão divididos entre quem de fato contribuiu para que fossem atingidos. Quer mais meritocracia e alinhamento estratégico do que isso?

Considerando esse cenário, trabalhamos com nossos clientes o conceito de organizações-caravela. Caravela, aqui, refere-se à *Physalia*, um dos seres vivos mais primitivos do mundo. Acreditamos que os organogramas tradicionais vêm dando lugar a colônias de processos e a estruturas que se assemelham à da *Physalia*.

Não fui o primeiro a falar disso. Já em 1996, os professores P. McHugh, G. Merli e W. A. Wheeler III apoiaram-se no exemplo da caravela para analisar organizações. De fato, ele é muito representativo. A água-viva, ou caravela-portuguesa, abriga uma centena de criaturas, sendo que cada grupo assume uma função vital para o conjunto.

Filamentos capturam alimento, outros corpos metabolizam-no e assim por diante. Todos agrupam-se sob uma calota esférica que se desloca por ação do vento. Esse conjunto, que se aperfeiçoa gradualmente há 650 milhões de anos, possui um sistema nervoso central que assegura a circulação de sangue a todos, tornando-os integrados e permitindo-lhes atuar como um único organismo.

É uma ótima referência, especialmente para tratar as diferenças entre o universo das mudanças incrementais e previsíveis, típicas dos modelos mais mecanicistas e hierárquicos, e as transformações esperadas, se nos basearmos em sistemas mais orgânicos ou adaptativos. Esse conceito significa novas empresas, e uma nova forma de trabalho.

Implica parar de se preparar para bons empregos e descobrir e desenvolver o que você faz melhor que os outros. Mergulhar e aperfeiçoar-se com força e energia no que sabe e gosta de fazer e destacar-se por isso. Uma organização-caravela, única a resistir à seleção natural do mundo dos negócios, certamente irá descobri-lo.

Publicado originalmente no portal
Brasil Post em agosto de 2017

7

Comodidade demais, vivacidade de menos

Onde encontraremos a felicidade agora que tudo parece tão acessível?

A verdadeira ameaça para a realização e a felicidade dos seres humanos não são os robôs, e sim a possibilidade, cada vez mais próxima, de que nos transformemos em algo parecido com eles.

O avanço tecnológico está fazendo de nós máquinas super produtivas, capazes de resolver qualquer enigma. A tecnologia vem eliminado incertezas e mistérios. Porém, sem mistérios não há descobertas, e sem descobrimentos não há emoções.

Passamos a conviver e interagir o tempo todo com equipamentos que substituem quase tudo o que antes nos ocupava e emocionava. Temo que isso acabará provocando um atrofiamento de nossa capacidade de sentir, de vibrar, de se emocionar.

Daqui a poucos anos, é bem possível que você acorde de manhã, entre na máquina de toilette e saia barbeado e pronto em minutos. Então, embarcará no carro e tomará um café sem graça enquanto o veículo – sem motorista – te levará ao trabalho. No almoço, engolirá porções de ração 100% nutritiva. Passará o dia em contato com máquinas responsivas e eficientes. Ao final dele, talvez não tenha vontade de voltar para casa, onde tudo estará pronto e você poderá escolher entre fazer sexo com (outra) máquina ou com uma pessoa desconhecida que a inteligência artificial do seu celular já escolheu por você.

Ok. Provavelmente você dirá que a superação estará no desafio de desenvolver mais e mais tecnologia, de programar máquinas ou mesmo de hackear sistemas. Mas será que isso terá mesmo graça? Fico aqui pensando sobre o que preencherá o coração e a mente de uma pessoa sozinha em um ambiente assim. Um animal de estimação, talvez. O que explicaria o recente aumento da população deles no mundo.

Em 1973, com 15 para 16 anos, fui com um grupo de amigos surfar no Peru. Ficamos lá por mais de trinta dias e, como era difícil telefonar das cidadezinhas onde nos hospedamos, liguei para casa poucas vezes durante esse período. Uma vez superadas as barreiras da telefonista e a espera, que às vezes chegava a 40 minutos, lembro-me como se fosse hoje da explosão de alegria quando eu ouvia a voz dos meus pais e eles a minha.

Uma década depois, passei três anos a trabalho em Milão, e as cartas ganharam protagonismo no campo das emoções. Cartas da namorada, dos amigos e dos pais. Chegar em casa à noite e abrir a caixa postal dourada que ficava na portaria do prédio era uma das mais valiosas sensações do dia. E quando havia algo lá dentro, nossa! que festa.

As novas gerações já não conhecem nada disso. Mesmo nas situações mais corriqueiras, como dirigir; os carros autônomos prometem riscar do mapa a empolgação e o prazer de guiar.

Somos todos movidos a desafios. A humanidade não chegou aonde chegou por acaso. Dominamos o planeta e nos sobrepusemos a todos os outros seres vivos por nossa capacidade de superação. Graças a ela, avançamos; a qualidade de vida e a média do PIB per capita evoluiu exponencialmente nos últimos 200 anos.

Tudo está mais fácil, mais acessível. Com isso, as emoções da vitória dificilmente terão a mesma intensidade do passado. Se tudo está à mão, é bem possível que vivenciemos um desbotamento do que é aventura, paixão e conquista.

A palavra conquista vem do latim *conquaerere*, que significa "ganhar, obter por um esforço, procurar por". Pelo excesso de comodidades, talvez as novas gerações se vejam privadas de exercer conquistas. Talvez jamais conheçam o sobressalto de corações batendo forte e as dores da paixão. Vivem um mundo no qual até mesmo as escolhas são feitas por aplicativos que indicam o melhor caminho a fazer, a que horas sair de casa, em que restaurante jantar. No qual basta conectar-se com alguém na internet e, se ambos desejarem, iniciar um relacionamento, muitas vezes chegando à máxima intimidade física já no primeiro encontro presencial.

Há pouquíssimo tempo, 30 anos, talvez, seduzíamos com presentes, bilhetes. Rodeávamos, rodeávamos e algumas poucas vezes as coisas avançavam para uma amizade, que, por sua vez, poderia ou não evoluir para um relacionamento. Era difícil. Muito difícil. Mas cada passo da conquista trazia um turbilhão de emoções. Um olhar mais direto ou um aperto de mão mais demorado era suficiente para acionar todos os ruidosos e intensos motores dentro de nós.

No campo da sexualidade, para nós, meninos, ver um seio descoberto em um filme era suficiente para nos deixar perturbados por semanas a fio. Como será que é a emoção dessa meninada hoje em dia que tem tudo, absolutamente tudo, disponível no celular?

Em um contexto desses, como faríamos para satisfazer o instinto natural e humano de superação? Talvez o que passe a atrair e desafiar ao mesmo tempo seja justamente o proibido. A busca da adrenalina no vedado poderia levar, quem sabe, a um aumento do assédio nos ambientes de trabalho. Para ficar só em um exemplo.

Temo que, movidas pelo instinto de busca de desafios, as pessoas iriam em busca de algo que não estivesse à mão. E, ao tentar alcançar o imprevisível, no mundo do tudo acessível, fácil e permitido, talvez sejam levadas, naturalmente, a erros e transgressões mais graves. Será?

Publicado originalmente no portal
Olhar Digital em outubro de 2018

8

As oito habilidades imprescindíveis para o engenheiro do futuro

*Um novo olhar sobre o futuro da profissão
que escolhi inicialmente*

Flexibilidade. Essa é a única disciplina que certamente será preciso ensinar às nossas crianças. De resto, tudo o que se refere a conteúdos técnicos e novas profissões será totalmente diferente em poucos anos. Foi assim, com mais ou menos essas palavras, que Yuval N. Harari, um dos mais conceituados pensadores da atualidade e autor do livro "Sapiens", respondeu à pergunta sobre profissões do futuro, em uma entrevista durante sua passagem pelo Brasil. Se tivéssemos perguntado a ele sobre o engenheiro do futuro, imagino que a resposta seria tão ou mais aterrorizante.

De certo modo, Harari enuncia uma sentença de morte às ementas engessadas que muitas escolas de engenharia insistem em manter. Um sinal vermelho às horas e mais horas investidas ainda hoje no ensino dos mesmos conteúdos que eu, engenheiro, aprendi há 40 anos.

Sejamos práticos e realistas: não precisamos de futuristas para nos falar de ajustes de atuação que nós engenheiros, precisamos imediatamente aprender. Interagindo e observando centenas de engenheiros, registramos algumas das principais novas maneiras de atuar e das mudanças necessárias no perfil (poderia ter dito no design) da nossa profissão. Consideramos, em especial, as características daqueles profissionais que mais sucesso e prosperidade alcançaram nas organizações que analisamos. Os resultados que emergem desses estudos são tão ricos quanto surpreendentes. Podemos resumi-los em oito novas habilidades que distinguem e valorizam engenheiros atuando em qualquer setor ou empresa. Importante destacar que essas novas características não substituem as clássicas qualidades técnicas dos engenheiros, essas que aprendemos na faculdade e desenvolvemos ao longo da vida; apenas acrescentam-se a elas, amplificando nossa necessidade de seguir aprendendo. Bem, vamos a elas:

Engenheiro "Olhos de Lince"

Vivemos em uma era de valorização e busca incessante da inovação. Tudo o que nós, engenheiros, fazemos é justamente... inovação. Só que, por complexo ou distorções em nossa educação, damos outros nomes a isso: assistência técnica, marketing ou engenharia. Assim, esvaziamos nosso conteúdo inovador e ficamos sem ter o que contar. Muitos engenheiros sequer conhecem o portfólio de projetos de inovação de suas empresas. Hora de recondicionarmos nosso olhar para enxergar e exaltar o conteúdo inovador do que realizamos (até mesmo para fazer uso otimizado dos incentivos governamentais à inovação).

Engenheiro Estrategista

Muitas vezes, ao criar um novo produto ou processo, promovemos melhorias tão impactantes que com esses lançamentos pode vir uma inteira nova estratégia. Um recente exemplo disso foi o lançamento de uma máquina de cartões sem bobina e sem manutenção, a Moderninha, da empresa PagSeguro. Graças a ela, milhares de comerciantes que sonhavam com o "dinheiro de plástico", mas não tinham como arcar com o aluguel de uma máquina tradicional, conseguiram se inserir nesse universo. O produto e a ação dos engenheiros viraram imediatamente estratégia de transformação da empresa.

Engenheiro Tributarista

Não faz sentido insistir na tese de que somos técnicos e não queremos saber do restante. Leonardo da Vinci, engenheiro, biólogo, pintor, arquiteto, astrólogo e mais uma dezena de especialidades, deveria ser o nosso paradigma. Temos que estar abertos e, mais do que isso, dominar conteúdos que não são propriamente "coisa de engenheiro". Refiro-me em especial aos tributos e incentivos fiscais à inovação. Afinal, com eles podemos financiar e turbinar a inovação, assegurando a força das áreas técnicas e sua produção.

Engenheiro Governador

Gerenciar todo o movimento de inovação nas empresas, coordenar os esforços de capacitação, executados por RHs, os incentivos, a conexão com o ecossistema, a parte mais técnica das vendas de produtos inovadores, como serão comunicados e outras tantas facetas são preocupação dos engenheiros vencedores. Eles coordenam e governam esforços.

Engenheiro Líder de Inovação

O líder de inovação é diferente dos líderes do passado. São os Elon Musks da vida, pessoas focadas em melhorar o mundo, que incentivam suas equipes a experimentar e aprender, que não param diante da primeira derrota ou objeção. Os engenheiros do futuro assumem esse papel.

Engenheiro RI e RG

Relações Institucionais e Governamentais. Impensável no passado, o papel de interface entre os setores da empresa que afetam a inovação e o governo, em especial nas áreas técnicas e com o Ministério da Ciência, Tecnologia, Inovações e Comunicações, passou, de uns tempos para cá, a ser atribuição dos engenheiros. Sim! Só eles são capazes de defender e convencer os órgãos técnicos sobre a excelência de suas criações. Terão que assumir também esse papel.

Engenheiro Gestor de Redes

As empresas deixaram há tempos de ser representadas esquematicamente por pirâmides. São muito mais redes do que organogramas em cachos. Assim, e considerando que as inovações só acontecem com a colaboração de diferentes áreas na empresa, o engenheiro assume também o papel de líder de rede. Desenvolve sua capacidade de convencimento e articulação e mobiliza pessoas e áreas para que a inovação ocorra com sucesso.

Engenheiro Multitecnológico

Nossa era se caracteriza por uma avalanche de novas tecnologias. Algumas são capazes de alavancar os produtos a níveis inimagináveis, enquanto outras estão vindo para aniquilar empresas, tornando totalmente inútil o que fazem. Cabe ao engenheiro manter-se vigilante e ser aquele que prospecta continuamente novas tecnologias. Nutricosmética, internet das coisas, blockchain, silver economy e muito, muito mais. Se e quando algo der errado, não dá para dizer que não sabia...

Enfim, o engenheiro do futuro incorpora um papel mais amplo e estratégico. Desenvolve-se fora do campo puramente tecnológico e vence com sua multidisciplinaridade e capacidade de aprender.

Publicado originalmente no
Jornal do Engenheiro em janeiro de 2018

9

Só os camaleões sobreviverão

*Vivemos um momento de incertezas.
Desenvolver a adaptabilidade é o único caminho seguro*

Zeitgeist 2020. No futuro, como será descrito o espírito destes tempos nos quais eu e você vivemos? Zeitgeist, essa forte expressão em alemão cunhada pelo escritor Johann G. von Herder (1744-1803), virou nome de filme, música e marcou-me fortemente no período em que vivi e trabalhei na Alemanha. Refere-se à cultura e aos comportamentos da sociedade; seus desejos e os sinais que caracterizam determinada era. Arrisco-me a dizer que uma das marcas mais presentes e características da nossa geração é o medo de tudo e de todos.

O medo é a mais intensa das emoções do ser humano. Em nossos dias, muitas vezes deixamos de viver por causa dele. Mudamos a nós mesmos, fugindo de nossa essência, por receios que podem ser fictícios. No ambiente social vivemos o pânico do terrorismo, da violência, das epidemias. Da degeneração do clima e da natureza. Tememos que os alimentos sejam venenosos. No universo do trabalho, flutuamos à deriva em um oceano de incertezas que parece ter nos tirado para sempre a possibilidade de um sono tranquilo.

Tudo isso combinado produz resultados catastróficos. O estresse desarranja nosso equilíbrio hormonal e a incidência de doenças mentais cresce em ritmo acelerado. No Brasil, dados da OMS dão conta de que nada menos de que 80 milhões de pessoas sofrem de ansiedade, depressão, pânico. Uma pesquisa realizada em 2019 pela Fundação Oswaldo Cruz, a Fiocruz, revelou que, nos doze meses anteriores à consulta, 4,9 milhões de brasileiros tinham utilizado alguma droga ilícita.

Observemos nosso setor com essa lente. O que acontecerá com a mobilidade, tal como a conhecemos, quando os poderosos equipamentos e soluções de conexão que vêm por aí permitirão às pessoas trabalhar remotamente?

Há pouco estive com dirigentes de empresas de transportes coletivos, todos assustados com uma concorrência que até agora não enxergavam e, portanto, não esperavam: o compartilhamento de transporte e de veículos esvaziará linhas de ônibus rentáveis.

Como serão esses automóveis? Serão elétricos mesmo? Ou híbridos? Alugados ou de propriedade dos cidadãos? Autônomos? Se sim, como ficam as seguradoras, já que, teoricamente, não haveria mais acidentes? Você dirá: calma lá! Isso é para um futuro mais distante. E eu responderei que tenho me divertido muito contabilizando as previsões e os prazos estimados por especialistas – e que já furaram.

Apesar desse zeitgeist, e aconteça o que acontecer, sabemos que será preciso continuar apresentando resultados positivos amanhã de manhã. Sim, porque as organizações e seus altos dirigentes têm lidado com essa realidade líquida, carregada de vulnerabilidade e incertezas, simplesmente fazendo de conta de que não é com eles. "Não é aqui que isso acontecerá", acreditam. Com aparente (mas evidentemente exagerada) objetividade e frieza, seguem cobrando resultados e excluindo colaboradores mais sensíveis que deixem entrever o quanto o novo cenário os afeta. Mal sabem eles que justamente essas pessoas poderiam guiá-los quando as comportas das mudanças se abrirem e a avalanche de perguntas sem respostas se abater sobre eles.

O que fazer então? A resposta possível não é a desejada. Não há solução clara para nossos medos e para as ameaças que caracterizam o zeitgeist que vivemos. Há apenas uma direção a seguir: nos prepararmos desenvolvendo enormemente nossa adaptabilidade. Sobreviveremos – profissionais e empresas – se nos tornarmos camaleões de nossa era. Se conseguirmos ser tão líquidos e mutáveis quanto tudo o que está em volta de nós. Não é fácil, mas é possível. As emoções que sentimos em períodos de agudas mudanças são, na verdade, previsíveis e gerenciáveis.

Traição, negação, crise de identidade e busca de soluções são as clássicas. Resta-nos estudá-las. E evoluir "camaleonicamente".

Publicado originalmente no portal
Automotive Business em fevereiro de 2020

10

Redes multigeracionais e centros virtuais de competências

A tecnologia pode ajudar a construir redes colaborativas misturando raças, gêneros, etnias e gerações

Muitos dos mesmos jovens que lutam no dia a dia contra o racismo e a discriminação de minorias têm dificuldade em valorizar o trabalho dos profissionais mais velhos. É algo que vejo acontecer com frequência no ecossistema de inovação brasileiro. As propostas dos sessentões são recebidas muitas vezes com reservas pelos jovens startapeiros. No entanto, esses veteranos, que vêm da economia real, da indústria e de empresas de produção de bens e ativos, têm uma enorme contribuição a oferecer.

A população dos 60+, segundo o IBGE, dobrará em 30 anos e se constituirá em enorme contingente de mão de obra a empregar. Sendo assim, o momento certo para desenhar estruturas que combinem experiência, de um lado, e empreendedorismo, de outro, é exatamente agora.

Construir redes colaborativas que misturem etnias, raças, gêneros e gerações é o desafio ao qual escolas, empresas, entidades de classe que reúnem executivos, e a sociedade como um todo deveriam se dedicar desde já. É tempo de colocar de pé plataformas colaborativas que substituirão as organizações como são hoje. A base está aí: há tecnologia que possibilita fazer tudo isso a baixo custo e de maneira amigável.

Já existem no mundo diversos casos de redes de cooperação constituídas por especialistas, e operando como consultorias, como, por exemplo, a Ennomotive, na Espanha. Essas novas redes podem ser vistas como verdadeiros centros virtuais de competências. Alguns têm foco em engenharia de produto, outros de processo e outros tantos em gestão. Essas estruturas alternativas receberiam desafios provenientes de empresas de qualquer porte e os submeteriam aos integrantes das redes, a quem caberia apresentar soluções.

Entre os profissionais que fariam parte desses grupos haveria ex-presidentes de empresas, consultores aposentados, especialistas de produto, gestores de pessoas e muito mais. Cada um com seu olhar, sua experiência e seu saber, contribuindo em alta velocidade e indicando caminhos para a superação do desafio lançado. Surgiria daí um conjunto de medidas e recomendações em forma de plano de ação. Certamente haveria algumas pouco aproveitáveis, mas muitas seriam fantásticas. As que fossem diretamente aproveitadas seriam remuneradas, muito bem remuneradas, por sinal, independentemente da idade, da escolha de gênero ou da etnia de quem propôs. É meritocracia pura e a tecnologia favorecendo a diversidade.

Uma grande empresa industrial brasileira vem colocando em prática algo parecido. Nela avaliam-se as principais expertises de grupos de veteranos que se aposentam e constituem-se novas empresas spin-off para oferecer e implantar esse conhecimento em outras organizações que precisem dele, dentro ou fora do setor. Deu certo em um caso recente, no qual uma inteira geração de executivos superespecializados em gestão de riscos tinha que ser desligada. A organização da qual saíram ocupou-se, ao lado deles, de conceber e apoiar a implantação de uma nova empresa, de consultoria desta vez, e nesse campo de expertise. A empresa-mãe (de onde os profissionais saíram) tornou-se minoritária na nova sociedade e os controladores são os próprios executivos, cada um deles com suas cotas. A empresa-mãe ajuda também na conquista de novos contratos. Foi um sucesso extraordinário; mãe e "filha", estão felicíssimas com os resultados.

Esse modelo, que proporciona oportunidades às pessoas que queiram seguir trabalhando depois dos sessenta, setenta, deveria ser aperfeiçoado e implantado a partir das próprias escolas, que educariam os jovens a operar em harmonia nessas redes multigeracionais. Se até pouco tempo atrás, cada um fazia sua parte e tudo funcionava, agora está tudo integrado. Os modelos organizacionais mudaram completamente. Especialmente no Setor auto, passou da hora de construir uma rede inteiramente digital de centros de conhecimento e transformação, com impacto certeiro na competitividade e prosperidade dos negócios.

Você está pronto para trocar sua mesa por uma posição virtual em uma rede dessas?

Publicado originalmente no portal
Automotive Business em novembro de 2020

11

O motor da emoção

*Por que celebramos tão pouco
as conquistas da tecnologia brasileira?*

Este mês de dezembro, em que a pandemia voltou a nos assombrar com força total, não trouxe apenas más notícias. Nós, que nos ocupamos com os desafios da mobilidade, comemoramos o histórico momento de batismo e lançamento ao mar do submarino brasileiro Humaitá (S41). O Humaitá é o segundo dos cinco projetos do ProSub, o Programa de Desenvolvimento de Submarinos da Marinha do Brasil. Outros três serão lançados nos próximos anos, sendo o último deles o Álvaro Alberto, com propulsão nuclear. Temos, portanto, razões para sentir orgulho e senso de realização, ingredientes que, provavelmente, fazem bem para a imunidade.

No entanto, mais uma vez, subfestejamos (sem trocadilhos) essa gloriosa conquista da engenharia e tecnologia brasileiras. Pouquíssima exposição na imprensa, menos gente ainda falando da conquista. Mesmo entre os engenheiros, cujo dia foi comemorado em 11 de dezembro, pouco se manifestaram.

Pois eu me manifesto.

Todos sabemos o quanto o programa espacial americano contribuiu, na década de 1960, para o avanço da inovação. A união dos melhores cientistas americanos em torno de um objetivo comum, alcançar a Lua, desencadeou um movimento paralelo, tão ou mais importante que o principal. Uma revolução pela inovação. Desse movimento surgiram novos materiais, sistemas e, espetacularmente, os computadores, que mudariam para sempre nossas vidas.

De maneira análoga, as centenas de engenheiros, técnicos e gestores da Marinha do Brasil que compõem a força de trabalho desenvolvendo os submarinos brasileiros estão reunidos na Amazul, Amazônia Azul Tecnologias de Defesa. Guardadas as proporções e o momento, eles são a nossa NASA do mar. A eles nossos respeitos e aplausos.

A comparação entre os esforços para ir à lua e a construção do submarino brasileiro poderia ser outra. Nos dois casos, um forte propósito alavancou exponencialmente os resultados. Isso mesmo! Quando se trata de inovar, se houver um objetivo maior, ele "ligará" os turbocompressores da capacidade de trabalhar e criar de cada componente do grupo e, por consequência, o desempenho saltará de patamar. Na NASA era a soberania nacional na corrida pela conquista do espaço, contra a Rússia e o comunismo. No ProSub, é a defesa das águas territoriais brasileiras, cerca de 5,2 milhões de quilômetros quadrados plenos de riquezas naturais e minerais, como o pré-sal, que apenas o Brasil pode explorar economicamente.

Tive oportunidade de entrar no submarino nuclear Álvaro Alberto (SN-10). É um trabalho impressionante, capaz de acender o amor-próprio de qualquer engenheiro brasileiro. No interior daquela máquina fantástica, entre tubos e motores em um espaço apertado, meu coração imediatamente disparou. Não sei se era emoção ou claustrofobia só de pensar que os submarinistas chegam a ficar quarenta dias submersos, sem sinal de celular nem qualquer outra conexão. Quando o submarino imerge, ele se isola. Começam então a funcionar equipamentos que, com base no último sinal captado e nos deslocamentos, calculam a localização da embarcação. Intrigado, perguntei a um dos almirantes como era ficar submerso tanto tempo. Ele sorriu para mim e respondeu: "Valter, tem tantas tarefas a cumprir quando estamos lá embaixo que o tempo passa voando". Não é uma equipe normal, concorda?

Assegurar um objetivo maior e comum a uma equipe é papel do líder, e não é nada fácil no momento que vivemos. As pessoas estão separadas e dispersas. Não temos muitos dos instrumentos de persuasão que havia no trabalho presencial. Nesse cenário, o objetivo precisa ser ainda mais estimulante e a liderança convincente. Sem que isso tenha sido introjetado pelos inovadores, mesmo que tenham em seu time as melhores cabeças das melhores escolas, não vai sair dali nada de excepcional. O motor da emoção, que faz toda a diferença quando se trata de superar desafios e criar, estará desligado.

Quando CEOs contam suas histórias sobre gestão da inovação, não costumam exaltar a capacidade de engajar para um objetivo maior. No entanto, foi essa capacidade que transformou o mundo. Líderes visionários, de Copérnico a Elon Musk, tinham tal característica de sobra, mas foram, e ainda são, julgados pelos colegas e pela sociedade como malucos, em uma clara demonstração de inveja.

Pense nisso. E você? Está conseguindo mobilizar e guiar sua equipe rumo a uma terra prometida e fazer com que ela dê o melhor de si?

Publicado originalmente no portal
Automotive Business em janeiro de 2021

12

Em breve, seremos todos MEIs

*Como a tecnologia e a pandemia
estão moldando as ocupações do futuro*

O que você vai ser quando crescer?

Imagine seu filho, neto ou sobrinho perguntando a você que profissão ele deveria escolher. Pergunta difícil, não é mesmo? Mas não se preocupe: é pouco provável que seja feita. Os jovens sabem muito mais sobre o futuro do que os mais experientes. Além disso, consideram que veteranos, que tinham que decidir entre engenharia, medicina ou direito para construir uma vida profissional e ascender nela, não têm muito a contribuir quando se trata de escolher profissões em um mundo dinâmico e repleto de possibilidades.

É preciso dizer ainda que os jovens escolhem suas profissões considerando mais suas paixões genuínas do que as perspectivas de sucesso. Há cerca de dois anos estudando o assunto, concluímos também que as ocupações MEI, microempreendedores individuais, que já superam 400 alternativas, tendem a crescer e se consolidar como uma escolha cada vez mais atraente. Especialmente para jovens que buscam ser "donos do próprio nariz" e há décadas ouvem falar mal do mundo corporativo e do foco em lucros, e não em um propósito claro, que muitas das grandes corporações adotaram.

Poderíamos quase dizer que, a longo prazo, seremos todos freelas. Em 2020, mesmo com a retração da economia, o número de novos registros MEI no Brasil foi recorde, crescendo cerca de 8%. O que evidencia o espírito empreendedor do brasileiro e a busca por fontes alternativas de receitas.

Ainda em nosso estudo sobre ocupações MEI no Brasil e no mundo, ficou evidente a importância de apoiar esses indivíduos em seu caminho rumo à prosperidade por meio de políticas públicas e incentivos concebidos especialmente para eles. Segundo a Receita Federal, existem 12,4 milhões de brasileiros registrados como MEI. Considerando a população economicamente ativa (170 milhões de pessoas), algo como 7,5% ganham a vida como microempresários nessas muitas e diversas atividades. Se tiver curiosidade, acesse a lista de ocupações MEI no site *http://www.gov.br/empresas-e-negocios/pt-br/ empreendedor/quero-ser-mei/atividades-permitidas*. Há de açougueiros a designers, passando por DJs e até mesmo locutores de vídeos.

O que o futuro reserva para as ocupações MEI? Bem, de forma muito resumida, podemos mencionar quatro importantes tendências:

Economia verde

Finalmente parece que o mundo dá passos mais concretos rumo a uma economia mais sustentável. A meta estabelecida no Acordo de Paris, de conter o aquecimento global abaixo de 1,5 °C, exige que atinjamos carbono zero, ou seja, geremos menos carbono do que é retirado da natureza, até a segunda metade deste século. Ocupações ligadas à economia circular ou à energia limpa e acessível ganham destaque.

Mobilidade e mudanças demográficas

O trabalho remoto e os times distribuídos já são realidade e mostraram-se viáveis durante o confinamento causado pela pandemia. É provável que isso altere o cenário atual, no qual 55% da população vive em áreas urbanas, segundo a ONU. Essa mudança sociocultural impactará não só as ocupações, mas, certamente, a dispersão da demanda, criando oportunidades fora dos grandes centros, especialmente nos serviços realizados com as pessoas e para as pessoas.

Saúde e pandemia

A demanda por profissionais e ocupações ligados à saúde e ao bem-estar, como cuidadores de idosos independentes, acelerou-se. Pela pandemia, óbvio, mas, também pelo envelhecimento da população e pela importância que enfim demos à saúde física, mental e à qualidade de vida.

Economia digital ou indústria 4.0

Deixamos para o final, de propósito, a mais forte das tendências: as ocupações proporcionadas pelas novas tecnologias. Aplicação de inteligência artificial, big data, internet das coisas e robótica requererão um contingente enorme de prestadores de serviços MEI especializados.

Ocupações inéditas como, por exemplo, corretor de imóveis virtuais – isso mesmo, no metaverso – deverão atrair cada vez mais atenção. O mundo mudou, o trabalho e a forma de fazer negócios mudou e, é claro, as ocupações e microempresas que prosperarão também mudaram. Tempo de resetar carreiras e surfar as mudanças.

Publicado originalmente no portal
Olhar Digital em dezembro de 2021

13

Um futuro do trabalho ainda incerto

*A melhor resposta a esses tempos de instabilidade
é orientar nossas empresas a operar como um "sapo"*

Ninguém sabe ainda ao certo o que vai acontecer com relação ao retorno para o presencial. Não entendemos sequer o que significa o híbrido.

Em um momento de forte pressão das equipes sobre os líderes para que definam se o presencial realmente voltará, e em que os candidatos a vagas adotam esse critério para escolher as empresas onde querem trabalhar, seria bom encarar a realidade: há no ar muito mais perguntas do que respostas. Ninguém pode prever o futuro do ecossistema laboral. Uma evidência incontestável disso é o fato de dois dos mais admirados líderes do mundo, ambos à frente de empresas inovadoras, defenderem posições diametralmente opostas.

Refiro-me a Elon Musk, o fundador da Tesla, Space X e outras, e Brian Chesky, o designer industrial que é cofundador e CEO da Airbnb. Musk declarou recentemente que quem não voltasse ao presencial seria demitido (imagino que tenha se arrependido). Chesky afirma, convicto, que a era dos escritórios como os conhecemos definitivamente acabou. Ele mesmo deixou a glamourosa San Francisco para trabalhar em qualquer cidade americana, a partir de imóveis Airbnb.

Não bastasse isso, reacende-se no mundo a discussão sobre a redução de jornada para quatro dias laborais. Seria uma maneira de ampliar a oferta de empregos, melhorar a qualidade de vida, a saúde física e mental e estimular o empreendedorismo.

Uma recente pesquisa da Accenture, apenas para citar mais um exemplo de incerteza, revelou que 83% dos respondentes desejam um arranjo híbrido. Mas ninguém é capaz de especificar o que significa isso para cada realidade, setor ou atividade. É óbvio que todos nós gostaríamos de ter certezas, de ter mais elementos para poder planejar. Não só para estabelecer as táticas operacionais, mas para obter uma visão estratégica mais clara em relação ao que esperar dos mercados. Também seria ótimo se soubéssemos como essas definições impactam as tendências derivadas das mudanças socioculturais. A busca de diversidade nas equipes, por exemplo, é uma das metas comuns das empresas. Chesky, com razão, afirma que o trabalho remoto propicia a contratação de pessoas que vivem em múltiplos lugares e têm culturas diferentes. Pude comprovar essa realidade na empresa que dirijo. Saímos na frente com o remoto, antes mesmo da pandemia, e hoje temos pessoas trabalhando de fora do Brasil e em cidades no interior de outros estados.

Quero propor um exercício valioso (e curioso) para a sua organização: o de se repensar como "sapo". Falo da estratégia Frog (sapo, em inglês), acrônimo para Fully Remote Organization, organizações totalmente remotas, em português. Essas organizações têm arquitetura digital, são segmentadas e colaborativas, combinando profissionais de diferentes culturas, formações e percepções de mundo. Assim como os sapos nascem na água, elas se originam em um ambiente fluido e mutante. Já pensou se sua empresa renascesse hoje na água e totalmente remota? Que alianças seriam necessárias para operar? Quais seriam as atividades centrais e geradoras de valor? O que poderia ser realizado por parceiros estratégicos no presencial? Em que vocês se concentrariam?

Bem, enquanto não mudamos de "empresas príncipes" para "empresas sapos" teremos que aprender a administrar as incertezas. Não dá para esperar a chuva passar. É preciso aprender a trabalhar no molhado. Uma das lições mais antigas de gestão de mudanças segue valiosa no atual cenário de incertezas: quando não tiver respostas, não dê respostas. A única coisa que nós, líderes, podemos prometer hoje em dia é isto: mais e mais mudanças.

Publicado originalmente no portal
Olhar Digital em julho de 2022

14

Epílogo – Uma palavra final

Motivation is all YOU!

E é possível encontrá-la mesmo nos ambientes mais adversos

Essa frase piscava reluzente no painel eletrônico da esteira enquanto eu me exercitava durante uma viagem aos EUA. Suor pingando e pensamento voando, me dava conta naquele momento de que a minha vida toda acreditei nisso. Ao longo de minha carreira, aprendi que a motivação é uma característica individual, intransferível. Não é algo que se possa oferecer a uma pessoa. Inspiração sim, pode vir de fora, mas motivação? Motivação, não. Motivação é um motorzinho que cada um de nós carrega dentro de si. Cabe a nós ligá-lo, alimentá-lo com combustível e fazê-lo rodar forte.

Recentemente, essas minhas convicções foram colocadas em xeque. De passagem por Miami, sem escalas depois de uma maratona de trabalho no Rio de Janeiro e em Blumenau, me perguntei o quanto o entorno é importante para que nossos motorzinhos funcionem adequadamente.

Nasci na Itália e construí parte de minha história profissional lá. Talvez por isso sempre tenham me considerado um crítico ácido do estilo americano de ser e viver. Mas dou o braço a torcer: nos EUA, tudo em volta nos impele a avançar. O sonho americano, a bandeira nas casas, o espírito de liberdade. Não há termo de comparação entre Miami e as belezas do Rio, para mim a cidade mais linda do mundo. Mesmo assim, pessoas do mundo inteiro querem mudar-se para a célebre cidade da Flórida, onde finalmente poderão relaxar e viver o "dolce far niente".

Exatos três dias antes eu estivera no Rio. Hospedei-me na Cinelândia, bairro central ao lado do escritório do cliente. Queria também reviver um pouco do espírito do centro, onde trabalhei em 2002; revisitar o antigo restaurante do Clube Naval, os tradicionais bares, o chope do bar Luiz, o Teatro Municipal e os monumentos. Fiquei horrorizado. A cidade está largada, suja, malcuidada. Dá para ver que é um lugar do qual tudo foi roubado: os recursos para a limpeza, o fascínio e até a dignidade – quando saí de manhãzinha para caminhar, havia mendigos defecando na calçada. Tinha a impressão de que poderia ser assaltado a qualquer momento. Nos olhos dos pouquíssimos transeuntes eu via medo, opressão, desalento.

Mas a motivação está em mim, pensei.

Então, olhei para o sol nascendo, para o mar no horizonte, para alguns poucos pássaros que passavam voando alto. Construí uma experiência positiva dentro de mim e segui caminhando e meditando serenamente. Quando me dei conta, estava atrasado e distante do hotel, já no final do aterro.

Minha viagem anterior fora a Blumenau, onde tinha interagido com muitos dos dirigentes que fazem da cidade uma verdadeira potência no setor têxtil e de vestuário. Articulados, trabalhando juntos e com foco, eles têm superado os imensos obstáculos ao empreendedorismo e à gestão de empresas no nosso país. Um cenário bem diferente daquele que, na sequência, eu encontraria no Rio de Janeiro.

Ter passado por esses diferentes cenários no arco de sete dias me levou a uma reflexão sobre como é difícil não se deixar abater pelo momento que vivemos no Brasil. Fomos saqueados no coletivo e no individual. Tiraram de nós o patriotismo, o orgulho de ser brasileiros, a confiança no futuro, nas leis, na justiça. Tiraram de nós a liberdade e, o mais importante, o espírito de nação.

Na maioria das grandes empresas não é diferente. Vive-se o hoje, de uma maneira que beira a irresponsabilidade. O foco é nos resultados do trimestre e nos bônus que isso pode gerar para os dirigentes. Escândalo atrás de escândalo, caíram as multinacionais brasileiras e, com elas, muitos dos símbolos da engenharia desta nação.

Mas a motivação está em mim...

De repente, eu a encontro. Isso porque, independentemente do motor motivação, há dentro de nós outro motorzinho – e esse ninguém discute: o das escolhas. O motor do livre-arbítrio. No atual momento, cada um de nós precisa decidir com quem quer cerrar fileiras. Com os desiludidos e os céticos ou com aqueles que não se deixam abater e usam a própria motivação para promover mudanças. Gandhi, Madre Teresa e outros tantos seres humanos superiores nos mostraram a força das escolhas. Mandela, por exemplo, aprisionado por 27 anos, poderia ter cultivado a raiva por seus opressores, mas escolheu focar em conhecê-los melhor, em planejar. Em nenhum momento deixou de ser livre em seus pensamentos e sonhos de uma África democrática e sem racismo. Todos esses personagens foram poderosos agentes de mudanças. Mais do que motivação intrínseca, o que os movia era um firme propósito, construído sobre escolhas.

Nos momentos difíceis me apoio em meus propósitos e, naturalmente, sinto-me motivado. Busco ser um agente de mudanças do que vejo ao meu redor e que me provoca indignação. Você também tem essa possibilidade. Como o genial Roberto Benigni, que no filme *A Vida é Bela* fantasia uma realidade teatral para não se deixar ferir profunda e irreversivelmente pelo que acontecia a sua volta, em um campo de concentração.

Estar motivado em um ambiente que nos joga para baixo não é uma reação natural: pode parecer até coisa de louco. Mas, como dizia Raul Seixas em sua canção *Quando acabar o maluco sou eu*:

"Eu sou louco, mas sou feliz/
Muito mais louco é quem me diz/
Eu sou dono de meu nariz/
Em Feira de Santana ou em Paris...."

Publicado originalmente no portal
Brasil Post em março de 2018

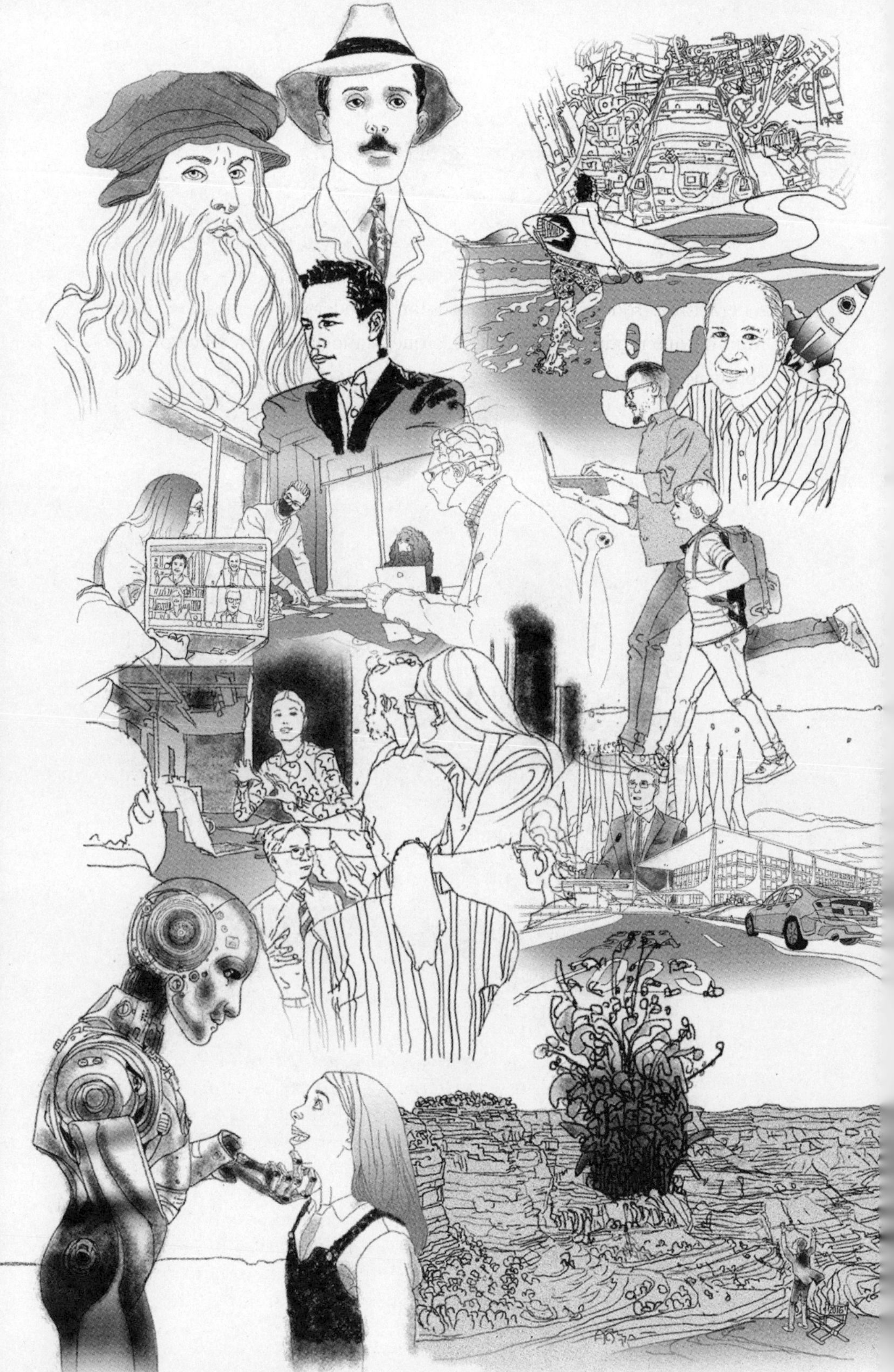

A LVM também recomenda

PER BYLUND

COMO PENSAR A ECONOMIA DE FORMA SIMPLES

Como Pensar a Economia de Forma Simples é definitivamente o livro que irá explicar os principais conceitos econômicos e desmistificar as mais recorrentes dúvidas e críticas sobre as ciências econômicas, sem se apegar a chavões acadêmicos e terminologias eruditas. Per Bylund conseguiu alcançar o raro limiar entre o acessível e a profundidade, e assim entregar um livro de economia para leigos e entusiastas, estudantes e curiosos, ou seja, para todos.

A LVM também recomenda

Investimento: A Última Arte Liberal, do famoso autor best-seller Robert G. Hagstrom, examina os principais modelos mentais em Física, Biologia, Ciências Sociais, Psicologia, Filosofia, Literatura e Matemática e como conhecê-los pode ajudar a ser um melhor investidor. O objetivo é apresentar uma nova forma de pensar e um entendimento mais claro de como mercados e a economia funcionam. Hagstrom é um dos maiores especialistas na área dos investimentos, seu livro "O Jeito Warren Buffett de Investir", é um best-seller do The New York Times, com mais de um milhão de cópias vendidas e sucesso mundial.

A LVM também recomenda

BESTSELLER DO NEW YORK TIMES

TIME DE TIMES
LIDERANDO EQUIPES em um MUNDO em TRANSFORMAÇÃO

GENERAL STANLEY McCHRYSTAL

"A eficiência continua a ser importante, mas a capacidade de adaptar-se à complexidade e à mudança tornou-se um imperativo". Com base na experiência do General Stanley McChrystal, combatendo a Al Qaeda e liderando tropas de vários países, *Time de Times* adapta as táticas de guerra ao mundo dos negócios, demonstrando como a vivência combatendo grupos terroristas é perfeitamente adaptada aos negócios e a todas as áreas onde a gestão de pessoas é vital. Um livro imprescindível para gestores, diretores e empreendedores em geral.

A LVM também recomenda

LIDERANÇA
segundo
MARGARET THATCHER

LIÇÕES PARA OS EMPREENDEDORES DE HOJE

NILE GARDINER & STEPHEN THOMPSON

Liderança segundo Margaret Thatcher é o exemplo crucial de como as ideias liberais e conservadoras são matérias efetivas e sustentos reais de práticas de sucesso no cotidiano. Na era onde a representatividade feminina se tornou o mantra progressista, com certeza vale lembrar como uma conservadora inglesa, a primeira primeira-ministra da história do Reino Unido, tornou-se um dos líderes ocidentais mais fortes e imponentes do século XX e como isso pode ajudar a pensar questões de liderança e empreendedorismo nos dias de hoje.

Acompanhe a LVM Editora nas Redes Sociais

 https://www.facebook.com/LVMeditora/

 https://www.instagram.com/lvmeditora/

Esta edição foi preparada pela LVM Editora
com tipografia Baskerville e Avenir,
em junho de 2023.

Impressão e Acabamento | Gráfica Viena
Todo papel desta obra possui certificação FSC® do fabricante.
Produzido conforme melhores práticas de gestão ambiental (ISO 14001)
www.graficaviena.com.br